QINGTING ERTONG

YI ERTONG DE ZHEXUE
GOUJIAN ERTONG DE HUODONG

闵艳莉

鄢超云▪主编

倾·听儿童

以儿童的哲学构建儿童的活动

儿童的哲学是儿童对自我以及这个世界认知的表达，
是儿童主体发现意义的过程。

教育科学出版社
·北京·

出 版 人　郑豪杰
责任编辑　徐　杰
版式设计　京久科创　杨玲玲
责任校对　贾静芳
责任印制　叶小峰

图书在版编目(CIP)数据

倾听儿童：以儿童的哲学构建儿童的活动 / 闵艳莉，
鄢超云主编. — 北京：教育科学出版社，2022.8（2024.5重印）
ISBN 978-7-5191-3212-5

Ⅰ. ①倾… Ⅱ. ①闵… ②鄢… Ⅲ. ①学前教育—教
育哲学—研究 Ⅳ. ①G61-02

中国版本图书馆CIP数据核字(2022)第131085号

倾听儿童：以儿童的哲学构建儿童的活动

QINGTING ERTONG：YI ERTONG DE ZHEXUE GOUJIAN ERTONG DE HUODONG

出 版 发 行	教育科学出版社			
社　　　址	北京·朝阳区安慧北里安园甲9号	邮　　编	100101	
总编室电话	010-64981290	编辑部电话	010-64989386	
出版部电话	010-64989487	市场部电话	010-64989572	
传　　真	010-64891796	网　　址	http://www.esph.com.cn	
经　　销	各地新华书店			
制　　作	北京京久科创文化有限公司			
印　　刷	保定市中画美凯印刷有限公司			
开　　本	720毫米×1020毫米　1/16	版　　次	2022年8月第1版	
印　　张	18.5	印　　次	2024年5月第5次印刷	
字　　数	264千	定　　价	65.00元	

主　编

闵艳莉　鄢超云

编　委

张子照　郑丽梅　刘　玉　彭　奕　魏　婷

哲学的本意是爱智慧，是人的自然本性；儿童与哲学之间有着天然的亲和性，在关于自我和世界的问题上，儿童往往比我们成人想象中要了解得更多。有心的成人一定会注意到，儿童尤其是幼儿特别爱提问，当他们与世界相遇时，他们对周围的世界惊叹不已，不断地对生活进行发问，然后以"打破砂锅问到底"的方式寻找问题的答案和出路。作为成人，我们也未必知道确切的答案，这是因为凡真正的哲学问题都没有终极答案，更没有标准答案。通过对这些或那些既"无用"又"无解"的问题进行发问，这些问题正是不折不扣的哲学问题。马修斯在其著作《童年哲学》中谈道："儿童的哲学思考在发展心理学家对童年的解释中给遗漏了，尽管哲学思考远非童年最显著的特征，但依然应当得到适度的关注；而充分研讨幼童的哲学思考之所以重要，还因为有助于我们理解哲学。"

儿童是天生的哲学家，我们应该向他们学习！所谓儿童的哲学，就是儿童的世界观念以及达成此世界观的方法论体系，也包括对儿童的世界观念以及达成此世界观的方法论体系的研究。关于儿童哲学，不同学者有不同的表达方式。其中"Philosophy for Children"是美国"儿童哲学之父"李普曼创设的一项以儿童为对象的哲学教育计划，旨在带领儿童亲身体验哲学讨论的过程，借此改进及增益儿童的推理能力。"Philosophy with Children"是欧洲儿童哲学研究和实践提出来的概念，欧洲承续古希腊爱智慧的哲学传统，重点在于教导儿童爱智慧，强调与儿童一起做哲学，成人和儿童都可以在此中受益。无论何种表述，都在强调我们应该关注年幼儿童关于世界的"爱智慧"思考，作为一个有协助能力的成人，对于儿童的哲学性质提问，我们要通晓儿童的心理，留意倾听他们的问题；同时，我们还要用哲学的方式来启迪他们的思考，与他们平等地进行讨论。

　　近些年来，我国幼儿园教育实践也逐渐关注到了儿童哲学培育这一方面的内容，成都市第五幼儿园就是其中一个具有代表性的例子。这本《倾听儿童：以儿童的哲学构建儿童的活动》的书，就是成都市第五幼儿园"儿童的哲学"课题组经过二十多年的研究而不断积累形成的关于"儿童的哲学"的教育探索实践。课题组自 2000 年开启发现、理解、支持和发展儿童哲学的长期探索；于 2009 年提出了"幼儿园儿童哲学"的概念，认为儿童哲学的内涵应由三部分组成：承认儿童有自己的哲学的"儿童的哲学"、成人以某种形式维护儿童自己的哲学的"儿童哲学课程形态"（包括显性课程和隐性课程）以及成人世界探讨如何维护儿童自己的哲学的"儿童哲学研究"；并通过二十多年不懈的努力和研究，让儿童的哲学渗透于一日生活的各个细节，从教学活动到游戏活动，再到运动和生活活动，实现了幼儿园活动从局部到整体的改革。二十多年的研究是一个持续发问、持续实践，持续反思、持续调整的过程，成都市第五幼儿园这一实践探索为广大幼儿园教师在理解、支持儿童方面提供了一个鲜活的样本，在实施途径上为创建儿童为本的幼儿园教育提供了一个新的视角。

　　雅斯贝尔斯在关于"什么是教育"的问题上，曾指出"真正的教育不提倡死记硬背，但也不能期望每个人都成为富有真知灼见的思想家。教育的过程是让受教育者在实践中自我锻炼、自我学习和成长"。期待着成都市第五幼儿园的儿童哲学探究能持续地走下去，为幼儿园的孩子们创造更有质量、更具意义的生活！

广西师范大学　侯莉敏

2022年5月

目 录

第一章

儿童的哲学与儿童的活动

　　儿童有自己的哲学，儿童的哲学对儿童自己和世界都有重要价值，儿童的哲学不仅需要成人接受，而且有待成人去发现和理解。

　　儿童的活动发生在儿童的生活世界，从儿童中来，在教师与儿童的互动中推进。

　　儿童的哲学与儿童的活动相辅相成、互相成就。一方面，儿童的哲学作为活动生成和发展的基点，伴随活动发生、发展的全过程，使活动成为儿童的活动；另一方面，儿童的活动又通过支持儿童的哲学，在过程中让儿童以自己的方式去诠释经验、发现意义，推动儿童进一步形成自己的"哲学"。

　　以儿童的哲学建构的儿童的活动具有不确定性和随机性，教师、儿童之于活动的发起、活动的走向、活动的进程均会形成影响。这就意味着教师与儿童之间必须建立起一种新型的、紧密的、互动的关系，意味着我们需要在更为宏观的层面上发现活动发生和发展的规律。

　　今天是下着太阳雨的一天，也是我早操挑战变得最厉害的一天。篮球一下就投中了，跳马还跳过了5格，稳稳地落在了垫子上。最开心的是我爬上彩虹桥就看见了真的彩虹！我伸手去抓彩虹，发现彩虹要移动，就像有翅膀一样，我猜下一次如果我爬得更高，就可以抓住彩虹了。彩虹一定是香菇味的，因为我最喜欢吃香菇了，吃了彩虹是不是会放香菇味的屁呢？

——大一班　宥佑

第一节 儿童的哲学：概念与发展

一、儿童

当我们回答"儿童是谁？"这个问题时，我们便是在谈论自己的儿童观。儿童观是我们对儿童是谁、儿童有什么特点、儿童有什么能力、儿童有什么需要等一系列与儿童有关的问题的看法。

关于"儿童是谁？"的答案不仅丰富多样，也因时而异。首先，不同学科给出的答案各不相同。如医学将 14 岁以下的个体作为儿科学研究对象，法律则多判定儿童是 18 岁以下的任何人，这些界定中"不足某个年龄"超越其他所有特点成为儿童的核心特点。心理学视儿童为处于发展阶段的未成熟人类个体，教育学认为儿童是教育对象、学习者，而童年社会学则将儿童定义为主动、积极的社会行动者。其次，不同地域和文化对儿童给出的定义也常相去甚远。如在中、日、韩等典型的东方文化中，儿童较多被看作弱小的、"不懂事"的需要教化的个体，而欧美的主流西方文化则更倾向于视儿童为独立的、和成人处于平等地位的个体。最后，随着时代的变迁人们对儿童的定义也在不断变化。在卢梭和蒙台梭利"发现儿童"之前，儿童比较多被当作小大人甚至是成人的所有物，是"只该被看见，不该被听到的生物"，但今天已经鲜少有人会认同这样的观点，越来越多的人认为儿童也有尊严有权力。同是发展心理学视角，皮亚杰时期儿童是自我中心、无运算能力的、处于前道德阶段的低水平个体，而几十年后新建构主义则认为儿童是"摇篮里的科学家"，是"哲学家"和"天生的艺术家"。此外，人们从不同的研究视角出发看到的儿童也各不相同。发展心理学研究关注儿童处在认知发展和社会化过程中，依赖成人的保护和互动，人类学和社会学研究则关注儿童的巨大潜力和他们对自己的建构，而儿童研究学者们甚至说"儿童是成人之师""儿童是成人之父"。

事实上，举凡涉及人的学科，一定会涉及儿童。与人有关的研究，也一定会研究儿童。我们尝试对照国家的学科分类标准来寻找儿童研究的部分，发现各个学科门类及其下设的一级、二级学科都有儿童研究的身影。教育学毫无疑问会研究儿童，所以有了专门探索学前儿童教育理论与实践的学前教育学。文学会研究儿童，于是有了儿童文学。儿童文学研究儿童的文学的生活世界和内心世界，创造"儿童的"和"为儿童"的文学。医学会研究儿童，于是有儿科学。研究者从儿童的身心发展特点和需要出发研究儿童的生长发育、保健及疾病预防与治疗。研究历史学的人研究儿童，于是有了儿童史研究。它探讨在不同社会、文化中儿童在文化转型、政治稳定、家庭或社群劳动等问题上扮演的多重角色及其变化。经济学研究儿童，于是有了儿童经济学。其中有学者从教育学、心理学出发研究儿童对经济学概念的理解以及如何基于儿童的经济学认知对他们进行适宜的经济学教育。也有经济学研究者探讨经济学规律如何在儿童，特别是教育领域发挥作用。诺贝尔经济学奖得主海克曼（James J. Heckman）教授通过对学前教育项目的追踪研究发现，对高质量早期教育 1 美元的投入可以换来随后 7—12 美元的回报，这个经济学研究结果改变了整个儿童教育的图景。心理学中的儿童研究，儿童心理学是代表，它研究儿童心理发生、发展的特点和规律。社会学的儿童研究的典型就是研究儿童作为社会成员参与社会建构形成的与他人的关系和文化童年社会学。建筑学中的儿童研究会研究儿童建筑，基于儿童特点和需要来探索儿童使用的建筑的色彩、造型、功能等。艺术设计也有专门的儿童产品设计研究，他们根据儿童的特点和需要以儿童为服务对象，专门设计出适合儿童的平板电脑、家具、玩具等。园艺学在对儿童研究的基础上出现了儿童园艺设计研究、儿童园艺课程，甚至开发了儿童园艺疗法，用园艺来回应儿童的身体、心理和情绪上的特殊需要……。这个清单很长，而且它随着时间的推移和社会的进步还在不断扩展。而不同学科视角的参与和整合，为我们展现了更真实全面的儿童样貌，让我们能够更好地回答"儿童是谁"这个问题。

对"儿童是谁"的回答是我们思考与儿童有关的问题的原点，也决定了我们如何对待儿童。如果儿童是弱小的、待发展的人，那么成人应该呵护他们，为他们的发展创造良好条件，帮他们做决定。如果儿童是成人的财产，那么成人就应该守护他们，用他们作聪明的"投资"。如果儿童是主动积极的社会行动者，那么成人应该尊重理解儿童、给儿童极大的主动权。而如果儿童是"小小哲学家""小小科学家"，那么成人就应该当他们的伙伴、助手甚至是钦慕者。

在本书的文本和文本反映的教育实践中，我们沿袭了进步主义思想家"发现儿童"的视角，认同以詹姆斯、普劳特和科萨罗为代表的新童年社会学对儿童是"自然－文化"结合体的界定，也认同儿童哲学家马修斯所说的儿童不应被成人随意定义和限制。我们体验到教育家小原国芳所说的"儿童是真理的热爱者，疑问丛生，一个接一个，就像连珠炮"，我们坚信儿童是有权利、有能力的独立个体。他们不是小大人，不是无能者；他们不仅是未成年，更是处在特定人生阶段的儿童本身！

二、哲学

如果将哲学视为一个学科、一个专业领域，它对多数人来说是高深莫测、晦涩难懂的，它是少数学院派哲学家对某些抽象话题的深邃思考和复杂阐释，与普通人之间隔着一堵高墙，但是追溯哲学的源头会发现，哲学起源于惊讶。从词源上说，哲学就是爱智慧（philosophy as love of wisdom）。古希腊哲学家毕达哥拉斯认为，神具有真正的智慧，人要摆脱愚昧无知，就要做一个"爱智慧"的人。雅斯贝尔斯认为，"哲学的本质并不在于对真理的掌握，而在于对真理的探究"。所以重要的不是探究的结果，而是探究的过程。哲学不是学院派那种脱离大众的空中楼阁，而是与每一个体的生命、生活都密切相关的，是贴近每一个心灵的思考。

儿童作为尘世的新人，对遇到的一切都是充满好奇的。日月星辰、飞鸟走兽都能使他们惊讶，在这惊讶之中就蕴藏着哲学的种子。因而他们的提问、思考、感叹也具有哲学的意蕴。所以哲学对儿童来说不仅不遥远，而且简直就是他们成长的一部分。儿童心理理论的创始人高普尼克将自己阐释儿童学习与思考的著作直接命名为《宝宝也是哲学家：学习与思考的惊奇发现》(*The Philosophical Baby*：*What Children's Minds Tell Us about Truth*，*Love*，*and the Meaning of Life*)，因为"那些结合了胖嘟嘟的脸颊和有趣的发音为一体的可爱生物……不仅比我们所认为的要学得更多，而且也幻想得更多、关心得更多、经历得更多。从某种意义上，儿童实际上比成人更加聪明，更富有想象力，更会关心他人甚至更敏感……孩子们在童年所学之多，是今后一生都无法企及的"。她认为儿童的假装和幻想是复杂的哲学化的，而这种哲学思考的能力赋予儿童能够适应世界、改变世界甚至创造未来世界的能力。

其实在传统的中国哲学中也有关于儿童的探讨，并且不乏对儿童的赞叹甚至崇拜。我国学者刘晓东曾经梳理了文化背景中儿童的"所是"（定义、形象），谈及自中国古代起，便有视儿童为"理想的人""圣贤之人"的哲学观念。儒家的孟子说"大人者，不失其赤子之心者也"。自此开启了后世陆王心学等哲学派系将孩提之心作为贤人的必备甚至充分必要条件的经典观点。道家的老子主张"复归于婴儿"，认为成人要获得人生的智慧和圆满，需要再次变回婴儿，婴儿的生命本质、生命状态、生命智慧是人生的最高境界。佛学将发现自性、保全本心作为思想内核，主张通过自身力量来寻求自身的解放，而人类，包括儿童本有的本心本性，是人类赖以实现自我解放的基础。

可以说，哲学与儿童是相互交织，互为要素的两个存在。它们之间有着本源上的联系，哲学研究儿童，儿童研究哲学；哲学支持儿童，儿童丰富哲学。将两者放在一起，就产生了一个意义深远的话题：儿童哲学。

三、儿童哲学

20 世纪 60 年代末 70 年代初，西方学者李普曼（Lipman）、马修斯（Matthwes）不约而同地提出了儿童哲学的概念。此后，儿童哲学的研究与实践得到了迅速发展。1974 年儿童哲学发展研究所（IAPC）成立，1985 年儿童哲学探究国际会议（ICPIC）宣告诞生，1998 年首届儿童哲学国际会议将儿童哲学纳入联合国教科文组织工作议程。

同谈儿童哲学，李普曼和马修斯两位儿童哲学研究先驱的视角和追求却略有不同。李普曼更多是从教育学的视角展开对儿童哲学的研究，即"为儿童的哲学"（Philosophy for Children）。1974 年，他在蒙特克莱尔州立大学创建了儿童哲学发展研究所（the Institute for the Advancement of Philosophy for Children，IAPC）。IAPC 的建立很快吸引了世界各国的关注。同年，李普曼撰写的第一本关于儿童哲学的书——《聪聪的发现》（*Harry Stottlemeier's Discovery*）问世，该书的发布同时宣告了儿童哲学的诞生，这本书也是李普曼开发的儿童哲学教材的代表作。该书是一本充满了哲理故事的小说，其写作宗旨是为了吸引儿童，培养儿童的批判性思维、讨论和提问的能力。李普曼的儿童哲学课程与传统课堂最大的区别在于，通过使用哲学建构一个探究团体（Community of Inquiry），不断提高儿童的思考能力并同时对儿童哲学本身进行改造。他在《教室里的哲学》（*Philosophy in the Classroom*）一书中明确指出儿童哲学的培养目标为：①改进推理能力；②发展创造力；③推进个人及人际关系的成长；④发展伦理上的理解力；⑤培养发现意义的能力。

马修斯则更多从儿童的哲学思维方式和思考特质来看待儿童哲学，强调儿童哲学是儿童对智慧的热爱和追求，强调儿童自己的哲学（Philosophy by Children）。他主张作为一个人，如果要生存和发展，就要去适应这个世界，为了适应就必须用思维积极地把握这个世界，而思维的这个过程就是本义的哲学。德国在 20 世纪 20 年代就开始研究儿童哲学，目的是为基础学校实施伦理与哲学的教学做准备。儿童哲学被当作"专门哲学"而不是使儿童观点哲学化。这种"专门哲学"是一种思想指导。马修斯的观点是：儿童天生的好奇心使得他们有了自己的哲学。儿童哲学可以看作哲学的一个分支。成人不应该教化儿童，而应该与儿童平等对话，欣赏儿童。

通过对比上述两种观点，我们可以发现李普曼侧重于把哲学教育普及到儿童教育中，让哲学走进儿童的生活（给儿童的哲学）。而马修斯的观点是，哲学本就是从儿童那里来，儿童哲学应该从儿童的视角，发现、欣赏儿童关于这个世界的哲学思考（即儿童自己的哲学）。但二人对儿童哲学的基本认识总体上是一致的，他们都关注儿童天生的好奇心，并视之为儿童哲学素养的重要组成部分，且都不认为儿童哲学只是单纯的思维训练，并在教学上都强调苏格拉底式的对话和文本呈现的形象化。李普曼和马修斯都积极关注儿童天生即有的好奇心，将其视为儿童即哲学家的重要论据，并意图通过自己的行动细加呵护与培育。马修斯在《哲学与小孩》（*Philosophy and the Young Child*）第一章"迷惑"中列举了诸多案例，皆在表明对哲学问题的迷惑及自主探究是儿童的天性，认为做哲学在儿童心目中纯粹是一种"有趣的概念游戏"，并对皮亚杰之"童年无哲学"论提出了尖锐的批评。与此同时，在《教室里的哲学》一书中，李普曼也明确表示儿童有寻求一种既非实在也非象征之意义的需要，故而提出种种带有哲理性的问题，涉及形而上学、逻辑学、道德哲学、社会政治哲学等众多哲学分支领域，设计儿童哲学的目的正在于持续保持儿童的好奇心，以协助儿童建立更健全的意义世界。

　　20世纪八九十年代，中国台湾杨茂秀等学者翻译引进了儿童哲学的经典著作，并且在儿童教育实践领域引入了儿童哲学课题。中国大陆的研究者们自20世纪90年代末起也开始了对"儿童哲学"的理论与实践探索。刘晓东将儿童哲学的内涵归纳为三个部分：①儿童的哲学（Children's Philosophies），即儿童对世界（也就是宇宙人生）的认识，其中包括了儿童对世界的困惑、好奇以及对世界的理解，此类观点主要源自马修斯提出的"儿童拥有自己的哲学"；②童年哲学（Philosophy of Childhood）为哲学的一个分支，与历史哲学、科学哲学、宗教哲学处于同等地位，了解童年的概念、儿童的权利、观点以及艺术等问题，全面探索儿童世界的哲学；③儿童哲学探究计划（Philosophy for Children），即美国儿童哲学之父李普曼所提出的应用型哲学，目标为培养儿童的思维技能，通过"做"哲学来促进和激发儿童独自思考的能力。高振宇从儿童哲学的狭义和广义等角度阐释了其概念。狭义的儿童哲学是指李普曼所创造的"哲学教室"的教育方法。儿童哲学以培养学生之思考技能，养成良好思维习惯为目标，它有其独特的教学模式（即构建哲学教室）和特定的教材，立意融入现有学校课程体系，且形成从学前到高中的一条龙服务。此外，儿童哲学不仅把思维训练视为其中的一部分，而且更多地关心儿童的哲学思想，突出哲学探究的过程体验，排除日常生活中的哲学困惑，帮助他们找寻生活的意义，并建立起自身意义世界的教育计划。广义上的儿童哲学则把哲学等同于整个精神世界，因此儿童哲学即是儿童精神（或精神哲学）的代名词。

在理论研究的同时，儿童哲学及其教育也进入了中国的教育实践中。1997 年，云南省特级教师彭琨就引进了儿童哲学的教育理论，并且在昆明铁路南路小学进行了教师儿童哲学培训，进行了儿童哲学的相关教育探索。两年之后的上海，杨浦区六一小学也正式启动了儿童哲学实验课，编写了儿童哲学校本教材。近些年，杭州师范大学成立的儿童哲学研究中心在开展儿童哲学理论与实践研讨的同时，进一步推动了儿童哲学中国模式的形成与推广。儿童哲学在教育的舞台上扮演起日益重要的角色。

本课题组自 2000 年开始发现、理解、支持和发展儿童哲学的长期探索。2009 年提出了"幼儿园儿童哲学"的概念，认为幼儿园的儿童哲学不同于中小学的儿童哲学，它不是单一的哲学思维训练，也不仅仅是上一堂"儿童哲学课"，更不是告诉儿童什么是"哲学"，而是更多的让儿童在真实的、有问题冲突的情景中，通过自身的发问、操作、玩耍和表达来体验对世界本原的认识，感知事物的发展性、联系性和变化性等初步的哲学原理，进而影响儿童对生活的态度，激发儿童喜欢思考、爱思考的天性，使儿童成为爱智慧、爱生活的人。

基于以上的认识和分析，我们认为儿童哲学的内涵应由三部分组成：承认儿童有自己的哲学的"儿童的哲学"、成人以某种形式维护儿童自己的哲学的"儿童哲学课程形态"（包括显性课程和隐性课程）以及成人世界探讨如何维护儿童自己的哲学的"儿童哲学研究"。此外，儿童哲学在教育领域完全可以实现理论与实践的融合。

四、儿童的哲学

在整合和发展已有研究的基础上，本书构建并贯穿使用了儿童的哲学这一概念。儿童的哲学与儿童的朴素理论（naïve theory）和儿童的视角等可以说是一脉相承。

儿童朴素理论研究者认为，儿童不是白板一块，他们拥有的不是等着成人去纠正的错误概念，他们的知识也不只是一些碎片式的、没有内在联系的零散知识，而是朴素理论。Naïve 来自法语，有天真的、质朴的、幼稚的、自然的、没有经验的等意思，所以也有人将 naïve theory 称作天真理论。与朴素理论相近的词语还有，似理论（theory-like）、直觉理论（intuitive theory）、前理论（pretheory）等。一般认为，儿童拥有朴素物理理论、朴素生物理论和朴素心理理论等三大朴素理论。作为教育工作者，应该认识到儿童是有理论的，尊重儿童就应该尊重儿童的朴素理论，唤醒并挑战儿童的朴素理论，促进儿童的理论与证据的协调发展。

对于广大的一线学前教育工作者来说，朴素理论并不好理解，具体如何运用于学前教育之中，也存在不少困惑。而精彩观念的诞生这种说法，似乎更接近一线教师因解读儿童、追随儿童而发现儿童的喜悦、激动的心情。我们越能帮助儿童诞生他们的精彩观念，越能帮助他们对自己由于拥有精彩观念而感到高兴。那么，在将来的一天，他们发现从未有人发现的精彩观念的可能性就越大。

儿童的朴素理论、儿童的精彩观念强调的都是儿童自己对世界的看法和思考，即儿童的视角。儿童的视角在日常使用中有时与儿童视角同义，都是指从儿童的立场出发，考虑儿童的经验、特点和需要来理解儿童的感受与想法。但是从严格意义上说，儿童视角（Child Perspective）与儿童的视角（Children's Perspective）有明显区分，儿童视角是成人在充分理解和尊重儿童的特点与需要的基础上形成的对儿童的看法，这种视角的主体是成人。儿童的视角是儿童自己对自己周围世界的感知和思考，其主体是儿童。因此我们可以说儿童视角和儿童的视角互为基础。一方面，成人一定要有儿童视角，然后才可能去探索儿童的视角；另一方面，成人无法拥有真正的儿童的视角，但是他们尝试探索儿童的视角对他们完善和提升自己的儿童视角意义重大。关于儿童的视角的研究起源于西方，进入 21 世纪后，国内也开始日益广泛的开展。研究者们不仅探索儿童对他们生活中熟悉的话题，如朋友、好老师、好玩具等的看法，也探索他们对一些抽象概念，如爱、生命、幸福等的看法。在这些研究中，研究者们采用为儿童赋能的方法，与儿童建立研究伙伴的关系，邀请他们用他们能够驾驭并且乐于使用的方法来与成人研究者们一起探讨他们的看法。这些探索的结果让我们真切地看到儿童有自己的思考，有自己的哲学，这种哲学应该被发现、理解和支持。

本书中儿童的哲学以马修斯提出的儿童有自己的哲学作为内涵起点，将刘晓东提出的儿童哲学可以被界定为儿童关于世界的观念，包括儿童的好奇、困惑、探究，也包括他们对世界的理解与阐释作为外延，将原有的儿童哲学提升为一种更为根本或综合性的课程，即以儿童的哲学为绳索将儿童哲学与儿童的精神世界等同起来，从更广义的层面挖掘、理解和支持儿童的思考与成长。儿童的哲学就是儿童对这个世界认知的表达，是儿童主体发现和建构意义的过程。

首先，我们相信儿童是有能力、主动建构经验的学习者。儿童无法按经院派的思路和方法来参与哲学思考和讨论，但是他们与生俱来的求知天性是他们独有的财富，也是他们进行哲学思考的资源和动力；他们全心投入去创造一个绚丽的假装世界并且用虚构的内容阐明真理，他们"像佛陀一样是身在斗室心在四野的旅行者"，在意识的世界自由探索；他们的早期经验奠定了人类爱与道德的基础，并且对身边的人产生影响；他们通过自己的认知方式认识世界、发现自我和价值与意义，并且为创造未来打下基础。因此，儿童能够进行哲学思考和探索，他们是有自己的哲学的。

其次，我们认为儿童的哲学对儿童自己和世界都有重要价值。儿童的哲学思考决定了他们认识和回应世界的方式，他们已经有的经验和思考是他们认识世界、展开学习的起点。今日之儿童是明日之栋梁，爱智慧的儿童会成长为改变和创造更美好世界的人。珍视儿童的哲学就是珍视世界的未来。

再次，我们认为儿童的哲学不仅需要成人接受，而且有待成人去发现和理解。成人视角与儿童视角是两个不同的视角，成人并非天然能理解儿童的想法，而是需要通过观察、倾听和询问才有可能一窥儿童的哲学的面目。为了理解儿童的哲学，成人要采用为儿童赋能的方法，让他们在游戏、创造性表达和对话中展现他们的思考，呈现他们的哲学。而成人呢，要学会欣赏儿童，发现他们的闪光点，甚至向儿童学习。

最后，我们认为成人在儿童的哲学的发展中可以也应该扮演好支持者的角色。儿童犹如埋藏在土地中的种子，对于种子的培养首先需要遵循自然规律精耕细作，需要循序渐进、耐心等待、不急不躁。作为教育者，成人应既不夸大也不低估儿童的能力，而是遵循儿童的年龄特点，采用对话式、讨论式和探究式的教育来支持儿童通过动手做、动脑想和动嘴说来探索和发展他们自己的哲学。

第二节　儿童的活动：概念与发展

一、幼儿园课程

谈到幼儿园里儿童的活动，必得先探讨幼儿园的课程。与小学、中学学段中高度系统化、学科化、结构化的课程不同，幼儿园课程往往打破明显的学科边界，强调启蒙性、整合性、游戏性，也开放了较大空间供儿童和教师生成课程。

在早期教育课程理论与实践的发展过程中，西方曾出现过多种课程模式和有特点的教育方案，其中较为著名的有斑克街早期教育方案、蒙台梭利课程模式、直接教学模式、海伊斯科普课程、瑞吉欧教育体系等。

在蒙台梭利课程模式中，教育目标是协助儿童开发自己内在的潜能。蒙台梭利认为儿童均具备自我成长发展并形成健全人格的生命力，课程应该帮助儿童发展出自发性的人格和养成一种独立、自信、自律、自足及自我管理的活动习惯，并为儿童进入成人世界做准备；教育内容是以感官教育为核心，继而形成了一整套系统化的读、写、算、文化、科学等教育内容，涵盖五个领域，即感官教育、日常生活练习教育、语言教育、数学教育及文化教育；其教育内容的组织是以教具为中心，教育过程的组织则是以环境为基础。直接教学模式的主要目标是帮助儿童获得进入小学所需要的基本技能，并通过学业上的成就发展儿童的自信、自尊。海伊斯科普课程以皮亚杰认知发展理论为基础，吸收了现代教育学和心理学的研究成果，是一种颇具特色的儿童认知发展课程，主导思想是让儿童在主动的活动中学习并获得发展；课程内容主要围绕儿童认知发展应获得的 49 条经验展开，教师在儿童园一日的各种活动中为儿童创设环境、提供条件，帮助儿童在活动中逐步获得这些经验，以促进他们良好的发展；该课程认为，发展的结果是科学的思维，尽早以适合儿童年龄的方式，通过工作以形成儿童良好的心智。意大利的瑞吉欧教育体系中，对于儿童的基本观点是儿童是一个拥有充分的生存和发展权利的人，是主动的学习者，儿童具有巨大的潜能，儿童天生都是艺术家；并在此基础上提出了让儿童"更健康、更聪明、更具潜力、更愿学习、更好奇、更敏感、更具随机应变的适应能力、对象征语言更感兴趣、更能反省自己、更渴望友谊"的课程目标；课程内容不是预先设计好的教育活动方案，而是来自儿童生活中感兴趣的事物、现象与问题，来自他们的经验及所进行的活动；课程与教学主要以项目活动的方式展开。

在中国学前教育的发展历程中，我国著名的幼儿教育家陈鹤琴的五指活动课程和张雪门的行为课程对于幼儿园的课程改革产生了深远的影响。陈鹤琴先生早在 20 世纪 20 年代就提出了五指活动课程的理论与方案。他以活教育的目的论——做人、做中国人、做现代中国人，课程论——大自然、大社会都是活教材，方法论——做中教、做中学、做中求进步为基础，提出了做人、身体、智力、情绪方面的课程目标；以五指活动——健康活动、社会活动、科学活动、艺术活动、语文活动作为课程的内容；以儿童周围的自然环境、社会环境为中心组织课程内容，并通过整个教学法实施课程。20 世纪 30 年代初，我国著名幼儿教育家张雪门开始了行为课程的研究，经过长期的实践和理论研究，形成了完整的幼稚园课程理论——行为课程及其方案。该课程以生活为原点，以设计教学法为基础，提出了满足儿童身心的需求，养成儿童扩充经验的方法与习惯，培养其生活的能力与意识，使儿童身心得到全面发展的课程目标；课程内容包括儿童自发的诸般活动、儿童的自然环境、儿童的社会环境三个方面；课程的组织以整体性、偏重于儿童的个体的发展及注重儿童的直接经验为要求，编订了全年课程表——各月活动估量表；课程的实施提倡做学教打成一片，参用单元教学进行。

近 20 年来，国内学者也对幼儿园课程的概念、特征、价值和实践进行了研究。冯晓霞教授在其 2000 年出版的著作《幼儿园课程》中，详细阐述了幼儿园课程目标的制订、幼儿园课程内容的选择，幼儿园课程的组织、实施与评价，以及幼儿园课程设计应当遵循的基本原则或标准；具体分析了各种幼儿园教育教学活动的价值、设计与组织原则，指出教师应当采取的合理的指导策略与方法。朱家雄教授在其 2003 年出版的著作《幼儿园课程》中对幼儿园课程概况、幼儿园课程中游戏、幼儿园课程中的各学习领域、幼儿园课程的编制、幼儿园教育活动的设计和实施以及西方的早期教育课程做了详细的介绍，并对中国幼儿园课程的历史改革提出了很好的意见。关于幼儿园课程的本质和特征，张明红教授认为，幼儿园课程需生活化，即课程可以追随儿童的经验与生活，既可以由教师预设，又可以由师生共同引发或儿童自发生成。郑三元教授也指出，幼儿园课程的本质在于它是儿童的课程，是儿童的活动，是儿童的问题解决活动；幼儿园课程决定了它具有对于儿童行为而言的亲历性、行动性、即时性、整体性、真实性与探索性，同时还具有对于教师行为而言的发展性与支持性。2010 年虞永平教授在其文章《生活、生命与幼儿园课程》中进一步强调，幼儿园课程的本意不在于文本本身，不在于单一的学习者或教师，而在于学习者与教师之间互动的过程，这个过程决定课程的成效。再好的文本离开了这个过程将成为一纸空文。这个过程，是生活的历程，是生命的展开，是发展的实现。因此，动态性的、过程性的就是生活的和生命的，这是幼儿园课程的本质所在。

　　正如已有研究的反复揭示与论证，幼儿园课程是由一个个活动组成的动态系统。它遵循儿童生命成长的基本逻辑，也服务儿童的生命成长；它来自儿童的生活，发生在儿童的生活也为了儿童的生活。因此，回归儿童和生活世界是当今课程发展的主流趋势。

二、幼儿园教育活动

　　教育活动是我国学前教育界专用的一个术语，在其他学段，教育活动对应的概念是课。自 20 世纪 80 年代我国学前教育改革，特别是幼儿园课程改革以来，随着幼儿园综合教育研究和活动教育研究的深入，上课这一概念渐渐与课程改革中涌现的课程模式和观念格格不入。这时在我国广泛传播的活动理论成了让教育活动登上舞台的另一个决定力量。活动理论认为心理的发展起源于儿童与周围环境的相互作用的活动；儿童是活动的主体，在活动中具有能动性；儿童的活动和发展受到活动主体和活动对象的影响和制约，儿童理解活动才能真正成为活动的主人；活动是彼此联系的活动所组成的系统，在活动系统中，儿童实现着各种关系，发展着主体性。根据这一理论，幼儿园课程应该是创造型而不是传递型的，是个性化的而不是整齐划一的，是开放的而不是封闭的。这些特征就是幼儿园教育活动应具有的特征。逐渐地，活动性成为幼儿园教育工作的基本原则，活动中的学习才被认为是幼儿有意义的学习。1989 年教育部在《幼儿园工作规程（试行）》中第一次将幼儿园教育工作的组织形式称为教育活动，自此，教育活动这一概念正式登上学前教育大舞台，取代了作业和上课。袁爱玲、何秀英认为从课变为教育活动不是简单的更名，也绝不是玩文字游戏，而是教育观念转变使然。其目的是纠正传统教育过分突出的知识中心、教师中心、教材中心、课堂中心的现实，力图把学前教育的重心向经验、儿童、活动移动一些，从而使学前教育彰显活动性、开放性、主体性、整体性等活动的特点。彭俊英在梳理幼儿园教育活动这一概念时，主张不强调分科、做中学和重视儿童主动学习是幼儿园教育活动的三个内在核心理念。王小英教授也呼吁，凸显对人的关照是幼儿园教育教学活动应有的本真追求。

　　《幼儿园教育指导纲要（试行）》（以下简称《纲要》）组织与实施部分的第二条指出："幼儿园教育活动是教师以多种形式有目的、有计划地引导幼儿生动、活泼、主动活动的教育过程。"《纲要》对幼儿园教育活动的这个定义包含了三个要点：多种形式，有目的、有计划和生动、活泼、主动活动。第一，相比中小学，幼儿园的教育活动形式要丰富很多。除了大集体教学外，幼儿园的大量教学活动是以小组和个人的方式开展，这种参与规模的不同形式能够实现儿童学习效果的最优化，在集体中参与符合集体典型特点的活动，在小组中实现丰富的互动，在个别活动中获得符合个人需要的支持。此外，幼儿园活动中传统的静坐听讲只占到非常小的比例，多数实践儿童都在动手操作和互动中学习，而各种类型的游戏活动更是大大拓宽了他们的学习场域。

第二，幼儿园教育活动在很大程度上是有目的有计划的，因此，多数的教学活动都离不开教师围绕设定的目标进行的规划和设计。当然，幼儿园中不同类型的活动目的性和计划性的刚性有很大差异，总体上集体教学活动中教师的目的性和计划性最突出，而游戏和生活活动对目的性和计划性的要求要低很多。值得注意的是，幼儿园教育活动在追求有的放矢的同时也非常重视为生成活动留出空间，因此，好的教育活动不是照本宣科，而是拥抱活动中出现的各种契机，灵活而有意义地推进活动。第三，幼儿园教育活动是儿童的生动活泼的主动活动。因为儿童才是幼儿园教育活动的主体，所以幼儿园的活动不论活动形式、发起方、结构化程度都必须要引发儿童的活动。从儿童的年龄特点出发，这种活动应该是生动而不是乏味的，这种活动应该是活泼而不是呆板的。因此，幼儿园教育活动具有明显的活动性和游戏性，让儿童在操作、表达、玩耍中学习。

幼儿园教育活动是幼儿园教育的基本形式，也是幼儿园课程的实施载体。它的主体是儿童，表现为引发儿童积极参与、主动探索并大胆表现的形式多样的教育活动系列，旨在促进儿童全面健康和谐发展。从狭义上讲，幼儿园教育活动是教师组织的游戏活动和教学活动，而广义上，幼儿园内发生的一切活动，包括游戏、教学、生活和体育都是幼儿园教育活动。遵循幼儿园课程的基本价值和原则，幼儿园教育活动应以儿童的特点、兴趣和需要为前提，服务于儿童的当下幸福与未来发展。综上，幼儿园教育活动是一种体现自主与主体特质的活动，是一种由教师的教和儿童的学所构成的师幼双边活动，是教师和儿童一起参与、配合协调、共同承担的活动。这种活动又是一种师幼交往的过程，教师和儿童是活动的主体和参与者。

充分实现幼儿园教育活动中儿童的主体性是一个渐进的过程，现实中的幼儿园教育活动从观念到实践仍然存在着一些问题。早在20世纪末，冯晓霞教授就从中国文化中社会本位价值观入手分析了学前教育中主体性缺失的缺憾。袁爱玲教授也曾对幼儿园教育活动的生态现状做过总结和分析，她指出幼儿园活动设计和组织规范仍然存在僵化封闭的现象，活动方式仍然以单项、线性居多，因为教师在活动中的高控制和不尊重，儿童仍处在活动中被动的地位，儿童的本真需要和个体差异被漠视。而这些现象背后的原因终究是对儿童的低估、对科学主义和知识获得的执念。这些问题都是我们在今天的幼儿园活动的研究中仍需要面对和解决的问题。强调游戏为儿童的基本活动，强调挖掘儿童生活活动的意义，强调高质量的区域活动开展，强调全人视域下设定幼儿园教育活动目标，强调将儿童的生活和当下社会文化中的内容纳入幼儿园教育活动内容范畴，强调幼儿园教育活动预设与生成的恰当结合，强调儿童参与课程评价，这都是在努力实现幼儿园教育活动中以儿童为主体。

三、儿童的活动

梳理幼儿园课程和幼儿园教育活动的概念之后，我们知道幼儿园的活动是儿童学习的重要路径，是一种师幼共同参与的互动活动，同时也明确了儿童是幼儿园课程和幼儿园教育活动的主体。在此基础上，我们建构了对儿童的活动这一概念的理解，它与成人的活动存在着显著差异，具有下述鲜明特征。

儿童的活动从儿童中来。成人有更强的抽象思维能力，也更容易服从于外在动机，所以成人的活动往往不问出处，只关注活动本身的价值。但儿童的活动须以儿童的经验、感受、问题、思考为原点，它们常常由儿童引发，聚焦于儿童的兴趣，需要儿童身、心、脑的主动参与方能完成。因此，要开展儿童的活动，教师需要仔细地观察，用心地聆听，敏锐地察觉儿童的行为、语言和背后的思考，并且以此为基础设计和实施活动。

儿童的活动发生在儿童的生活世界。成人更适应间接学习，所以活动的内容既可以来自身边也可以来自远方，既可以来自现实生活也可以来自头脑中的世界。但对儿童来说，生活是他们最基本的活动的背景，也是孕育、培养和成就儿童发展的沃土。儿童在生活中体验、获得经验，在真实的生活世界里发现意义、构建对世界的理解。因此，儿童的活动远远不只是一个个集体教育活动，它是儿童的游戏、儿童的运动、儿童进餐和盥洗，是一日中经历的每一个环节。儿童的活动应该珍视生活的价值，看到每一个活动中儿童的体验和学习，因为好的教育就是好的生活。

儿童的活动在教师与儿童的互动中推进。成人有广泛的经验和成熟的抽象思考能力，他们的活动不依赖更高水平的引导者、支持者，有时甚至不涉及互动，通过和具体、抽象材料的互动就能完成。但在儿童的活动中，教师常常需要扮演重要的角色，这种角色不是决定，不是主导，更不是灌输，而是通过平等的、积极的、富有智慧的互动来呵护儿童的好奇天性和认知世界的热情，唤醒他们的已有经验，激发、挑战他们的已有思考，推动他们更加深入地感受和思考。

儿童的活动的评价围绕儿童的表现展开。成人的活动有更加明显的目标导向，所以评价活动多是对照预设目标来看结果。但儿童的活动的评价显然要更灵活开放。儿童的活动中儿童不是被安排和接受的对象，而是活动的主人，是活动的贡献者和受益人。所以评价儿童的关注点不在于活动的场面是否热闹，预设的结果是否出现，而在于活动过程中儿童的真实表现。如果儿童愉悦而专注，能够积极参与活动并且进行持续的探索和思考，那么这就是优质的儿童的活动。

现代学习理论指出：有意义的学习一定是学习者主动建构的过程。当儿童完全自主、自发、全身心地投入活动中，他们就成了积极主动的自我指导学习者。如果能让儿童投身于"以自动代替被动。自动地学习，自发地学习"，那么学习取得的效果就会最好。从儿童出发也将儿童作为归宿，根植于儿童真实的生活世界，在儿童主动投入的师幼互动中推进的儿童的活动便是实现这种学习的最佳路径。以儿童的活动为幼儿园活动的目标取向，标志着将幼儿园中的活动落实到人——儿童这一主体上。

第三节　以儿童的哲学构建儿童的活动

通过对儿童的哲学、儿童的活动两个重要概念的梳理，我们可以发现，儿童的哲学是儿童的活动的基础和内容，而儿童的活动被儿童的哲学推动又最终推动儿童的哲学的发展。因此，以儿童的哲学构建儿童的活动，是优质幼儿园课程计划、决策与实施的重要方面，也是支持、促进儿童学习与发展的巧妙策略。

一、对儿童的哲学的再认识

儿童的哲学是儿童对自我以及这个世界认知的表达，是儿童主体发现意义的过程。通过对文献的梳理，我们认为儿童的哲学有三个重要的特点：①它回归了哲学的根源——好奇、惊讶，通常表现为对"是什么？""为什么？"等的询问；②它保存了哲学与生活的关系——源于生活但高于生活的意义思考和追寻；③它能体现哲学原初的含义——爱智慧，简单地讲就是儿童动脑筋后的产物。凡是具有以上三个特点的儿童行为表现（包括语言、动作等），都属于我们关注的儿童的哲学。

儿童的哲学透过儿童的体验探究和提问表现出来。儿童通过感觉的运用、动作的参与、身体的直接体验去链接自我与外部世界，并由此生成对世界的初步理解。同时又通过提出问题、陈述问题、思考问题对自我和周围世界积极地思考、认识和解释，进而认识、重构自我和周围世界。

从儿童的哲学的三个特点可以看出，儿童的哲学与儿童的思考紧密相连，是儿童主动学习的过程，是儿童众多行为表现中最具有教育价值的部分，它需要教师去发现、理解和识别，如图 1–1 所示。

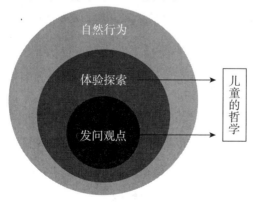

图 1–1　儿童的哲学识别图

从此图可以看出，儿童的哲学与儿童随机、随意的自然表现不同，从思考的角度上看，是一种递进和深入的关系。将儿童的哲学作为活动生成和发展的原点，可以避免一些表面轰轰烈烈，实际却无效而又盲目的活动产生。

同时，我们还要懂得儿童的哲学所呈现出来的儿童与生俱来的好奇心、刨根问底的探究精神、天马行空的想象力和创造力是儿童学习的潜能和内在动力，而好奇、探究、创造也恰是一个人重要的学习品质，需要我们呵护。这就需要我们懂得儿童的思维方式与成人不同，能善待儿童自己的"理论"，理解、包容儿童的独特个性，并能用这种理解、包容面对儿童当下的活动状态、生活逻辑、生活节奏等。

二、对儿童的活动的再认识

儿童的活动从儿童的哲学中来，同时又在儿童的哲学中发展。儿童的哲学是儿童天性中的好奇、探究与创造。儿童的活动在孕育和支持儿童的发展，让他们在生活中体验、获得经验，在真实的生活世界里发现意义、建构主体。

活动最为重要的不是塑造儿童而是呵护儿童，是利用儿童的哲学所呈现出的天性中积极的态度和良好行为的倾向（好奇、探究与创造），在活动中提供土壤呵护并促进它们的发展，使其最终成为一个人终身学习与发展所必需的宝贵品质。因此，在活动中教师需要从绝对主导者的位置上退下来，在活动的背后从环境创设、材料协助、时间支持、活动引导等方面想方设法地做出努力，让儿童全然感觉不到自己被引导着、支持着。在与儿童的互动中，教师需要恰当地地鼓励儿童说出他们的所想所思，去做他们自己想做的，支持他们按自己的意愿进行多元的表达。

总之，以儿童的哲学构建的儿童的活动具有以下核心特质。

1. "自由感"。儿童只有拥有"自由感"才会释放天性，彰显主体，儿童的哲学才能迸发出来。"自由感"包含了"让孩子说、让孩子做、让孩子错"的思想，是检验活动是否是儿童的活动的重要标尺。

2. 师生共构。教师以儿童的哲学作为活动生成和发展的基点，通过创设环境、提供丰富的材料支持，在过程中与儿童交流、合作、互动，不断循环发现儿童的哲学、支持儿童的哲学的动态过程。

3. 共享思维。共享思维让儿童在头脑风暴中，倾听他人的观点，梳理自己的想法，反思自己的逻辑，表达自己的观点，整合经验与知识，走向深度的学习。共享思维让儿童的独特性和差异性成为资源，让儿童彼此借鉴，取长补短，深入思考。

现以一个集体教育活动的转变说明儿童的活动与一般性的学习活动的区别。

案例 视觉之旅

初次活动：教师们设计了几个层层深入的游戏环节，第一次是请孩子们一起玩动画小书，第二次是请他们一起观看视觉错觉图片，第三次请他们一起看 3D 电影。

调整后的活动：教师提前布置了一个视觉体验馆，将体验馆分为动画区、小玩具区（内含七彩陀螺、小鸟关进笼子等玩具）、视觉错觉区、3D 电影区等。激起孩子们的兴趣后，他们自选小组进行探究活动，并提出玩耍过程中产生的问题，由其他孩子或教师进行解答。

初次活动的设计遵循的是传统教育活动的设计思路，即教师选择孩子们感兴趣的活动来组合活动过程，其实质是教师试图用自己觉得重要的知识点去建构孩子们的经验，而不管孩子们生活中的实际经验是否支持那些知识点。乍一看，这个活动的操作性、活动性都挺强，但仔细分析就会发现所有环节都是在教师步步导入的情况下进行的，活动中孩子们一直被教师牵着鼻子走。孩子们在活动过程中只是接受了几个"新鲜的"刺激，他们在整齐划一的流程中，只来得及感受动画小书、错觉图片的奇妙，来不及有更多的思考。较为突出的现象是教师认为 3D 电影应该是活动的高潮，是孩子们最感兴趣的活动。但在调整后的活动中，我们却发现 3D 电影区是最受冷落的区域，分析原因是现在的孩子接触 3D 电影的机会太多了，教师自制的材料对他们的吸引力更大。

在调整后的活动中，教师通过创设环境，让孩子们自由选择区域进行活动，孩子们获得了更大的自由感，他们在个体经验的基础上产生认识，他们感兴趣的、他们的思考和获得的经验都不一样。有的孩子从自己没有玩过的开始，有的从自己知道了解的开始，有的会暗暗观察别人在做的事情，有的则会每一个内容都去尝试一下，有的没有发现内容的独特之处，有的则能发现。

在最后的分享环节中，孩子们开始分享自己在活动中的不同经验。例如有的孩子谈到他看到图片（视觉错觉图片，上面有圆形的图案，从某种角度看图案就像在旋转）上的图案在旋转，而有的孩子并没有看出来，于是他们就互相交流经验；又如关于小鸟关进笼子，有的孩子发现搓动小棒速度的快慢会影响小鸟关进笼子的样子，搓得快时，小鸟和笼子都看不清了等。孩子们相互启发、经验共享，对活动意犹未尽。

从这个活动的转变中我们可以看到，在初次活动中，教师试图用自己觉得重要的知识点去建构儿童的经验，因此步步导入，儿童始终被牵着鼻子走。而调整后的活动，通过创设环境，让儿童在个体经验的基础上去产生认识。前者表现出教师"教"的存在，后者表现出对儿童主体的遵从。这就是儿童的活动与其他一般性学习活动的区别，它重视儿童的已有经验与思考，以儿童的"自由感"为前提，在活动中为儿童留下多种可能性以及足够的空间；强调师生共构，教师通过环境和材料唤醒、激发、挑战儿童的经验，让儿童在活动中以自己的方式学习；通过建立探究的群体在群体中共享思维，让共同学习者成为巨大的学习资源，推动儿童对某个现象、问题持续深层次的探究，让活动不只是儿童偶尔的灵光闪现，更是儿童有证据的思考与实践；不只是单一的想或做，更是知行合一，相互促进。

三、儿童的哲学、儿童的活动与儿童的发展

儿童主体活动对儿童的发展有较大影响，活动质量的优劣决定了儿童发

展的结果，其关系如图 1-2 所示。

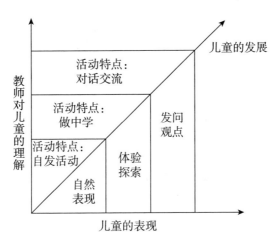

图 1-2　儿童的哲学、儿童的活动与儿童的发展之间的关系

如图所示，横轴是儿童的表现即儿童主体的活动，一般来说，儿童主体的活动都伴随着儿童的思考，只是思考的程度不同。将儿童不同表现按照思考的难易程度从低到高排序，可以发现儿童的自然表现通常都是一些下意识的行为，儿童投入的思考最少。其次是儿童体验探究的表现，这一部分通常以行为的方式表现出来，更多会运用经验思维。最高水平是儿童的发问和观点，这一部分通常是通过语言表现出来，儿童提出问题和形成观点需要进行归纳、解释、演绎、判断，往往伴随着逻辑思考、抽象思考和批判性思考等。

纵轴是教师对儿童的理解，对应儿童的表现，教师会采取不同的活动方式去支持儿童，例如，教师理解儿童的自然行为，则会在开展活动时支持儿童的自发活动；教师理解儿童的体验探究，则多会用到做中学的方式支持儿童探究；教师理解儿童的发问和观点形成的过程，就会选择开展对话和交流的方式，帮助儿童在这个过程中进一步思考和完善自己的想法。

从图中可以看出教师对儿童的理解与儿童的发展呈正相关，教师对儿童的理解越深刻，其与儿童表现交汇的点越高，儿童的发展越好，儿童的哲学这部分（体验探究、发问观点）表现处于发展中的高值。从构建的活动来看，以儿童的哲学构建的活动不但注重儿童的体验探索，而且鼓励儿童表达观点和发问，重视活动参与者之间的对话交流，这类活动对应于儿童更高的发展水平。这也说明，以儿童的哲学构建的儿童的活动能够引发儿童更加生动和深刻地参与活动，也能够支持儿童更好的发展，但是对教师理解儿童的要求更高。

四、构建儿童的活动的实施路径

儿童的哲学和儿童的活动相辅相成，一方面，儿童的哲学作为活动生成和发展的基点，伴随着活动的发生、发展的全过程；另一方面，儿童的活动又通过支持儿童的哲学，让儿童以自己的方式去诠释经验、发现意义，在活动的过程中推动儿童进一步形成自己的哲学。

以儿童的哲学构建的儿童的活动具有不确定性和随机性，教师、儿童之于活动的发起、走向和活动的进程均会形成影响，这就意味着教师与儿童之间必须建立一种新型的、紧密的、互动的关系，同时由于活动的不确定性和随机性，需要我们在更为宏观的层面上把握活动发生和发展的规律，科学地构建活动的路径。这个路径如同一座桥梁，链接起儿童的哲学与儿童的活动，帮助教师实现以儿童的哲学构建儿童的活动。

我们将这一路径命名为师生共构，所谓师生共构即师生互为主体，共同构建活动。教师从儿童的哲学出发，支持儿童以自己的方式去诠释经验，发现意义。在过程中注重隐性的指导，例如通过环境准备支持儿童的多元表达；在过程中减少告诉，增加对话与讨论；不判断对错，而是询问思考等。教师以儿童为本，充分发挥儿童的主体性，儿童作为主动学习者，在活动的过程中展示真实的自我，满足自身发展的需要。儿童和教师的主体地位彼此依赖、相互促进。其过程是教师与儿童一起深入未知世界，一起共同活动的过程；也是教师通过与儿童的交流、合作、互动，追随儿童的发展，灵活而有意义地推进活动的过程。

以儿童的哲学构建的儿童的活动，其一般流程如图 1-3 所示。

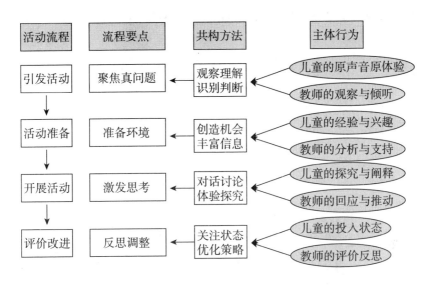

图 1-3　以儿童的哲学构建儿童的活动流程

第一步，发现真问题，引发活动。基于儿童的原声音和原体验，教师进行观察与倾听，聚焦儿童的真问题，并以此为核心引发活动。

第二步，提供机会，准备环境。基于儿童的问题与困惑，教师分析儿童的经验水平和兴趣需要，以此为活动准备的基础，为儿童提供具有丰富探究机会和信息的活动环境。

第三步，激发思考，开展活动。围绕儿童的体验与阐释，教师及时回应、积极支持，通过对话讨论、共享思维，通过体验探索、共同探究，唤醒儿童的经验，激发儿童的思考，不断推进活动。

第四步，评价反思，改进活动。以儿童的投入状态为依据，教师进行反思评价，根据儿童的投入程度和情绪状态，评价活动是否恰当，反思支持引导是否有效，并以此调整和改进活动。

在这个过程中，我们可以看到共构中儿童和教师的主体行为是一种彼此依赖、相互促进的关系；共构的方法是一个观察、分析、支持、反思不断循环的过程，也是一个动态的、螺旋上升的过程。

那么具体到每一个流程中我们应该怎样以儿童的哲学与儿童一起共构出儿童的活动呢？我们将在后继的章节中，从以下几个方面进行重点阐述：①创设环境中，如何根据儿童的节奏安排时间，创设能激发儿童自主探究的班级环境、幼儿园环境；②在构建活动中，如何发现儿童的哲学，支持活动的发展和儿童的发展，推进活动的深入以及活动的一般形态等。

第二章

创设能够激发儿童的哲学的场域

能够激发儿童的哲学的场域，应该具备三个特点：自由、安全、舒展。我们试图从时间、空间、角色关系三个方面去探究和理解场域与活动中的儿童之间的关系，并努力对幼儿园的作息时间、空间环境、角色关系的链接做出调整和改进。

时间之于儿童是流动的、转变的、生成的，在尊重儿童自然发展规律的基础上找准儿童的节奏，使儿童在一日活动中拥有更多选择、构想、体验、表达的权利。

空间既是幼儿园教育发生的场所，也是教育者教育理念和教育价值观的体现。我们当尽一切可能，让每一处环境之于儿童的发展有意义；尽一切可能，让环境与儿童的活动紧密联系在一起；尽一切可能，实现儿童自由灵活地与环境互动。

角色关系包括幼儿园里的所有的人：同伴、教师和工作人员。他们既是儿童活动中的伙伴，又是儿童活动的支持者和帮助者，和儿童的活动发生着密切的联系。在不同角色编织起来的温暖而又安全的关系网中，儿童的经验在不断丰富、学习在不断拓展。

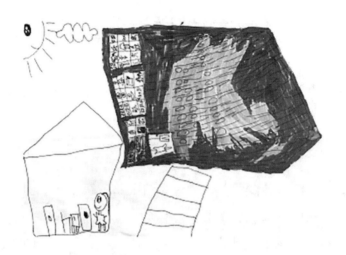

　　这是三楼中三班教室外的平台，有绿色的草坪，小朋友们会在草坪上做早操，做完早操后，太阳公公把我们晒得直冒烟，我们可以去喝水，还可以到旁边柜子里找自己喜欢的材料玩游戏，这是我最喜欢的幼儿园生活！

——中三班　煜鑫

场域并非单指物理环境，也包括他人的行为以及与此相关联的诸多因素。人的每一个行动均被行动所发生的场域所影响。法国学者布迪厄对场域这一概念的定义是：场域可以视作一个关系网络或关系架构，其中的关系客观存在于各种不同的位置，而这些位置也是客观存在的。场域是一种具有相对独立性的社会空间，既指物理上的空间，又指心理上的空间和环境。某种程度上说，场域是由关系构成的，是指在特定的社会空间里，各个个体组成的相互产生关系的多种社会力量和因素的组合体。幼儿园有着比较明显的场域特征，是一个比较典型的教育场域。时间与空间、物理环境与心理环境，还有各种角色关系的相互影响，是激发儿童的哲学的基础和前提，直接影响着儿童的思考、表达、互动和学习。

我们认为，能够激发活动中儿童不断诞生精彩观念，引发活动中儿童大胆表达和自由创想的场域应该具备三个特点：自由、安全、舒展。幼儿园需要做出整体上的调整才有可能实现这样的改变，包括通过对作息时间的适当调整，支持儿童自由地表达想法、进行探究，让儿童的想法和行动都能舒展开来；通过更具自由感的大环境和班级环境的打造，让儿童感受到自己是环境的主人，能够自由地支配使用幼儿园的空间环境，激发儿童多样的表达和创造；充分将幼儿园内的各种角色关系建立起更紧密的连接，让儿童和不同的角色进行交往互动，让儿童在更加有温度、更加安全的氛围和关系中实现更有意义的学习。作息的调整、空间的利用和关系的互动让幼儿园的场域更适合儿童，更能激发儿童的哲学。

第一节 根据儿童的节奏安排时间

成人以外在时间尺度为标准，将时间进行片段化的划分，并将时间的价值附着在日常事务和特定目标上；而儿童则是依据内在的游戏本能和兴趣冲动来安排自己的日程。儿童总是以自身的兴趣、需要和本能冲动来改变对时间的安排，具有很强的开放性。时间之于儿童是流动的、转变的、生成的。这种主观性的时间体验是幼儿发挥创造性潜能的必要条件。教育时间的本质，就是教育时间与受教育者身心发展的内在联系。教育时间的规划需要建立在尊重儿童自然发展规律的基础之上，找准儿童的节奏，而不是用时间入格（每一个生活环节的时间固定不变）的方式为儿童的一日活动做出一成不变的安排。

一、重复是儿童的活动节律

在这里我们不得不首先谈到儿童的心理特点和学习方式。喜欢重复做一件事情是学前儿童共同的心理特点，对儿童的发展至关重要。儿童因为认知能力的限制，只有在不断重复的过程中才能不断发现新的东西，在不断重复的过程中学习新的东西。重复也是学前儿童学习的重要方式。重复对于他们来说并不简单，是他们自主探索的过程。每一次重复，儿童都有新的感受和体会，它让儿童的认知和理解更为全面深刻。儿童在一遍又一遍的重复之中，积累起不同的体验和感受。他们将这些体验和感受再总结、内化成自己的经验。

对于自己感兴趣的问题，儿童总是愿意花更多的时间去重复。在重复的过程中，儿童会不断迸发新的想法，获得新的认识和发现，从而积累更多的经验。因此，我们需要思考，幼儿园现在的时间安排方式，是否能充分保障儿童有充足的时间去重复去探究那些他们好奇或疑惑的问题与现象；幼儿园的作息制度，是否能真正适应儿童的学习方式和特点，满足儿童持续深入思考和探究的需要。

二、顺应让儿童活动的旋律舒展

目前，幼儿园的一日活动主要是以生活作息时间为逻辑建构的。回看教师根据一日作息组织的儿童活动，我们发现存在着这样的问题：集体教育活动、游戏活动、运动、生活活动，一个接着一个，一环扣着一环，教师按部就班地按照时间规定来执行活动计划，且活动的内容大都由教师预设和规定，忽略了生活本身带给儿童的价值。刻板的时间安排让儿童处于一种被高控的状态，无法让他们全身心地舒展开来。卢梭在自然教育中指出教育要顺应儿童天性的发展。儿童对世界充满好奇，喜欢探究，这是一种与生俱来的本能。顺应儿童，就应该关注他们在生活中感兴趣的那些问题或事件，灵活地与儿童进行互动和回应，留出充足的时间和空间，以满足儿童好奇的探究，让他们在活动中呈现出一种更加舒展且自由的状态。

一日生活各环节中某个小小的问题或事件，都可能引发儿童的问题和好奇，成为活动生成的导火索。我们尝试从儿童利益优先的角度出发，将儿童对活动的兴趣投入度以及活动的价值作为调整作息的依据，让时间顺应儿童的活动需求。不再严格按照作息规定的时间长短来决定活动的开始和结束，不会因为时间节点的到来就将儿童感兴趣的活动终止。

我们顺应儿童的需求，注重从生活中的突发事件中发现当下对于儿童的价值，从而拓展出新的活动。或是适当延长儿童感兴趣的活动时间，让儿童在更充足的时间里自由表达、创造，实现个体的成长。例如，当儿童在玩耍时，认为捡到的玻璃珠也是"豆子"，教师立刻开展随机教育，带领儿童寻找自己心中的豆子，儿童捡回了各种圆形的宝贝："石头豆""泥巴豆""树疙瘩豆"等。又如，终于盼来蘑菇丰收的儿童决定在幼儿园里办一个蘑菇节，请爸爸妈妈来参加、装扮成蘑菇人、卖蘑菇、做蘑菇汤等。他们的蘑菇节创意可真不少，活动筹备加上现场活动，短短的集体教学活动时间并不能让大家完成所有工作。可是，采摘下来的蘑菇并不能等待大家用几天的时间来准备。为了满足儿童办好蘑菇节的心愿，教师对当天的一日活动时间做出了灵活、弹性的安排。这是非常忙碌的一天，除了正常的进餐、午睡，其他环节都调整为儿童的准备活动，在这个过程中，有儿童的协商讨论、分工合作，有儿童自己的创想与思考、操作与尝试等。在这些过程中，儿童在生活中学习，为生活而学习，一切都是自然而然的样子。儿童自由地支配着自己的时间，而非时间支配着他们的生活。

教师意识到时间不应该成为限制儿童的枷锁，时间不是决定活动发展走向或活动长短的关键，儿童的需要和兴趣才是调整活动或时间安排的重要因素。教师更加重视儿童的想法和需要，根据当下儿童的活动状态或学习需求，适当地调整、延长儿童感兴趣的活动时间，让时间和活动的安排更加顺应儿童的发展需要。教师支持儿童在更加宽松的氛围里，尽情地表达自己的想法，并且有充足的时间不断去尝试各种想法，使儿童能够全身心地舒展开来，让想法更多地被表达，让探究更自然地发生。

三、弹性能支持儿童活动的变奏

儿童常常在重复中学习和累积经验，因此，需要更加充分的时间作为保障。反观幼儿园的一日作息安排和制度，我们不难发现，幼儿园的一日生活被理性地分割为一个又一个的时间小格。环节安排过于细致，规定了某一时间段内必须完成什么，教师严格按照作息时间安排来执行，儿童在园一日活动必须紧跟教师，缺乏自主选择和自由活动的时间，没有自由感与轻松感。教师疲于赶环节、赶流程，儿童总是在教师的催促下完成任务或无聊等待。在这种刻板的形态下，每一段时间都被教师高度控制，长期以来儿童也已经习惯于教师的安排。在模式化的时间安排里，不管儿童最感兴趣的话题或事件有没有收尾或告一段落，到了某个时间节点儿童都必须投入下一个环节的活动当中。在这种情况下，儿童的兴趣容易被扼杀，儿童的问题和思考也经常被中断。

我们对一日作息时间的安排进行了新的规划和调整，改变原来以教师预设为主，较为封闭、高控、整齐划一的时间安排方式，以更加弹性的时间安排，让儿童生活的节奏更加适宜。

在开展大班主题活动"光影"的过程中，影子照相馆的孩子们并不是从学习照相开始的。他们在一次又一次地摆弄手电筒的过程中，不断有了新的发现，而这些发现就成为他们活动探究的线索与脉络。

每天早饭后，影子照相馆的孩子们都会进入照相馆，拉上门帘、窗帘开始探索。最开始，他们对电筒照射出影子这件事最感兴趣。活动将走向哪里，教师也不太清楚，就先观察他们是怎么玩的。只见他们每天在天花板上、墙壁上、小伙伴身上、玩具上照来照去，玩得不亦乐乎。

这样的重复玩耍持续了好几天。直到有一天诺诺突然发现影子有时候会变得很高，有时候又会变得很矮。什么时候影子会变高，什么时候影子会变矮呢？她开始拉着小伙伴研究。原来，从低处打光，影子会长高；从高处打光，影子会变矮。这真是有趣的发现。大家在重复玩耍的过程中开始不断有了新发现。

就这样，在充分利用晨间、饭后、小组探究时间不断玩光影游戏的过程中，孩子们发现了影子的高矮变化、方向变化、清晰度变化等问题，解开了光影关系的谜团。在照影子的过程中，他们产生了新的难题：自己照出来的影子只有半个头，如何才能照出完整的影子呢？作息时间表里给孩子们留出的半个小时的活动时间，并不能保障他们有充足的时间去不断尝试办法、解决难题。于是，除了晨间活动与饭后时间，孩子们可以自主进行光影探究外，我们增加了每周开展主题探究活动的时间，每天的小组活动时间不再限定在半个小时内。

当孩子们有浓厚的探究欲望时，我们尽量保证他们有更加充足的时间去不断地发现问题、寻找办法、验证猜想。在每天不断的重复操作与探究中，孩子们解开了自己一个又一个的疑惑，最后终于照出了完整的、清晰的影子照片。

我们打破了以往一日活动时间安排上的板块结构，既保证儿童自主游戏和娱乐的时间，又保证教师引导儿童进行探索学习的时间，同时也关注两类活动的融合和转换，实现教师主导与儿童自主之间的平衡。我们适当增加儿童感兴趣的活动时间，更加弹性地安排时间，儿童的热情和创造力被点燃了。他们有了更加自主、充分的时间去实现或验证自己的想法，从而进一步激发了他们的思考和行动力。

时间应该是为儿童的活动服务的，要根据儿童的兴趣及时调整活动安排或适当延长活动时间，让一日活动充满自由、自主、愉悦和创造，使儿童在一日活动中拥有更多选择、构想、体验、表达的权利。根据儿童的节奏来适当调整作息时间，顺应儿童发展需要的同时给予儿童更加充足的探索时间，使我们的一日活动安排实现了从整齐划一到自然灵活的转变。一日生活的节奏更易于儿童接受，更适宜儿童的成长，也让儿童的天性和想法得到了更加充分的释放。

第二节　创设激发儿童自主探究的班级环境

我们所说的空间，是指幼儿园的自然空间，即儿童在幼儿园活动的场所以及场所内所有的设施建筑等，主要包括室内（班级环境）、室外（幼儿园环境）一切可供儿童活动的环境。班级作为儿童活动的主要阵地，与儿童的一日生活紧密地联系在一起，其环境创设对儿童活动效果产生的作用和影响更是直接而显著。适宜的班级环境能有效激发儿童的学习动机和探索欲望，能使儿童在与环境的互动中获得各方面能力的发展。环境也是传递儿童思考、想法的重要途径，能够让儿童的学习被相互看见，进而成为他们学习的资源。儿童共同参与班级环境创设的过程，也是他们获得学习与发展的过程。我们想要充分发挥班级环境的教育功能，真正体现班级环境的教育价值，就需要在班级环境创设上多加思考，形成并总结出自己独到的、行之有效的方法，创设出凸显班级特色的环境，使儿童成为班级环境创设的最大受益者。

一、让班级环境蕴含丰富的主题信息

以儿童的哲学建构的儿童的活动强调以儿童的热点话题、问题困惑等为主题。在开展主题活动的过程中，我们注重启发儿童自主发现问题、提出问题并通过操作探索来解决问题。儿童的探索活动往往由问题引发，而这些问题常常与环境和操作材料密切相关。儿童无论是在发现问题之初，或是提出疑惑之时，又或是解决问题之后，都需要教师为他们创设与探索活动密切相关的环境并提供相关操作材料，这样才能不断激发他们更多的观察、发现和表达。

（一）环境中蕴含丰富主题信息的意义

幼儿园每一个班级的主题都是独特的，它代表着儿童独特的兴趣和发展需要。班级在进行环境创设时，如何巧妙地传递主题信息，是儿童参与活动的积极主动性能否被调动、创造力能否被充分激发的关键，也是保证活动有趣且有意义的重要条件。一个班级的环境创设，如果能够巧妙地与主题相融合，蕴含丰富的主题信息，将对儿童的学习发展起到很好的启发和调动作用。

1. 激发儿童参与活动的兴趣

主题活动要让儿童觉得有趣，才能吸引他们参与其中。充满吸引力的一个条件是让班级环境的创设追随主题发展的需要，让儿童浸润其中，让环境充分激发儿童参与活动的兴趣和愿望，不断激发儿童关注主题、产生问题、持续探究。蕴含丰富主题信息的环境，能够不断地刺激儿童的各种感官，拓宽儿童的眼界和思维，调动儿童参与活动的积极性。

2. 引发儿童的自主探究和发现

儿童关注什么、思考什么、探究什么在很大程度上受自身所处环境的影响。我们赋予环境什么样的信息，儿童就会受到相应的启发。当教师将与主题相关的各种信息布置在环境中时，儿童就会时时刻刻与主题产生连接，儿童所观察的、思考的自然而然也会是与主题相关的内容。班级环境中蕴含的主题信息，犹如一只隐形的手指引、推动着儿童参与跟主题相关的活动。班级环境中蕴含适宜的主题信息，就会引发儿童更多关于主题的好奇和疑问，激发儿童运用各种感官自主发现和探究，使活动朝着更加生动有趣的方向发展。

3. 有效促进儿童深度学习

蕴含适宜的主题信息的环境可以于无声处给儿童以提醒，帮助儿童保持或延续关于活动的兴趣，发散思维，促使儿童对其探究的问题做出更加深入的思考或调整，启发儿童深度学习。

（二）丰富班级主题信息的路径

我们以主题的内容来统整班级的环境创设，从氛围营造、区域环境、材料提供三方面着手，开展环境创设，使班级环境蕴含丰富的主题信息。

1. 营造主题氛围

氛围的营造是班级环境创设的基础工作，包括班级墙饰、空间吊饰等，所有内容都与主题息息相关，让丰富的主题信息以不同的方式出现在班级环境中。例如，在主题活动"追寻恐龙"中，从教室门口的恐龙标牌，到主题墙上的恐龙之家，再到各个区域的恐龙标牌和吊饰，让儿童浸润在主题氛围中，仿佛置身于一个恐龙世界，时时与恐龙产生链接，时时引发儿童对恐龙的关注和谈论。

主题墙饰是营造氛围的重要内容，其核心思想是动态呈现儿童的学习过程。例如，在主题活动"虫虫"中，儿童对到幼儿园中寻找虫虫产生了无限兴趣。教师将主题墙面布置成了"虫虫地图"，以幼儿园平面地图为基础，儿童可以用自己喜欢的方式，自由地在墙饰上表现自己在哪里，发现了什么样的虫虫等有趣的经历，以此来和其他儿童进行分享。

主题氛围的营造不是生硬的堆砌，需要教师智慧的创造。例如，在主题活动"光影"中，教师利用日光照射到教室的角度变化，将镂空的剪影吊饰挂在教室靠内侧的窗前，上午 10 点多有太阳的时候，儿童能清楚地看到这些图案的影子，并由此产生新的讨论和活动。

2. 打造区域环境

主题活动内容与区域环境紧密结合，不仅可以营造浓浓的主题氛围，还可以巩固、拓展儿童与主题相关的经验。例如，在主题活动"春天的花"中，教师结合儿童在主题活动中的疑问和兴趣进行了区域环境的创设。根据多数儿童关于"花可以吃吗？"的疑问，创设了花茶区；根据儿童提议做花草纸的想法，创设了造纸坊；根据儿童对多肉植物的喜爱，开辟了专门的多肉种植区，由此引发了儿童关于"多肉是花吗？"的激烈辩论。

3. 提供与主题相关的各类材料

丰富多样的材料是儿童具体感知、直接操作、有效学习的前提。我们强调围绕主题，在班级投放各类与之相关的材料，丰富儿童与主题相关的认知和探究，以便更好地帮助儿童积累、巩固、提升活动经验。例如，在小班主题活动"瓶子"中，教师巧妙地将班级各类材料与瓶子联系起来，自然角的花盆是各类塑料瓶子的变身，小舞台的编钟是大小、形状不同的玻璃瓶，更有金属材质的瓶子被摆放在娃娃家里。瓶子的每一个部分都被用起来，瓶子做的水车、小船被投放在玩水区内，大大小小的瓶子和瓶盖做的匹配大小和锻炼小肌肉动作的玩具被投放在操作区内；瓶子与其他材料也充分融合，例如美工区利用黏土在空瓶子上进行造型，运用彩砂制作流沙瓶等。在与环境的互动中，儿童对瓶子有了更多的了解。

综上所述，环境创设是构建儿童活动的重要一环，教师可以通过营造主题氛围，打造区域环境，提供丰富的材料支持，让儿童在与周围环境的交互中，积极主动地从环境中吸取信息，获得经验和个性化发展的支持。

二、建设一个和主题相关的资料库

基于主题背景下的幼儿园班级环境创设应该把支持儿童的个人发展放在首位，重视环境对儿童成长与发展的影响，更好地为儿童服务，提高儿童的学习能力，为儿童富有个性的发展提供更多的支持。

为了更好地支持儿童在主题活动中的学习，在幼儿园各个班级，通常有一个与主题相关的资料库，里面存放着与主题相关的各类绘本、模型、样品和儿童自己整理的相关资料等。当确立班级主题后，教师鼓励儿童将感兴趣的、与主题相关的各类绘本带到班级分享。同时，为解答自己的疑惑或满足好奇心，教师鼓励儿童针对感兴趣的问题去查阅相关资料或进行手工记录。儿童整理出来的资料或提供的图书、模型，并不是作为摆设或活动痕迹的证明被堆积起来，班级专门开辟了一个区域来展示这些内容，形成班级的主题活动资料库，儿童可以利用任何时间进行翻阅或针对自己的疑问进行有目的的查找。

班级主题资料库的建立，既是对儿童问题和兴趣的展示，又能丰富和加深儿童对主题的了解，同时为儿童活动提供思路或方法。例如，在班级进行主题活动"恐龙"时，儿童根据自己感兴趣的问题制作了介绍恐龙的图册，收集了各类自己喜欢的恐龙模型，带来了与恐龙相关的各种绘本。教师将这些资料进行了归类整理，在班级创立了一个与恐龙相关的资料库，其中包括自制恐龙百科图文馆、恐龙模型馆、恐龙绘本馆。儿童可以根据自己的兴趣自由翻阅或观看，解答自己关于恐龙主题的疑惑，或是从中发现新的学习机会。又如在主题活动"光影"中，儿童收集了关于光影的各类读本，儿童也针对自己感兴趣的问题（如手影的玩法、影子是怎么来的等）进行了资料的制作。自制手影指南的分享，激发了儿童表演手影戏的愿望，皮影剧团的儿童每天利用晨间游戏活动时间，自发地排演手影戏。

案例 一本小册子带来的变化

开学初期，教师在了解了孩子们对于光影最感兴趣的问题之后，请孩子们带来了自己喜欢的关于光影的图画书以及一些自制的光影小书。其中有一个小册子是甜甜带来的自制手影图册，这本册子引发了大家的浓厚兴趣。在空闲时间，他们经常三三两两地聚在一起翻看："哇，原来鸭子是这样变出来的，兔子还可以这样变……"他们边看边比画，甚至拿起手电筒跑到影子照相馆玩了起来。看见孩子们兴趣浓厚，我想何不开辟一个专门的场地让他们玩呢？紧挨教室的材料屋光线较暗，空间狭长，正适合用来挂幕布供孩子们表演手影。于是，我们将材料屋进行了一番改造，对手影游戏感兴趣的孩子们终于拥有了自己的活动场地。很快，他们开始自编自导排演起了自己的手影剧。随着游戏的不断改进和深入，这处场地成了他们表演手影剧的专属场地。

班级主题资料库的建立，不仅仅是简单地拓宽儿童关于主题的知识面，更为儿童和教师提供了活动的灵感和方向。主题活动资料库的作用和价值，得到了更好的体现。

班级主题资料库的建立，成了生成儿童活动的源泉，也为教师找到了推动儿童活动持续深入下去的方法，在激发儿童的活动兴趣、启发儿童的思考、延续儿童的探究愿望等方面起到了重要作用。

三、师幼共构班级环境

儿童对环境不是完全被动接受的，除了其兴趣和需要是环境创设的前提，还应该尽可能地让儿童参与环境的创设，把儿童的活动与环境的不断完善有机结合起来。儿童参与环境创设的过程也是他们学习的过程。儿童的学习随着时间的推移会呈阶梯式的发展，因此，班级环境要呈现动态变化的过程，不断适应儿童学习发展的同时展示儿童的思考、行动历程。

事实上，在班级环境创设中很多地方都需儿童的参与，有些环境的创设甚至是以儿童为主的。例如，幼儿园中大班的种植园地，从种什么、怎么种、怎么管都应该由儿童决定或参与决定，种植和管理的过程都应该由儿童自己来完成。特别是在班级主题探究活动开展的过程中，不同小组儿童的探究兴趣和问题都有所不同，大一统的环境并不能有针对性地支持不同探究小组儿童的活动深入开展。我们尊重不同小组儿童的探究兴趣和需要，在环境创设中给儿童留下空间和机会，鼓励、支持儿童根据自己的需要建构属于自己的环境，以满足其探究愿望。

儿童在环境创设中不可或缺，他们是旧经验与新经验的链接者，是精彩故事的讲述者，是活动内容的内化者。在班级环境创设中，儿童是自始至终的参与者，只有让他们充分参与其中，才能引发儿童的深度学习。

案例 主题活动"森林"的环境创设

结合班级开展的主题活动"森林"，为了让孩子们真正融入区域中，我们打破了区域的界限，按照他们的想法，把整个教室作为"魔法森林"与孩子们进行共同创设。孩子们自由组合成四个魔术队，于是我们将教室划分为四个区域。孩子们为自己的魔术队取名，并根据所取的名字布置区域，让每一个孩子都有了很强的归属感，教师的信任让每一个孩子感到自己有责任去把自己的"家园"装扮好。

　　"大树博士"魔术队利用圆纸筒、大竹筒制作树干，绿色卡纸制作树叶，透明饮料瓶做石头，再加上粘贴的太阳、彩虹、云朵、蝴蝶，将自己的区域装扮得色彩斑斓，绿树成荫。"小精灵"魔术队将画好的小精灵用线吊在屋顶上，这样当风吹来的时候，小精灵就会随风飘扬，就像飞起来一样，很好地体现了小精灵的欢乐。"神秘河"魔术队利用深蓝色的卡纸制作了一条长长的河流，横跨整个区域，然后孩子们分工合作，在河里粘上了各种鱼和水草。利用前期折纸船的经验，团长昊昊折了一个大大的纸船，放入神秘河中。"极光森林"魔术队在废旧材料中发现光碟的背面能反射光芒，并且是五颜六色的，于是利用光碟作为本组的特色装饰，并且用小亮片、鲜艳的纽扣、彩色丝带等装饰在饮料瓶的外面和内部，显得十分突出显眼。

　　教师把环境创设作为儿童在园生活的一个部分，作为儿童学习的一个过程。相对独立的环境，保证了儿童探究的专注性和持续性，他们不断追随自己的问题和发现，一步一步让自己变得更加会观察、会思考、会行动、会合作。班级主题环境也在追随儿童活动脚步的过程中，变得更加生动起来。

四、让儿童的学习看得见

　　马拉古奇曾说："我们的墙壁会说话，也有记录的功能，利用墙壁的空间展示儿童成长的生活。"班级环境创设不再只是强调美观等作用的外在装饰，也不再是教师一个人的手工劳动，它是记录儿童在活动中学习成长过程的媒介。环境是"潜课程"，班级环境要让儿童的学习看得见，成为儿童兴趣和经验的窗口，引导儿童多元感知，整体发展。

　　班级环境创设要凸显儿童的活动轨迹，让儿童的学习看得见，特别是让儿童自己和同伴看见。陈鹤琴先生在"儿童教儿童"教育原则中提出：让幼儿教幼儿更能使幼儿接受。儿童间的相互学习是一种有效的学习方式。在班级环境中展示儿童的活动进程或不同观点想法，能让儿童在相互平等、宽松自由的氛围中，在不经意间产生更多的沟通、交流、学习、互动，最大限度地让儿童展示自己的知识经验和能力水平，使儿童在自发模仿和学习他人经验与能力的同时，增长和提升自己的经验和认识。

在班级环境中让儿童的学习看得见，不仅是儿童梳理总结活动经验的过程，更是促进儿童之间相互学习的有效手段。我们通过展示儿童的活动进程、儿童不同的观点表达，让班级环境与儿童的活动、发展紧密联系在一起。

（一）环境展示儿童的活动进程

班级环境应呈现儿童学习和发展的轨迹，体现儿童活动的探究过程和阶段性成果。教师应引导儿童将自己的问题、探究的过程及结果呈现在班级环境中，这既有助于推动活动向纵深发展，又有助于儿童的经验建构，助力儿童的成长与发展。

教师根据儿童活动的轨迹，引导儿童在活动中观察、思考、行动，并以自己的方式进行记录和呈现，然后将儿童的观察记录过程呈现在主题墙上，让他们明确自己的活动进程和思考发现。

在主题活动"种植"中，中一班的每个孩子选了一种自己最喜欢的蔬菜进行种植，这些蔬菜的生长变化成了他们最关心的事情。于是，我们将教室的墙面变了一面能记录蔬菜生长情况的大型记录墙。

我们将墙面按孩子的人数进行划分，保证每个孩子都有一个地方进行记录。踢脚线代表"泥土"，当孩子们的种子发芽时，他们会用旁边提供的尺子测量出植株的高度，然后用绘画的方式，在踢脚线上的墙上记录种子发芽、长叶的情况。随着植株的长高长大，这面墙也在不断变化，不仅能让孩子们更直观地对蔬菜的生长情况进行纵向比较，还能让孩子们之间进行横向比较，了解谁种的蔬菜长得高，哪种蔬菜长得快。

这些记录将儿童在种植活动过程中的关注重点、思考方式、学习水平进行了直观的展示，儿童的学习因此被看见。

在观察独角仙生长变化的过程中，儿童也收获了很多成长的感悟。我们鼓励儿童用绘画的方式进行表征，让儿童的感受能够以更加具象的方式表现，让儿童的学习被看见。

独角仙刚来到班级时，特别受欢迎，孩子们每天都要去看看它有没有发生变化，并用绘画和语言把独角仙每一次的变化都记录下来：头变黑了、长出前腿、上身长出褐色小点、身体的尾巴变黑了等。在耐心的观察和等待中，关于成长，孩子们也有了自己的感悟：成长是虫虫自己的事，没人帮它，它要坚强；成长是需要吸收很多营养的；成长让我们更加美丽……。孩子们在观察虫虫的过程中居然悟出了这样的人生哲理，这些珍贵的想法值得被大家看见。孩子们不会写字，但可以用绘画的方式表达自己的心情。于是，教师鼓励每一个孩子把自己的想法画出来，展示在班级的主题墙上。这些珍贵的想法以这样的形式被保留了下来。

儿童在具体的操作中感知学习的特点，决定了他们的探究和思考过程都需要借助一定的媒介和工具才能实现，充分利用环境展示儿童的操作过程和想法转变，可以让他们从中清晰地看到自己的活动过程和经历，看到自己的成长和变化。

我们的班级环境与儿童的活动紧密融合，环境中充满了儿童的活动轨迹，这也让环境呈现出一系列的动态变化。我们努力在班级环境中记录儿童成长的经验和学习的足迹，为儿童提供更多积极体验、自主探究、协商合作、思考和创造的空间，让班级环境尽可能地追随儿童的活动需要和发展，促进儿童多样化的学习与发展。

（二）环境展示儿童不同的观点表达

儿童有着和成人不一样的看待问题、看待事物、看待事件的视角和方法，有着自己的哲学，教师要从儿童的角度去了解他们的想法、态度和观点。儿童的思维和表达与成人有着差异，儿童的个体之间也存在着差异。"孩子有一百种语言，一百双手，一百个想法，一百种思考、游戏、说话的方式，一百种倾听、惊奇、爱的方式。"每个儿童都是独立的个体，有着不同的认知和表达世界的方法。看见儿童，就是要正视儿童和成人视角的不一样，接纳和欣赏儿童不同的观点和表达。

教师是否具备这样的视角，是否能够看见儿童不一样的学习方式，班级环境的创设就是一个很好的体现。珍视儿童独特性的教师，会更多地记录和呈现属于儿童的主张与看法，展示儿童不同的观点与表达。让班级环境成为传达儿童想法与观点的平台，引发儿童的思维碰撞与深度交流。

在主题活动"秘密花园"中，教师利用多肉盆栽打造了班级植物观赏区，这些多肉植物引发了孩子们关于"多肉是花吗？"的辩论。最开始，孩子们陈述的理由仅仅是外形像或不像，随着讨论的深入，他们开始去辨析花更加细致的特征，于是就有了"多肉的颜色特别鲜艳，形状跟看到的其他花一样""它没有花秆、没有花心、没有香味不会吸引蜜蜂，它的瓣太厚了不像花瓣"等更加有依据的深入的辩论。孩子们在用语言表达了自己的观察和观点之后，又用图画的形式画了下来。教师为了帮助孩子们更好地了解和对比各类想法，将代表他们不同想法的图片按照两种不同的观点分类并粘贴在展板上。孩子们的辩论过程以更加直观的方式展示了出来，并呈现在班级的多肉观赏区。对孩子们辩论过程的展示，使得班级的这个角落顿时鲜活了起来，透过它展示了孩子们思维碰撞的过程，看到了教师尊重并给予每一个孩子自由思考与表达的空间与权利。

一次午间散步时，孩子们发现花坛里的一种杂草也开出了好看的花，这引发了一次争论："花地里的杂草该不该拔？"孩子们从他们的视角出发提出了这样的疑问，我们决定听听他们的意见，大家开始争论起来。芯语说："杂草会吸收花的养分，如果保留，自己种的花就长不好。"淘淘说："杂草也有生命，不应破坏。"小小说："杂草开出的漂亮小花会让花地变得更加漂亮。"伊祎说："杂草始终是杂草，我们是为了把自己的花种好而不是养杂草。"晨伊补充道："花地里有野猫出入，如果保留杂草，野猫就会去吃杂草而不会破坏花苗。"孩子们的争论，其实是他们在思考问题的体现，也是他们坚持自己观点的一种表现。教师鼓励孩子们将自己的观点画了下来，并把他们的意见和想法展示在班级主题墙上，孩子们从中感受到自己的每一个想法都是被重视的，当自己有不一样的想法时，是可以畅所欲言的。

对儿童不同观点和想法的展示、对儿童活动进程的呈现，都让儿童的学习和发展得到了很好的展示。我们在创设班级环境时，注意站在儿童的角度去发现和理解他们的兴趣与需要，尊重每一名儿童的想法，给予他们独立发挥、实施创造的机会，让每一名儿童都在活动中感受到自己独特的价值。

第三节　创设能支持儿童自由感的幼儿园环境

环境对儿童的行为和发展之所以具有价值，是因为儿童在环境中通过自身的活动，获得了应对环境变化的方式和能力，并对环境起到了影响甚至改造的作用。儿童就是在与环境的互动中发展的。只有当儿童能够灵活自如地与自己所处的空间环境进行互动时，儿童对周围环境的敏感性、对事物的好奇心、对现象的探究欲才会被进一步激发。因此，要利用好幼儿园的空间，使其成为更加开放的、与儿童亲近的、功能会随着活动需求发生变化的空间。除了对班级环境空间的打造与利用，我们还将儿童的活动拓展到教室以外更为广阔的空间与环境中。幼儿园的大环境也供儿童自由支配和使用，一切资源和场地都被利用起来，以激发儿童的创造性。

一、让幼儿园成为儿童活动的资源库

周围的生活环境中既已存在的，且不断发生变化的各种资源都是重要的教育资源。我们将整个幼儿园看作一个大的、丰富的资源库，充分利用其中的资源，扩展儿童的生活和学习空间，使他们在操作、与之互动的过程中接触更宽广、更真实的生活环境。

我们注重合理利用园内的空间和环境，使儿童在与自然、物理环境互动的过程中潜移默化地受到教育。例如，将幼儿园里习以为常的青草、花朵、大树、山坡等资源充分挖掘、开发和利用，将它们都化作资源，让儿童在观察、操作、体验、感知的过程中意识到，他们周围的一切都值得加以关注、加以利用。我们更加关注生活中蕴含的丰富的教育资源，充分利用幼儿园的各种资源，带儿童走进自然、走进生活，让儿童在更加宽松、开放的环境中，获得更加全面的发展。以前，为了让儿童观察了解蚂蚁，教师会在班级里提供蚂蚁工坊，或是将蚂蚁抓到室内。如今，我们将儿童对自然、昆虫的探究回归到大自然中。为了追寻蚂蚁的踪迹，儿童在幼儿园各个角落用颜料"跟踪"蚂蚁；为了了解蚂蚁喜欢的生活环境，儿童拿着放大镜在幼儿园的大树旁、沙地里、泥土里、草丛中开始追踪。幼儿园的大环境成了儿童最好的学习资源。

案例 沙地里的南瓜

开学了，按照惯例我们要和孩子们一起整理清洁幼儿园的户外环境。今年雨水特别多，沙地里长满了爬藤和野草，果然刚到沙地，孩子们就七嘴八舌地讨论起来。

"咦，沙地怎么变样子了？长了那么多草！"

"不是草，这个是藤蔓！"

"你们快看，这里有一个南瓜，还长着一朵花。"

原来，沙地里长出了几株南瓜藤，把沙地一半的区域都覆盖上了。那怎么办呢？

有的孩子说要清理掉，因为沙地是小朋友玩沙的地方，这样就没地方玩沙了；有的孩子说不能清理，藤蔓下面还长着没有成熟的南瓜呢，是有生命的；有的孩子认为可以清理一部分，保留有果子有花的；有的认为可以制作一个栅栏把长果实的地方围起来，把其他的藤蔓清理掉。关于如何处理沙地里的藤蔓孩子们各有各的主意。

经过投票，最终孩子们决定只保留有果子的藤蔓，其他的除去，同时孩子们还一起设计了栅栏和标记，把沙地分成了两部分——一大部分可以玩沙，小部分长着南瓜。

　　这是我们转变环境观后的一个案例。以前，我们总是在开学前就把沙地清理得干干净净，为儿童新学期的游戏做好准备，那时我们仅仅将沙地看成儿童游戏而非学习的场地，转变观念后，我们保留一部分自然物，让儿童和教师一起打扫沙地，我们认为清扫是儿童生活中的一部分，是最真实的劳动情景，没有清理的沙地成为教育活动的重要资源。在本案例中，儿童在整理沙地的过程中产生了问题，教师抓住这样的机会，让儿童畅谈对环境和生命的看法，以此为契机展开了一场别开生面的讨论活动。教师更加尊重环境、尊重儿童。幼儿园的环境活了起来，成为教师探寻儿童观点和想法的重要教育资源。

　　同时，我们会根据儿童的活动需要自由选择、调整活动场地，充分利用幼儿园里的大环境和资源，让儿童的活动更加充满生机。

　　在开展主题活动"船"的过程中，为了试验自己制作的船能否成功地浮起来，以及能否承载一定重量的物体，孩子们将活动场地直接搬到了操场的水池边。在更加真实的场景中，孩子们关于船的试验有了更加有利的条件支持，大大调动了他们参与活动的积极性。

　　在主题活动"光影"中，彩色光影组的孩子们受到班级彩色积木的启发，决定用可以透光的彩色玻璃纸做一个立体的彩色阳光房，刚好幼儿园里有一个废弃的木质空调保护壳，很像房子的形状，于是孩子们将它清理干净，变成了彩色阳光房的框架。

　　教育的资源其实一直就在身边，我们用更加开放、细腻的心态去捕捉和利用，让幼儿园里的一切都转化成开展教育活动的原材料，让儿童生活的环境也成为宝贵的教育资源库。

案例 搭在银杏树下的娃娃家

在本周的自由游戏时间，喜欢玩娃娃家的几个女孩依然选择用材料区的垫子作为搭建娃娃家的材料。以往，她们的娃娃家多是固定在小木屋里。这一次，她们对娃娃家的选址似乎有了新的想法。只见霖霖四处张望着，她在选择一个自己喜欢的地方。

时值深秋，金黄的银杏叶铺满了树屋下的地面，霖霖征求同伴的意见道："我们可以把娃娃家搭在树屋下吗？这里太漂亮了。"她的提议得到了小伙伴们的赞同："当然可以了，我们喜欢什么地方就搭在什么地方。"霖霖和小伙伴们开始行动起来，突然，优优说："我们可以直接在树屋上面玩啊，不用再搭一个房子了！"小伙伴们都惊喜地抬起头看了看，可是她们发现树屋里面已经放了一些水果，原来，这个绝妙的地方已经被捷足先登了。霖霖说："看来我们今天不能上去了，我们还是继续搭房子吧，下次再去。"果然，不一会儿，娃娃家的"邻居"就拿了很多材料上了树屋。

玩娃娃家的孩子们熟练地搭好了房子，开始在家里煮饭，令仪收集了很多银杏叶铺在锅的下面，她告诉老师这是烧饭的火，然后拿起一把扇子开始"生火"。一个跟往常不太一样的娃娃家游戏就这样在一个新的角落拉开了序幕……

儿童已经能够大胆地、自由地在幼儿园里选择自己喜欢的场地和空间进行游戏，并且有一双善于发现美的眼睛，喜欢自然中的美，能够为自己享受游戏的快乐创造条件，开心又自在。他们也让我们发现了幼儿园里那些原本就存在却被成人忽视的美。

自由与儿童的好奇心、学习兴趣紧密相连。幼儿园的任何地方都不设防，都是儿童可以亲近的；幼儿园的任何一片土地，都是儿童可以涉足的。在种植园地，儿童可以自由选择种什么，可以随时进入与菜地里的植物、小动物亲密接触，可以自己决定如何照料；在小山坡上，儿童不光可以攀爬撒野，还可以进行科学探究，他们可以随时拿起小铁锹、放大镜，进行观察和探究；幼儿园的石头地和沙池，不仅仅是游戏的场所，还可以成为儿童搭建树屋的基地。儿童可以根据自己的意愿和需要，自由地行走在幼儿园的空间里，通过自己的行动去满足自己的各种创想，解答自己的各种疑惑。更多属于儿童的想法和创造诞生在了儿童涉足的空间里。

二、把游戏区域变成儿童活动的材料库

以往，我园游戏区的材料根据不同游戏区的设置进行了界线的划分，各类装扮材料，各种适合娃娃家游戏的成品、半成品材料就适合用来玩过家家等角色扮演游戏；沙区旁的铲子、小桶、筛子、木板等就应该用来玩沙；而体育区的小自行车、滑板等材料就只能在体育运动时使用。不同材料区的材料被成人赋予其固定的功能和价值，儿童的想象力和创造力也因为材料区的限制而被局限。

我们意识到，材料是环境的重要组成部分，是儿童直接进行活动的物质基础，儿童的发展依赖于对材料的操作和使用。要让儿童在环境中自由，找到自己所需，材料应尽可能有多种功能，材料的种类之间不存在固定搭配，不局限在某个区域中使用，不应该被教师设定统一玩法，儿童可以大胆地选择性地使用。

在这样的认识基础上，我们对幼儿园的游戏材料区进行了调整，使材料区打破了固有的界限，儿童在游戏活动中可以根据需要自由取用，材料虽然依然按照属性进行了分类，但却不再限定区域，例如娃娃家材料、水区材料、沙区材料。我们以材料一区、材料二区的方式给各个材料区进行命名，儿童在游戏时的取材也打破了原有的空间限制，他们可以根据自己的想象和游戏需要，大胆、自由地到不同的材料区，选择自己认为适宜的材料运用到游戏中。除此之外，在主题活动、探究活动中，儿童也可以自由地对材料区的各类材料加以利用。

操场上，几个孩子将体育区的帐篷搭在了操场上，变成了自己的家，并将材料一区的各种瓜果蔬菜、锅等玩具搬到了进来，开始在"家"里烹饪；

而在沙区的孩子们，则把放在水区的各类管道搬了过来，开始了自己的"引流"工程。

儿童根据自己的游戏主题和情节需要，游走在幼儿园的各个游戏材料区之间，选择不同类型的材料丰富自己的游戏。游戏中，儿童有了更多属于自己的创造和创新。幼儿园游戏材料区的设置更加开放，从某个材料区的材料只能供对应游戏区使用到打破区域限制，各个材料区的材料实现了交互融合，也让我们看到了儿童更多的创意和想法。

案例 **制作栅栏**

为了赶走花地里的野猫，思雨想在花地边做一个栅栏。思雨决定用木棍来做栅栏，可是木棍该怎么收集呢？思雨在幼儿园的各个材料区转悠了起来，她在其中一个材料区发现了木棍，于是将它们放进了自己的工具箱。

思雨将一根木棍插进地里，可是木棍倒了，她又继续这个操作，木棍依然倒下，花地里的土太硬了，棍子插不进去。思雨站起身，开始在花地里转悠。只见她转身跑向了木工房，找来了一把钉锤，木棍终于被顺利地敲进了泥土里。

游戏材料区的材料为儿童的主题探究活动提供了有力的保障，当在活动中遇到问题时，儿童能够主动到游戏材料区寻找适宜的工具来帮助自己。儿童意识到，幼儿园里游戏材料区里的材料，都是可以自由选择和加以利用的。

打破空间和功能限制的游戏材料区，成为儿童开展各类活动更为开放的材料库，激发了儿童表达丰富、独特的想法和展现无穷的创造力。

三、让儿童参与环境的建设与管理

幼儿园的空间和环境是宝贵、丰富的资源库和材料库，为儿童的学习活动提供了帮助和支持。儿童在充分利用幼儿园大环境获得学习资源、学习场地的同时，也有着维护、管理幼儿园大环境的职责。为了帮助儿童树立环境的主人翁意识，支持儿童学会自立，我们尽可能地让儿童参与幼儿园环境的建设与管理。

首先，儿童要参与班级环境管理。根据每个年龄段儿童的发展水平，我们会打造专门的生活劳动区，为儿童提供相应的劳动工具，让他们参与班级环境的管理与整理。特别是进入大班，儿童的自我管理意识也越来越强，我们设立班级小管家的栏目，由儿童发现自己和同伴在一日生活当中的显著问题，并思考对应的管理办法，由儿童自己管理班级中的日常生活和行为规范。儿童根据自己的兴趣和能力特长，自主选择负责管理的区域，如寝室、玩具柜、书架等。儿童对这些区域存在的问题进行分析，商讨出大家认可的管理办法。我们发现，同伴之间的相互监督和管理，更能让儿童正视自己的问题，这样的班级环境管理方式，与教师自上而下的规定要求相比更能收到良好的效果。

其次，儿童也要参与大环境的管理。我们将环境的维护作为儿童学习生活的一个部分，让儿童在管理环境的过程中增强责任感和主人翁意识。例如，我们在幼儿园游戏区打造了相应的清洁区，儿童在每周游戏开始前，需要利用专门的时间来对各个游戏区进行清洁整理。幼儿园大班设有小厨房、美工区、帐篷区、娃娃家、小木屋、科探区、邮局、沙水区等不同的游戏区，大班儿童根据自己的意愿选择维护整理的游戏区。负责各个游戏区的儿童要集中在一起商讨出自己的整理内容和标准，如小厨房的儿童经过讨论发现，厨房的清洁整理工作主要包括：餐具清洗、餐具摆放、地面清洁、墙面和操作台的擦洗、围裙袖套的整理等。在明确了各个游戏区的具体工作之后，儿童还要进一步明确劳动整理的分工与配合。在每一次的劳动整理过程中，儿童不断地总结筛选出更加适合自己的劳动工具和方式，在提升劳动技能、自我服务能力的同时也增进了对幼儿园的情感和责任意识。

在儿童参与幼儿园环境的建设与管理之后，儿童与幼儿园之间的关系变得更加紧密和融洽。儿童将管理环境真正当成了自己的职责，在和同伴共同参与管理的过程中锻炼了动手能力、合作能力，也真正体会到自己是幼儿园的主人。

幼儿园活动空间既是幼儿园教育发生的场所，也是教育者教育理念和教育价值观的体现。充满自由感的环境让儿童更容易去发现和尝试。现在我们看到儿童与环境的充分互动，在环境中学习，这一切，都源于给了儿童走进环境、拥抱环境的自由。

大二班的孩子们惊讶地发现了柿子树上的鸟窝，为了告诉别人他们的发现，他们自发设计了一个"注意！这里有鸟窝"的标志牌，并张贴于柿子树旁，而教师则贴心地在旁边挂上了两个望远镜，方便孩子们进行观察。

环境因此成为一种"新"的环境，因儿童的自由感焕发出勃勃生机。幼儿园的空间和环境在儿童活动的牵引下，不断发生着变化，不断焕发出新的光彩和活力。

第四节　让儿童与不同角色关系建立链接

幼儿园是一个小社会，里面有不同角色的人存在，教师、同伴、医生、厨师、门卫、花工……，这些不同的角色，在儿童的一日生活中发挥着重要的作用，而这些角色在一起形成的隐藏的教育价值也有待进一步开发和利用。不同角色交织在一起就形成了不同的关系，如同伴关系、师幼关系、教职工间的关系、儿童与其他职工之间的关系。在固有的认知里，我们最为重视的是师幼关系，认为教师的职责所在就是支持和引导儿童学习。对于同伴关系，我们则通常局限在班集体以内，认为儿童之间是相互陪伴、相互影响、相互合作的学习共同体。而教职工之间，则是各司其职，各自负责自己的工作，除了本职工作，与儿童产生的交集并不多。

不同的角色关系在活动中都可以发挥出更大的价值，成为儿童学习的资源和媒介。以前儿童接触的人大多局限在班级里。现在，我们尽量让儿童和幼儿园里的所有人发生联系，让他们在一个更为复杂的人际关系网中去丰富、拓展经验。幼儿园中的每个人不仅在自己的岗位上工作，也在和儿童的学习发生着联系。我们将儿童带到更为复杂的关系中，让儿童在和不同角色的人互动的过程中获得经验和发展。让活动摆脱了以往形式固化、停留于表层的局面，开始彰显出独特的魅力和深意。

一、让儿童带动儿童的学习

儿童了解儿童的程度比成人更加深刻，儿童鼓励儿童的效果比成人更好。同伴间的交往互动，可以让儿童在更为自由、宽松、安全的氛围中相互学习，拓展累积经验。同伴间的相互带动、相互影响、相互帮助是一种更为有效的学习方式。幼儿园里的儿童存在着年龄差异，这种年龄差就是一种重要的教育资源。我们充分挖掘幼儿园对于儿童社会性发展的价值，重新定位了幼儿园传统的"大带小"活动，希望通过不同年龄儿童之间的交往和互动，让儿童带动儿童的学习。

（一）幼儿园里的"大带小"活动

幼儿园每年都会有两次"大带小"的活动，一次集中在开学第一个月，任务是带新生，帮助新朋友尽快适应幼儿园的集体生活；另一次集中在毕业前一个月，任务是大班儿童带中班的弟弟妹妹，把自己在幼儿园里积累的经验传递给他们，以便帮助他们更好地迎接大班的生活。通过传承和传递，我们将一名儿童从入园到毕业的幼儿园生活经历形成一个完整的循环。我们鼓励儿童走出班级，在和不同年龄儿童交往的过程中，相互影响、相互启发，从而实现自身和交往对象的共同成长。

案例 入园时的"大带小"活动——要不停地陪他玩

在新学期第一周的"大带小"活动时间里，大班的青青和小班的小泽在玩过家家的游戏。

青青说："小泽弟弟，我长得高，我当妈妈吧。"

小泽开心地接受了，脸上有一种被保护的表情，说："我是你的儿子。"

青青说："今天我们不上幼儿园，我带你去公园玩，你要开心，不能哭哦。"说完，带着弟弟在教室里走来走去，东看看西看看。

一会儿，小泽说："我要尿尿。"

青青装作妈妈的样子，带着弟弟去上厕所，还给他脱裤子、整理衣服，完全不需要老师的帮助。

又过了一会儿，弟弟想家了，有点想哭。青青说："儿子，我给你过生日吧！"她拿出一个纸盒代替生日蛋糕，一边唱生日歌，一边做吹蜡烛状。小泽很快进入了情景，忘记了想家的事情。

老师夸赞青青道："你真能干，弟弟和你玩得很开心。"

青青说："我家也有个弟弟，爸爸告诉我，你不停地想办法，陪他玩，他就会开心的。"

可见，大班孩子在照顾小班孩子的过程中，也获得了成长，他们表现出更多的责任心和耐心，在完成带好弟弟妹妹的任务后，还产生了一种自我满足感。

从这个案例中可以看到，青青在面对弟弟的不安和焦虑时，并没有像大多数儿童那样束手无策或是直接劝说弟弟不要哭泣，她似乎很能理解弟弟的情绪。青青巧妙地通过角色扮演的方式，和弟弟玩逛公园、过生日的游戏，成功地转移了弟弟的注意力，让弟弟变得开心起来。在弟弟上厕所时，还有意帮他整理好衣裤。青青将在家带弟弟的经验迁移到了照顾小班弟弟上，在她温柔耐心的陪伴下，弟弟很快消除了对新环境的陌生感。可见，青青是一个富有责任心、温柔有爱且聪慧有趣的儿童。而小泽在来到陌生环境的第一天，有一个关心、爱护他的小姐姐一直陪伴，给了他很大的安全感，大大消除了他内心的紧张与不安，让他和姐姐建立起了亲密的关系，幼儿园在他的印象中一定也变得可爱了起来。也许，这一天在青青和小泽的心里都会烙下美好的印记。青青更能体会照顾弱小的艰辛与成就，学会感恩与责任；而小泽学会了独立勇敢，甚至在未来的某一天他也将成长为青青这样的孩子。

新学期的"大带小"活动，建立了"大"与"小"之间的情感纽带，增强了儿童在新环境中的安全感，同时也培养了儿童的社会交往能力，使大班儿童更富有爱心和责任心，使小班儿童更快地适应集体生活。我们也真切地感受到，美好的爱的种子在儿童心中悄悄生根。

在即将离别之时，大班哥哥姐姐和中班弟弟妹妹之间，也有着令人回味的故事。哥哥姐姐希望将自己在幼儿园获得的成长和经验传递给弟弟妹妹，帮助他们尽快适应新的幼儿园生活。

案例 毕业前的"大带小"活动——三步冒烟法

今天是第三次开展大区域"大带小"活动了，和前两次一样，哥哥姐姐们每人找到一个弟弟妹妹结成对子，开始手把手地教他们玩游戏。甜甜告诉妹妹要先打扫卫生，开始教她拧毛巾、擦桌子；豆豆则带着弟弟开始揉面；糖糖拿起小菜刀分给弟弟，两人开始切菜。

佳昀的表现引起了我的注意，她在教妹妹煮汤。她用锅接了一些水，指着锅里凸出的线告诉妹妹："水每次接到这条线的位置就差不多了。"

我感到有一些吃惊，因为在前两次，她并没有和弟弟妹妹有过多的交流，只是让他们在旁边看着自己完成这一步。

插好电磁炉，按好开关，佳昀又打开了话匣子："妹妹，你看，现在水烧上了，当第一次冒白烟的时候，说明水开了，这个时候你就可以把切好的蔬菜倒进锅里煮了；当第二次冒白烟的时候，你就可以加盐了，盐不要加太多，不然汤会咸；加好盐再煮一下，当第三次冒白烟的时候，就说明汤好了，可以盛出去和大家一起分享了。"

一旁的我大吃一惊，佳昀居然对自己煮汤的经验做了如此精妙的总结。"三步冒烟法"让妹妹一下子就明白了煮汤的步骤，和姐姐一起愉快而又顺利地完成了蔬菜汤的制作。

以往的"大带小"活动，哥哥姐姐多是用直接的动作示范，弟弟妹妹在游戏中更多的是动作模仿，并没有直接内化为自己的经验。佳昀似乎也察觉到这种"你做我学"的模式总是不能提起弟弟妹妹的兴趣，之后他们依然不会自主连贯地去完成任务。"三步冒烟法"的提出，让我看到了一个真正迫切想要把自己的经验教授给弟弟妹妹的"小老师"所发挥的聪明才智。

同样是在"大带小"的活动中，大班儿童将自己在游戏中总结出的经验自然而然地传递给了中班的弟弟妹妹，在真实游戏情境中的互动交往，为弟弟妹妹获取游戏经验提供了更为直接的帮助。经验的传递，对于大班儿童来说是一个梳理总结的过程，对于中班儿童来说则是感受游戏魅力、学习游戏方式的好途径。

"大带小"的活动，让不同年龄的儿童在一起玩耍，增加了群体互动的复杂性和层次性，与不同年龄同伴交往带来的角色、体验和沟通方式的转变，对儿童提出了新的人际挑战，也为他们创造了一个较为复杂、动态的小社会，为儿童情感的发展提供了动力和源泉。

（二）走出班级的活动

我们强调让儿童走出班级，与不同年龄的儿童进行互动。这种互动带给儿童的印象更加深刻直观，对于交往互动的双方儿童来说，都是更有意义的学习体验。通常，大班儿童在班级主题活动接近尾声之际，都会通过主题活动分享会的形式，将自己在主题活动中的经验和收获与不同班级、不同年龄的儿童进行分享，以达到帮助自己梳理经验、宣传活动成果的作用。

大三班的孩子们在开展主题活动"神奇的纸"时，生成了制作纸浆面具的探究活动。通过不断的探究，他们成功地制作出了属于自己的面具。活动的开展，让孩子们积累了很多制作面具的经验，也让他们体会到在一次次不断的尝试与努力后获得成功的喜悦。

为了让弟弟妹妹也了解做纸浆面具的方法，也为了分享自己的喜悦之情，孩子们决定将这次活动的经验与过程同弟弟妹妹们分享。孩子们通过商量讨论，决定通过以下三个环节与弟弟妹妹们进行分享：①小组代表介绍制作方法与过程；②哥哥姐姐们为弟弟妹妹们解答疑惑；③弟弟妹妹们欣赏展示作品。

通过开展走出班级的分享活动，大班的哥哥姐姐们在中班的弟弟妹妹们面前显得更加自信、懂事、富有耐心，更能大胆地表现自我；而中班的弟弟妹妹则通过活动在认知方面得到了提高，对大班探究活动产生了浓厚的兴趣，也对大班生活充满了期待。哥哥姐姐们与弟弟妹妹们的交往和互动越来越密切了。

进入新学期，幼儿园的小菜园要交给低年级的弟弟妹妹们管理时，哥哥姐姐们会有一个交接仪式，告诉弟弟妹妹们工具、自制种植手册的使用方式，浇水的时机等，为弟弟妹妹们做好管理菜地的经验铺垫。

儿童站在自己的角度，把自己认为最重要的经验耐心地传递给周围的同伴，这种方式也更易于儿童接纳。

我们发现了同伴在儿童学习中的重要作用，不光让班级儿童走出教室和不同年龄的儿童交往互动，也让班级以外的儿童进入教室，引发同伴间的更多碰撞和学习。以往，当毕业班的儿童表达出对小学的各种担忧与好奇时，都是由班级教师来解答和解决的。虽然教师作为成人，思想较为成熟，但毕竟距离小学生活较远，教师也只能调动已有的知识经验为儿童解决问题，同时儿童也已习惯了接受教师的观点，不会调动积极性进行二次发问。教师希望在活动开展的过程中，能够打破教师直接讲授的定式，一次小小的意外，让教师发现了儿童身上的巨大能量。

刚从幼儿园毕业，就读小学一年级的阳阳同学有一次回到了幼儿园，孩子们看见他戴着红领巾，就跑上去询问关于"小学生"的问题。看到这一幕，我们灵机一动，这种非正式的交流对于孩子们来说不是更有意思吗？小学生的直接讲述也比教师讲得更为细致、有趣。

为了让孩子们更为直观地了解小学生活，阳阳和妈妈共同整理了小学生活、学习的照片，制作成课件。阳阳做了简短的自我介绍，然后将自己的小学生活娓娓道来，孩子们听得津津有味，并和小老师亲密互动。

来自小学的哥哥分享了自己的亲身经历，让大班的孩子们对小学生活有了更加具象的了解。而大哥哥的讲解显得更加亲切更有说服力，让孩子们更易接受。

随后，针对"小学生需要做什么？""红领巾是怎么来的？"等孩子们感兴趣的问题，我们分别邀请了来自不同小学的哥哥姐姐们来到幼儿园，以分享会、新闻发布会等形式，和孩子们进行了面对面的交流。"小老师开讲啦！"系列活动，将幼小衔接变成了孩子们与小学生的直接互动，在与哥哥姐姐们聊"小学那些事"的过程中，孩子们更加有效地做好了升入小学的心理准备和经验准备。

同伴群体对于每名儿童来说具有独特而重要的价值，我们在鼓励班级儿童多多交往互动的同时，也尽量创造机会，让儿童走出班级，和不同班级、不同年龄的儿童产生更多的互动和连接。通过开展更多跨越班级的活动，让儿童带动儿童的学习，既能让儿童不断转换角色，体会到成就感和使命感，又能让儿童在更加宽松、安全的氛围中更加主动地累积和拓展经验，实现更有效、更有意义的学习。

二、让教师推动儿童的学习

儿童和教师的交往互动，也不应该仅仅局限在自己班级的教师。幼儿园内广大的教师群体，都是儿童在活动中可以利用的一种资源。和不同教师的交往可以引发儿童与不同人之间更多的互动，锻炼儿童的交往能力、表达能力。不同的教师会从不同的角度给出多样化的回应，提出更多儿童预想之外的问题，这对促进儿童快速思考应对方法、拓展活动思路将会起到更加积极的作用。

首先，我们鼓励儿童与不同的教师接触，在这个过程中锻炼胆量、丰富经验。

以往每年的教师节，为了让孩子们对老师表示感恩，我们都会带着他们一起亲手制作节日花束，然后送给各班老师，但互相之间并没有太多的交流。教师资源的意识让我们做了一次新的尝试。

首先我收集了孩子们关于老师的各种问题，如"幼儿园里一共有多少位老师？""老师们的工作都一样吗？""园长妈妈是老师吗？""厨师叔叔每天要做些什么呢？""医生除了早上在门口检查我们的身体，还要做些什么工作呢？"孩子们带着这些问题去一一走访调查，老师不再是高高在上的问题的发出者，孩子们有了与老师平等对话的机会。孩子们对幼儿园里的角色有了新的认识。

这一次的教师节活动，儿童对全园教师进行了一次大走访。为了解答心中的疑惑，幼儿园里的教师们成了儿童最直接的提问和调查对象。近距离的交谈和互动，让儿童不再畏惧向成人发问、和成人对话，儿童对教师和其他工作人员也有了更加深刻的认识和了解。教师资源的挖掘和利用，深化了儿童的学习，收获了一次常规的手工活动无法达到的效果，也让儿童的活动摆脱了形式化的桎梏。

其次，我们通过充分发挥教师的专长，为儿童的活动提供适时的支持和帮助，带领儿童走出困境。不同教师有不同的爱好和专长，而这些爱好和专长也有可能对儿童的活动起到帮助和支持的作用。教师可以打破班级之间的界线，充分发挥自己的专长，为儿童的活动提供力所能及的指导。

大一班的孩子们在探寻大树的奥秘时发现了树干上生长的青苔。青苔长得如此可爱，孩子们好想种青苔。可是，青苔应该怎么种植呢？孩子们有点束手无策。恰好从孩子们旁边经过的马老师听见了他们的对话，作为一个资深园艺爱好者的她顿时来了兴致，和孩子们聊起了青苔的种植方法："先铺一层土，再铺一层沙，再把青苔放上去……。青苔还可以做成各种漂亮的景观呢，你们也可以试一试哟！"班级教师顺势将马老师邀请至班级，向孩子们传授种植青苔的经验。孩子们兴趣高涨，按照马老师传授的方法打造出了"小鹅找妈妈、勇敢的士兵、开心农场、小兔乖乖"等形态各异且富有童趣的作品。

当儿童在学习或活动中遇到瓶颈时，除了班级的教师，幼儿园里所有的教师都是支持者，都能够发挥自己的专长，帮助儿童解决难题，找到活动的突破口和新方向，为儿童的活动绽放光彩贡献自己的力量。

三、让不同的工作人员拓展儿童的学习

幼儿园里除了教师以外，还有其他的工作人员，他们在自己的专业领域有着自己的优势，而这种专业优势也会帮助到儿童。一般来说，教师作为儿童学习的观察者、支持者，更多时候是站在儿童的身后，支持、推动儿童的学习。但我们要求其他岗位的工作人员在面对儿童的问题时也应该予以正面的回应和指导，知无不言言无不尽地支持儿童的学习，帮助儿童拓展经验。

案例　小小送报员

幼儿园里的报刊一般都是由管理图书的董老师负责送到各个班级。随着对儿童学习资源的认识，我们感到送报也是能促进儿童人际交往，开展相关学习的活动，于是我们请孩子们承担起送报刊的任务。

在第一次的送报行动之后，孩子们感受到了大大的挫折：找不到班级、不认识班上的老师、报刊送重了……。送报刊这个任务并没有想象中的那么简单，孩子们决定去请教专门管理图书的董老师。

董老师向孩子们详细介绍了分发报刊的方法，原来拿到报刊后，首先要按照班级进行分类，同时要检查报刊上面的月份。这样，才不会把每个班级的报刊数量弄错。另外，在把报刊送到班级时，要告知老师现在配送的是几月份的，并且请老师在表格上签名，这样就不会送重或漏送了。

根据图书管理员老师提出的建议，孩子们对自己的送报方案进行了调整。报刊的顺利送达大大激发了孩子们的兴趣，大家对于这项活动更加踊跃了。在幼儿园图书管理员的支持和帮助下，一本又一本杂志、一份又一份报纸，通过小小送报员的手，承载着他们的思考和学习，顺利抵达了目的地。

　　由此可见，幼儿园里的不同工作人员都能帮助儿童拓展经验。当儿童在制作木屋不会钉钉子时，幼儿园里擅长木工的保洁叔叔，成了他们的木工老师，帮助他们解决了钉钉子这一技术难题；当种花的儿童不知道什么时候适合浇水时，园里的花工爷爷给出了科学的答案；当重阳节来临需要制作重阳糕时，厨房的叔叔阿姨成了最好的老师，耐心地教儿童制作糕点的方法和步骤。幼儿园里的不同工作人员都能在儿童的活动中发挥重要作用。他们带领儿童走进更加复杂的关系网中，让儿童走出班级，和幼儿园里不同的角色之间产生更多的互动和交流。幼儿园里的所有同伴、教师和工作人员，既是儿童活动中的伙伴，又是儿童活动的支持者和帮助者，和儿童的活动发生着密切的联系。在不同角色编织起来的温暖而又安全的关系网中，儿童的经验在不断丰富，学习在不断拓展。

　　卢梭在《爱弥儿》中说道，最好的教育就是无所作为的教育：学生看不到教育的发生，却实实在在地影响着他们的心灵，帮助他们发挥了潜能，这才是天底下最好的教育。我们试图从时间、空间、角色关系三个方面去探究和理解场域与活动中的儿童之间的关系，并努力对幼儿园的作息时间、空间环境、角色关系的链接做出调整和改进，在物质上和心理上为儿童营造一个更加自由、充实的场域氛围，创设一个更能激发儿童思考、创造和表达的活动场域。这是一个自由、安全、舒展的场域，在这里儿童的声音被听到、儿童的想法被看见、儿童的创造被支持，儿童成了更真实的自己。

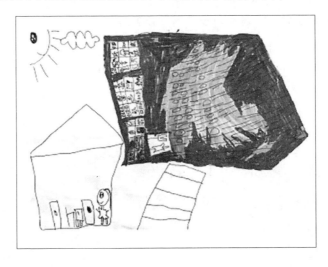

第三章

构建能够促进儿童的哲学的活动

儿童的哲学是与生俱来的，只有当成人认同儿童的哲学，正视儿童的哲学对于他们的价值与意义，去支持、去呵护、去鼓励时，儿童的哲学才会得到生长。当成人无视儿童的哲学时，属于儿童的哲学就会慢慢消散；当成人不认同儿童的哲学时，属于儿童的哲学就会被压制、扭曲。

发现儿童的哲学的基础就在于收集儿童的表达、表现、所思、所想，需要教师倾听儿童的原声音、关注儿童的原体验，并从这些繁杂的原始素材里梳理出儿童真正的问题，为儿童持续的探究提供支持。

在活动的初始，以儿童的思考为切入点，从调动儿童思维的角度展开活动；在活动的实施中，以支持儿童的探究为抓手，协助儿童自我操作、行动、创造意义；在活动的深入中，时刻注意教师的站位，以儿童的需要为中心，有时走在儿童的前面，有时站在儿童的旁边，更多的时候则是跟随在儿童的身后，小心翼翼地呵护他们前行。

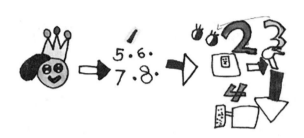

1. 我学会了等待，做实验、造纸着急也要等着。

2. 我学会了观察：造纸要不停地看树皮状态才能做下一步。

3. 我学会了使用不同的工具。

4. 我学会了造纸的过程。

——大一班　梓萌"造纸活动后的想法"

　　儿童天生具有对世间万物的好奇心与探究欲，他们喜欢尝试、冒险、探索，他们的小脑袋瓜里总是能冒出无数个"为什么"，面对成人认为普通、平淡的生活，他们总能提出新奇、有趣的观点；面对成人认为常见、自然的现象，他们总是愿意去尝试、探索；面对成人认为固定、不变的规则，他们总是想要去挑战、打破。他们比成人更敏锐地去发现，比成人更敏感地去感受，比成人更敏捷地去思考，而这背后的原因就是儿童生来带着他们自己的哲学。哲学是思考问题的过程，是看待问题的方式，是触发行动的原因，儿童的哲学就是人类求知的天性在儿童身上的具体表现，是儿童认识世界、把握世界的方式，是儿童自身经验、知识与思考经过整合后的智慧，是儿童认知发生和发展的过程。

　　儿童的哲学是与生俱来的，但当成人无视儿童的哲学时，儿童就开始对自身产生怀疑，属于儿童的哲学就会慢慢消散；当成人不认同儿童的哲学时，属于儿童的哲学就会被压制、扭曲。只有当成人认同儿童的哲学，正视儿童的哲学对于儿童的价值与意义，去支持、去呵护、去鼓励时，儿童的哲学才会得到生长。

　　但仅仅做到认同儿童的哲学却远远不够，在幼儿园中，活动是承载儿童成长与发展的具体表现形式，儿童在活动过程中以获得经验为主，不同形式、不同价值导向的活动，带来的是儿童成长、发展的不同走向，成人对于儿童的哲学的认同与否、理解程度，都可以通过不同的活动展现出来，因此，把握好儿童的哲学与活动之间的关系就更为重要。尊重儿童的哲学的活动带来的是儿童长足的成长与发展，而违背儿童的哲学的活动，可能短期之内暂时看不到问题，但长此以往儿童的天性与成长节奏都会受到影响与损害。

　　借助活动这一抓手，构建生成儿童的哲学的活动，让活动来源于儿童的哲学，又通过活动展现儿童的哲学，从而促进儿童的哲学进一步深化，使儿童的哲学与儿童的活动互相促进，形成良性循环，让儿童的哲学从儿童心中的一颗小种子变成指引儿童思考、学习、成长的参天大树。

　　在本章中，我们重点探讨的问题是：

　　1. 如何发现儿童的哲学——在抛弃经验论的基础上，借助观察、倾听、解读把握儿童的哲学的原理及外显特征；

2. 如何助力儿童生成具有儿童的哲学意味的活动——借助不同形式的支持、引导方式，助力儿童活动的展开；

3. 如何在活动的开展过程中反哺儿童的哲学的产生，使得儿童的哲学与儿童的活动形成完美闭环。

第一节　如何发现儿童的哲学

儿童是谁？当问到这个问题时，很多教育者可能会说"儿童是需要被教育的对象""儿童是还未成熟的人"。在漫长的人类历史上，儿童广泛地被当作无知、无能、未完成和不成熟的对象，他们被认为不理性、自我中心、无运算能力、处于前道德阶段，更遑论可以进行哲学层面的思考了，这种偏见事实上源于成人居高临下的傲慢态度。成人以自身作为参照对象来审视儿童，理所当然地认为儿童不如自己，正如熊秉真所指出的，以婴幼童稚为初萌之芽，未成熟之果实，而以成人成年为人生成熟之成品，终极之目标，与真正算数的阶段，认为早先的阶段要被后起的阶段所代替，因而否认儿童的能力。当教师认为儿童是被教育的对象时，就会在学习、生活中处处对儿童施加强制性的教育，希望儿童能够掌握更多书本知识，考出更理想的成绩，而忽视儿童个体已有的知识经验、兴趣爱好、思维方式；当教师认为儿童是还未成熟的人时，教师的潜意识里便会认为成人优于儿童，成人是儿童学习的楷模，儿童应该尽快像成人一样融入社会。

而儿童真的是这样的吗？卢梭、蒙台梭利等人发现了儿童，肯定了儿童的能力与童年期的价值，近年来无论是波兹曼的《童年的消逝》还是帕金翰的《童年之死》，都提出了一个严肃的问题，在电子传媒时代，如何看待童年，还有研究者组织翻译了英国 Alan Prout 的《童年的未来——对儿童的跨学科研究》，英国 Aiilison Janmes，Chris Jenks 和 Alan Prout 合著的《童年论》，美国 William A.Corsaro 著的《童年社会学》等。他们反对"成人—儿童"这种二元性的分类，反对把儿童当成生物学上或者是心理学上的一个变量及其"不成熟者"，他们站在"去中心""解构二元论"的哲学视角下，认为儿童在社会发展进程中表现出参与、创造、再构的能力，他们是"自然—文化"的结合物。美国儿童哲学家马修斯在大学经年讲授哲学，他敏锐地发现儿童的一些提问与哲学史上困扰那些著名哲学家的问题极其相似，因此，他主张我们要把儿童当作探究伙伴来尊重，并称"儿童给予我们的最激动人心的事情之一便是崭新的哲学视野"。马修斯指出，成人对儿童观念的理解主要有三种，分别为：第一种是把人类的成长过程等同于儿童的成长过程；第二种是认为儿童是可以被驯化的动物；第三种是把儿童看作和成人一样，只是还没有成熟。马修斯认为以上三种观点是不对的，他举出大量例子证明儿童并不弱小，也不像成人想象的那样无知，因此，儿童不应该被成人随意定义，这样不仅限制了儿童的发展，也让成人无法真正理解儿童。

儿童是天生的学习者、探索者、求知者，从"十万个为什么"到"拆家小能手"，儿童表现出来的惊人的学习力、实践力都是相同条件下成人无法比拟的，因此，我们要正视儿童的能力，珍视童年的价值，因为对儿童的认知是教师对儿童进行教育的逻辑起点。可以说，教师持什么样的儿童观，他们对待儿童的态度就是什么样的——当教师认为儿童是有能力的学习者时，教师在开展教育时就会关注到儿童个体的学习需求，以满足儿童的需要为出发点，进行对儿童有意义的教育，这就是看见儿童的目的所在。

但是看见儿童就够了吗？停留在看见儿童的外部表现往往是第一步，更重要的是走进儿童的真正诉求，儿童无时无刻不在行动、表现，但是由于成人与儿童所处的阶段差异太大，而儿童受生理发展阶段所制约，成人往往很难理解儿童的所思所想，而儿童对世界的认知、思考都有自己的方式，因此，我们不仅要看见儿童，更要发现儿童的哲学——承认"儿童是天生的哲学家"。

发现儿童的哲学的基础就在于收集儿童的表达、表现、所思、所想，需要教师倾听儿童的原声音、关注儿童的原体验，这是第一个层次，我们可以发现儿童关注的问题是什么，他们感兴趣的点在哪里，收集属于幼儿园生活的巨大样本，为实施儿童的哲学的活动夯实基础；接下来就需要进入发现儿童哲学的第二个层次，梳理这繁杂众多的原始素材里的来自儿童的真问题，这些真问题是持续生发活动的动力，把握住这些真问题才能为儿童持续性的探究提供支持与助力。

一、第一层次：倾听儿童的原声音、关注儿童的原体验

（一）倾听儿童的原声音

1. 什么是原声音

儿童有一百种语言，儿童天生是热爱表达的个体，在他们还不会走路时，他们会用爬行的方式丈量大地，表达他们探索世界的兴趣；在他们刚牙牙学语时，他们就会用简单的音节表达出他们对世界的喜爱与好奇；在他们不知道用什么词汇表达时，他们的表达方式丰富多样，每一个儿童都在表达——为自己说话，为自己的世界命名，这些儿童发自内心表达的，又具有实际意义的声音被称作儿童的原声音。

2. 为什么要听原声音

倾听儿童的原声音是发现儿童对这个世界哲学思考的第一步，它直接反映出儿童对事物的真实看法，反映出儿童的认知水平，它是儿童的思考，更是儿童探索这个新奇世界的一种方式。儿童的哲学要求我们沉下心来，倾听来自儿童的原声音，这能让我们真正走进儿童的世界。分析这些声音，挖掘这些声音背后的意义，激起儿童对现象的再思考，将儿童的思考向前推进。例如，在一次关于陨石的讨论中，婷婷问："陨石会不会是外星人往地上扔的石头？"可以看出，儿童认知世界的方式和成人是不同的，成人从科学的角度去思考，而儿童往往是从自己的经验角度去思考。倾听儿童的原声音给予儿童的意见和声音应有的尊重，让儿童看到、感受到自己在重要他人的眼里是"富有潜力、坚强、强大、能干"的，从而使儿童获得积极的自我印象。

3. 怎样倾听原声音

倾听来自儿童的原声音，需要教师走进儿童的寻常生活，定格活动中的"事件"，站在儿童的思维角度去思考其行为的合情性，这样才能让我们真正

地走进儿童思想的世界。

（1）让儿童有表达原声音的机会

在一日生活中给予儿童讨论、交流的空间与时间。在幼儿园中，儿童的自由感是非常重要的，这同时也会在教师收集儿童的原声音中体现出来，儿童的真实表达往往会在独自一人或与玩伴交往中体现出来。倾听的第一步是让儿童说，在一日生活中给予儿童自在表达的时间与空间，过渡环节的设置不用完全以教师的主观意愿为主，而是适当放手，让儿童在午睡起床、餐后休息时有自主的空间，这种碎片化的自主空间给予了儿童说的天时地利。

除了生活环节，在其他的活动中，教师也要巧妙地设置让儿童说的机会——"让儿童说"意味着要管住教师的嘴巴，需要教师适当退位。这种机会考验的是教师的机智，当在儿童欲言又止时，适当给予儿童表达的支架，让儿童借助支架表达出自己的想法；在儿童畅快表达时，教师则只需要变成倾听者和回应者；在儿童发问时，教师要给予儿童提问的尊重与发自内心的珍视。

（2）在倾听时不要以成人的经验对儿童的原声音进行加工或过滤

来自儿童的原声音是儿童真实、直白的展现，因此，收集这些素材时，教师不能"自以为是"地对素材进行裁剪、添加或带有目的地进行过滤，就好比厨师做饭时往往因为菜系的不同有自己的烹调方法，但这时菜品的原味往往被掩盖，而在收集儿童的原声音时，我们要做的是保留来自儿童的原始味道，任何成人的臆想都会判定为不合时宜的添加剂。

（3）要让儿童知道、看见、感受到来自教师的倾听

倾听是一个无声的动作，但是教师却要巧妙地让儿童感受到自己被倾听，如适当地重复儿童说的话，将儿童的问题陈列在教室里的问题墙中，或者在倾听中用眼神进行鼓励、赞许，只有让儿童感受到被倾听，他们才会在下一次更愿意表达，儿童的原声音才会成为幼儿园活动的最强音。

（二）关注儿童的原体验

1.什么是原体验

儿童是知觉行动思维的个体，成人可以脱离具体的事物、场景、空间，直接在头脑中进行思考，其原因在于成人已经在过往的生活、学习中获得了

足够多的感性经验，这种感性经验直接指向的是脱离具体的思维运转过程，但儿童不一样，由于经验的匮乏，儿童需要通过操作、摆弄、亲身感知，从而引发思考、提出观点，而这种在活动中主动投入感觉、进行动作参与的直接体验，被称作儿童的原体验。

2. 为什么要关注原体验

儿童常常喜欢用身体进行学习和表达，儿童很乐意把身体当作工具来对想法和感觉进行探究，但教师往往会花大量时间提醒儿童"别动""坐好"，教师认为儿童自然表达出来的情绪会干扰他们的注意力和学习。但我们恰恰需要注意，原体验是儿童参与世界，产生哲学的基础，它是儿童链接自我与外部世界的最直接的方式，只有亲身的体验才会有想象、感悟和思考，也是儿童不断修正自己的行动和调整自己想法的起点。

案例 小洞洞里的秘密

在过道上的国宇小朋友，站在长凳上，整张脸挨着贴满即时贴的那块窗户玻璃，撅着个屁股似乎在看着什么。每次我把他叫下来，没一会儿他又站在长凳上看玻璃了。我很好奇，于是学着他的样子去看。原来，这扇窗户上的即时贴破了一个绿豆大的小洞，从这个小洞看出去的景象和他们平时下楼看到的或透过整扇窗户看出去的效果和感觉大不一样。

受国宇行为的启发，我把教室里的窗户玻璃进行了重新布置：用即时贴贴好后，在上面镂空出不同形状的图案，孩子们可以很方便地透过这些不一样的洞洞看到外面人、事、物……

在这个小班的案例里，教师从儿童的"异常"行为中敏锐地发现儿童不一样的视角会带给他们不一样的感受，于是进行了环境改造，强化了儿童的探究发现行为，后继还引发出儿童丰富的交流和讨论。由此可以看出，关注儿童的原体验能够帮助教师把握儿童当下的兴趣，用适宜的方式推动儿童的持续探究。

3. 怎么关注儿童的原体验

在幼儿园里，尊重儿童的教师会观察儿童的行为，从而了解儿童的兴趣、感受及思考。仔细观察儿童时，我们会发现他们所关注的事物以及表现出来的决心、好奇心和喜悦。关注儿童的原体验需要成人去理解曾经走过的已被成人遗忘的儿童世界，从教师化身为大儿童，从儿童的原体验到自身的原体验，因此，需要教师观察方式的转变。

这种转变主要包括两个维度，首先是观察身份，从观察者变为儿童的玩伴，教师直接以玩伴的身份进入儿童的活动，和儿童一起玩，一起想办法，但不提供成人式的帮助，也不充当领头羊，只是适时地提建议，这时的教师就是一个在活动中的大儿童，是儿童活动中的游戏伙伴。其次是观察内容，从简单的记录儿童的外在表现，到记录教师与儿童在活动中的感受与体验，在观察中带入儿童视角，由记录外在表现到描述内在感受。

首先，教师的观察身份可以从观察者变为儿童的玩伴。教师直接以玩伴的身份参与儿童的活动，和儿童一起玩，一起想办法，但不提供成人式的帮助，也不充当领头羊，只是适时地提建议，这时的教师就是一个活动中的大儿童，是儿童活动中的游戏伙伴。捕捉儿童一瞬即逝的现象和变化过程，了解儿童，获得第一手材料。教师通过玩伴式的观察了解儿童真实的情绪体验，真正走进儿童的内心世界，直接用心去体验儿童的感受。

其次，教师的观察内容可以由记录外在表现到描述内在感受。教师以前是以观察者的身份关注儿童的语言、行为和现象，然后加以分析得出结论。现在，教师会根据情况适时地参与儿童的活动，以玩伴的身份直接与儿童对话，感知儿童的实际需要。由他人的体验变成自己的体验——由他到我。教师摆脱了传统的传道、授业、解惑的角色束缚，走出课堂中心，走进童心，真正成为可以理解儿童和儿童学习的心理分析专家。

二、第二层次：梳理儿童的真问题

完成了第一层次，意味着地基已经打牢，但发现收集到的信息太多了，儿童随时的发问、随处的行为都是教师收集的对象，地基打得太大太宽并不代表每块地基上都有建造高楼的需求，哪些线索能够层层推进建立起儿童探索的高塔，而哪些地基只需要铺上地砖就能完成探索，这需要教师进行第二层面的深入追溯，梳理原声音、原体验背后蕴含的真问题，从而生成儿童的哲学的活动——与儿童共同建设一座座探索的高塔。

（一）什么是真问题

这里所谓的真问题，是指儿童提出的并能够促进儿童思考或持续探究的问题。儿童有十万个为什么，他们对世界的看法往往就隐藏在一个又一个的为什么里："为什么小花要喝水？""为什么大树可以长那么高？""为什么青蛙会发出呱呱的声音？"……。儿童每天都在发问，但并不是所有问题都真正蕴含着儿童的思考，因此，我们要透过儿童的"十万个为什么"去寻找隐藏其中的真问题。

（二）建立儿童的哲学问题库

进入儿童的问题世界，我们会发现虽然儿童的问题比较稚嫩、淳朴，但却是儿童对于周围世界或自我的积极思考、认识和解释，是儿童理解世界并对周围世界进行理性重构的最好方式。问题反映了儿童最真实的心声，是生命个体内部矛盾的真实反映，表达了其认知发生发展的过程，问题是儿童存在的一种方式。在实践中我们将儿童的问题进行收集，形成儿童问题库，帮助教师真正走进儿童的世界，看到儿童丰富的思想世界。

首先，我们将儿童的问题按关于自然、关于生命、关于生活、关于道德、关于美丑其他进行了简单的分类。在丰富多样的问题世界中，儿童的提问是最生动的，每一个字符和语调都充满了童趣。透过这些充满童趣的问题，沿着由外到内的思考链条深入探寻，人们还会发现童趣中隐含着意义，隐含着人类社会中客观存在的哲学。

从问题库中，我们可以发现不同年龄段儿童提问的特点和规律。例如，关于生命的问题。小班儿童会问："我以前是不是住在妈妈肚子里？""为什么妈妈不能生小狗狗？""为什么妈妈不长胡须？"等。中班儿童会问："我是从哪里来的？""人好久老呢？""我好久老呢？""那我老了，你呢？""那你好久死呢？""现在咋不死呢？""那我好久死呢？""为什么嘴巴长在鼻子下面呢？"等。大班儿童会问："世界上没有人的时候，第一个人是怎么生出来的呢？""最早的动物从哪里来的？""人类是猴子变的，那我是猴子变的吗，为什么有些猴子没有变成人呢？""爷爷为什么还不从天上下来呢？""他在睡懒觉吗？"等。从这个例子中可以看到，对于生老病死这些问题的关注和儿童的经验相关，通常来说年龄越小的儿童提出的问题多和自己的生活息息相关，更为具体，问题多以单一的问题出现，而年龄越大的儿童在提问的时候往往会加入他们自己的思考，问题也多是一连串地出现。

（三）如何判断真问题

真问题区别于一般性的儿童随意的提问或盲目的探究，一般呈现出以下三种特点。

1. 能引发儿童对世界本原的认识

这类问题能让儿童触及生活中简单现象背后的真相，了解世界是发展的、变化的、相互联系的，生活是复杂的、光明与黑暗交替的、快乐与悲伤交织的。

2. 能引发儿童认知上的冲突

这类问题能够引发儿童的反思和批判，帮助儿童逐渐形成自己的思考方式，思考更为完整。如问题"大勺子好还是小勺子好？""种植园地的野花该不该拔掉？"都能帮助儿童认识生活中万事万物随时都在变化，"大"和"小"，"好"与"坏"，"美"跟"丑"并非绝对化，而往往是可以相互转化的。

3. 能促进儿童对道德品质的关注

教育的最终目的是提升人的生命价值。幼年期是一个人道德品质形成的关键时期，这类问题能让儿童更多关注真善美的事物，让儿童学会更全面地看待问题，对事对人更多一些理解，积累生活的智慧，促进儿童健全心智和贤善人格的养成。如问题"丑小鸭飞上了高空，它还会不会回来看它的鸭妈妈呢？""食物可以分享，玩具可以分享，好听的话可不可以分享呢？"能促进儿童的关怀性思考，促进儿童内在品质的形成。

第二节　如何支持活动的发展

发现儿童的哲学是第一步，接下来我们就需要探讨，如何将儿童的哲学的活动真正实施落地。活动既是儿童的哲学的载体，也是儿童的哲学生发的土壤，因此，在活动的生发、实施、深入的每一步，都需要我们时刻保持对儿童的哲学的敏感，在活动的开端，我们以儿童的思考为切入点，从调动儿童思维的角度展开活动；在活动的实施中，我们以支持儿童的探究为抓手，协助儿童自主操作、行动、创造意义；在活动的深入中，我们时刻注意教师的站位，以儿童的需要为中心，适应、配合儿童的发展。

一、支持儿童思考

儿童天生有自己的哲学，这就意味着儿童是愿意、乐于思考的个体，但愿意思考并不意味着善于或擅长思考，因此，我们在活动开展中，希望在延续儿童愿意、乐于思考的基础上，帮助儿童成为善于并擅长思考的个体，由此儿童的活动也是儿童思考生发的源泉。

（一）提出质疑

儿童思考的过程是自身与外部环境交互的过程，教师要充分利用儿童的自然天性学习，尊重儿童的教学需要教师与儿童不断沟通。从哲学的本质来看，儿童的哲学能力只能在对话中去发现。日常生活中与儿童的对话和互动是大多数儿童有意义学习的源泉。为了找到儿童的学习需要并激励他们的深层次思考，教师必须仔细观察儿童的行为，寻找他们探究的潜在原因，儿童的行为和语言有助于教师了解儿童已经具备的经验，然而儿童的思考常常会出现瓶颈或遇到天花板，这时候就意味着进一步探究契机的出现，在活动中，面对儿童众多的疑惑，仅仅简单给出答案是不够的，这样会让儿童丧失探究、追求、建构经验的过程。因此，教师应从不同的角度和视野引导儿童思考和评估问题的发生、发展过程，激起儿童认知的冲突，挑战儿童现有的经验。教师需要通过质疑向儿童提出新的挑战。

通过质疑，可以帮助儿童辩证地思考问题，例如进行一些假设和对比，推理和解释，以此丰富儿童思考的维度，帮助儿童的思考更趋于全面，并尝试对一些问题进行反思和批判，帮助儿童逐渐形成开放、全面的思考方式。同时，教师要善于利用儿童间观点的异同，挑战儿童的思考，让儿童在碰撞和吸纳中，或找到自己的不足，发现自己的误区；或充实自己的看法，肯定自己的见解。适度地挑战儿童是对儿童重要的回应，这种过程是充满人性智慧的。在对儿童的挑战中，引导他们重新排列组合自己的思维和生活经验，能丰富儿童的经验，提高儿童的能力。

长时间的梅雨，让孩子们感到非常烦闷，他们开始抱怨："下雨太糟糕了。""下雨太烦了。"然后开始细数下雨的各种不好的事情，如"我的衣服都被淋湿了""又踢不成球了"等。于是教师问："下雨真的没有一点好处吗？"教师的质疑让孩子们联想到干渴的禾苗、雨中嬉戏的小鸭子、干旱的沙漠等等。

孩子们看到蘑菇长得很快，问道："为什么蘑菇昨天长得特别快呢？"教师就势反问道："你为什么认为蘑菇昨天长得很快呢？我不这样认为，请你说出理由。""你为什么这样认为？""你的理由是什么？"在幼儿园中时常能听到教师通过质疑引导孩子们不断思考。

（二）优化对话

在儿童的哲学活动中，对话不再是单纯的言语应答，而是各种价值相等、意义平等的意识主体相互作用的特殊形式。在活动中，教师既引导儿童独立自主，又互相配合；既有自尊，又互相尊重；既崇奉真理，又明白妥协的必要。渐渐地，儿童体会到世界不是唯一的，构成的元素是多样的，每一种存在都有它的合理性，尊重、理解、包容很重要。儿童的哲学的活动力求创造一种民主的氛围，一种协商、交流、对话的环境，其目的不仅是解决儿童遇到的问题，更是让儿童以自己的方式发现问题、澄清问题、重构问题。在活动中，教师以开放的态度与胸怀接纳不同的观点，甚至是"错误"的观点；允许并鼓励不同的见解，以及不同见解之间的争执，促使每个参与讨论的儿童都成为开放的个体。

优化对话非常注重推进讨论，促进儿童观点的表达。在讨论的过程中，儿童不仅要表达自己的观点，更要说明理由，而且理由比答案更重要，因为儿童智慧的发展正是在其推理方式与水平的不断提高中实现的。因此，儿童哲学的活动不仅给予儿童讨论的机会，教师还必须是真诚而巧妙的对话引导者，不仅能教给儿童对话的策略与方法，而且能引导儿童深入思考。

1. 角色的推动

教师应该是活动的主持人，其作用是把握讨论的时间和节奏，同时让嘉宾尽情表达自己的观点，对于嘉宾未充分表达的观点予以适度的追问，让其观点更充分。在儿童的哲学活动中，教师如同主持人，对于儿童的观点，尤其是当活动中有两个以上的观点存在时，教师应避免以权威的身份出现，避免直接地告诉，而是要在活动中倾听来自不同观点的声音，把自己的兴趣集中在理解儿童的不同观点，而不是对儿童的观点进行评价上。肯定儿童敢于自我表达的态度，不以科学主义的眼光对儿童的思考加以评判，并适当采取"挑起争端""隔岸观火"的策略，帮助儿童理解事物间可能存在矛盾，辩证地认识事物。

2. 反问的推动

儿童的哲学活动中的讨论不同于其他形式的讨论，教师不能仅仅鼓励儿童把自己的观点表达清楚，更应鼓励他们为自己所持的观点提供论据，同时鼓励他们在讨论中打破常规的单一思维方式，尝试更加全面、多角度地思考，这就促使儿童去理解和判断，质疑和反问，发现和再发现，儿童的思维广度得到了拓展，深度得到了加深。因此，在活动中，教师常常采用反问、诘问的推动方式，即对儿童的答案进行反方向的提问，以这样的反问促进儿童思考。

案例 丑小鸭

在听了《丑小鸭》的故事后，一些孩子认为欺负了丑小鸭的人不是坏人，教师反问："那他是不是好人？"不是坏人就是好人，这是孩子常有的思考方式，听到教师的这个问题，一部分孩子不假思索地回答："是！"但更多的孩子开始思考。

看课教师问一旁的孩子①："你觉得他们是不是好人？"

孩子说："有一点好又有一点坏。"

看课教师故意说："但是你们王老师说要选是好人还是坏人。"

孩子说："坏人就是偷东西的人。"

教师说："那好人呢？"

孩子说："好人就是善良的人。"

教师说："那你说说什么是善良的人？"

孩子说："善良的人就是要关心帮助别人。"

和看课教师对话的儿童，开始坚持说"不算坏人"，后来认为"有一点好又有一点坏"。由此看来，教师的反问既是对儿童答案的回应，也是对儿童思考的推动，它引发了儿童对自己答案的反思，推动了儿童的思考。

3. 迁移的推动

由于儿童的哲学的问题没有绝对的唯一正确答案，而儿童的哲学的基本观点是注重思考的过程而非答案。教师在推进讨论时首先要肯定儿童的思考，其次要给儿童留下再思考的空间。

案例 风

在孩子讨论了风的好与不好后，教师问："在我们的生活中，还有没有什么东西像风一样，既能给我们带来好处，又有可能会产生坏处呢？"

洋洋说："药也是这样的，生病的人吃了就会好，没有病的人吃了就要

---

① 这个孩子开始坚持说"不算坏人"。——编辑注

中毒。"

伍妹说："还有水，我们可以在里面游泳，很好玩，但是不会游泳的人就要淹死。"

家言说："还有风扇，热的时候扇了很凉快，但是手伸进去就会断。"

宝宝说："比如说热水袋，睡觉的时候蹭着就很暖和，但是它很容易蹭烂，烂了就会把我们烫着。"

鲁鲁说："还有就是沙子，它很好玩，但是弄到眼睛里就会瞎的。"

教师在儿童已有的经验上加以迁移和引导，让儿童学习用辩证的眼光看待生活中许多像风一样具有两面性的事物，丰富了儿童的知识经验。

4. 记录的推动

儿童的思维是复杂的，但儿童的思考远不及成人缜密，也很容易发生转移，有时甚至会出现说过就忘记的现象。将儿童的想法用看得见的形式表达出来，能直观地展示儿童的思考内容，起到提示儿童的作用，避免无谓的重复，帮助儿童总结和提升。一般可以采用简笔画记录法，即用简笔画的方式记录儿童谈到的内容；而当儿童的观点较多时，则可以采用标记记录法，即使用标记将不同儿童的观点进行归纳，在记录完成后，儿童可以通过对不同标记的识别，发现与自己观点一致的同伴，点数标记的数量，帮助他们对观点有一个量化的认识。

在主题活动"分享"中，教师用笑脸贴纸代表开心，当收到别人分享的物品感到开心时，就将自己的笑脸贴贴在小朋友身上。这样在一次次的分享后，孩子们发现自己身上的笑脸贴越来越多，因而直观地体会到分享会得到很多很多的快乐。

优化对话的前提是能分析出现在儿童面前的最真实的问题和所需要的支持。

在活动中教师经常发现孩子们会出现畏难情绪，这时可以针对孩子们的不同情况进行以下对话。

1. 对通过努力能完成的孩子给予鼓励，说"老师相信，你一定能行！"，让他们独立活动。

2. 对有一定困难的孩子，根据情况给予指点，说"别着急，想想你会做的"，然后立即离开以免缚孩子的思考，让他对教师的指导内容进行内化，再转化为行为，继续操作。

3. 对的确有困难，难以完成活动的孩子，以角色的身份影响他，说"我想和你一起干，行吗？"协助孩子共同完成，也可以请能力强的孩子帮助他。

（三）多问思考，少问对错

儿童的哲学是儿童思考的呈现，每个儿童的思考都是不一样的，当他们说出自己的想法时，如果我们用"对"和"错"来进行评判，就会局限他们的思维。而当我们通过询问"你为什么这样想？""你的理由是什么？"去了解儿童的思考时，就会让他们体会到答案并不是最重要的，思考的过程才是被鼓励的，也能够帮助他们认识到很多问题并没有标准答案，他们完全可以建立起自己的"理论"。

支持儿童的思考还需要对儿童的思考进行反馈、评价，教师的反馈与评价往往是儿童较为关注与重视的，因此，评价的标准、评价的形式就显得尤为关键。以往的评价一般以正确或错误、好或不好这种两极分化的标准作为依据，但这种方式潜在的问题是儿童需要去对标"正确""好"的标准，就像考试时，学生需要学会揣测标准答案一样，有了这一指挥棒，儿童的思考就会朝着教师"预想"的方向前进，这将大大影响儿童思考能力的发展，因此，为了支持儿童的思考，我们提出了新的评价标准——多问思考，少问对错。

在造船的活动中，有的孩子提出用吸管造船，有的提出用纸造船，有的提出用泡沫板造船，有的提出用塑料瓶造船。用纸造船是教师压根没有想到的，但是教师忍住了没有告诉孩子"纸会被打湿不适合造船"，在听取了孩子的想法后说："小朋友们每个人都说出了自己的想法，选择了各种不同的材料造船，有的材料我也没有想到，你们真是善于动脑筋，接下来你们就可以开始制造了。"事实证明，孩子们在用纸造船的过程中，尝试了一般的纸、硬纸、有塑料压模的纸……，最后他们用附有塑料膜的纸箱做了一艘不会沉的船。因为支持了孩子们"违反常识"的想法，孩子们获得了更多的经验。

二、支持儿童探究

儿童的思考与想法需要通过行动来支持，因此，支持儿童的探究过程尤为重要，但不同儿童会产生不同的探究需要，有的儿童有自己的想法并有探究的方向，有的有想法却缺乏探究的路径。同时，儿童还可能处于不同的探究阶段，有的可能处于探究动力期，有各种想法可以去实施，有的可能处于探究瓶颈期，这就需要教师深入了解儿童，分清不同的情境，提供不同的支持策略。

（一）幼儿有想法，有方向——站在儿童的身后，支持儿童的奇思妙想

"让儿童做"重要的是保证儿童的自由感，儿童天生的好奇是儿童学习的内在动力和潜力，正是带着这种能力，儿童才具备主动建构意义、内化经验展开学习的可能，而这种可能只有当儿童觉得自己的想法得到尊重，行为被理解，环境和材料可支配时，才能迸发出来，这就是儿童的自由感，因此，教师需要尊重儿童的想法，支持儿童自主自立，凡是他们愿意尝试的，都支持，凡是他们希望探索的，都鼓励，凡是他们想要挑战的，都陪伴。

案例

在一次采蘑菇的活动中，我请孩子们自己想办法把菌棒上的蘑菇采下来。大多数的孩子们都是用剪刀、刀和手，突然班上不太喜欢表达的沫儿提出："我想用牙签或者棉签的尖棒棒把蘑菇戳下来。"

沫儿刚刚说完，我就发现孩子们安静了不少，然后就有孩子大笑道："哈哈哈，不可能的，你怎么可能用尖棒棒采下来蘑菇？你是不可能成功的。"

当第一个孩子质疑的声音发出后，其他孩子仿佛更加兴奋了，更多的质疑声发了出来："哈哈哈，对啊，你是不会采下蘑菇的，你太搞笑了吧。""对啊，不可能的。""沫儿，你怎么想的呢？"

　　当不少孩子发出质疑的声音后，我看见沬儿很是窘迫，脸也红了，不好意思地埋下了头，我好像看到同龄孩子的质疑声抹杀了沬儿甚至这个班所有孩子的大胆思考，他们以后都会因为害怕被质疑而不敢发表自己的意见。

　　于是我轻轻地走到沬儿身边蹲下来对他说："沬儿，你有不同的想法能大胆地说出来是很棒的，黄老师不仅要表扬还会支持你去尝试，当然，尝试后你有其他不同的想法或者感受都是可以和所有人分享的。"听了我的话，班上其他孩子都安静了下来，过了一会儿，其他孩子也提出了不同的想法。

　　在上述案例中，教师通过行动鼓励并支持儿童与众不同的想法，让儿童感受到自己的想法被尊重、被认可，也让其他儿童了解到"有自己的想法"这件事不可笑，甚至很可贵。

　　（二）儿童有想法，无方向——站在儿童的旁边，给儿童一条探究的路径

　　在给予儿童不断经历机会的同时，我们要及时捕捉儿童探究过程中向教师发出的求助信号。

　　中班孩子非常想制作一款可以让泡泡变坚固（停留时间更长）的泡泡水，但他们却不知道怎么进行探索，教师接收到了孩子们的求助信号，说："我们可以先猜想一下，为什么有的泡泡水吹出来的泡泡更'坚固'呢？"孩子们大胆发言道："可能是洗洁精加得多。""可能是加了胶水。""可能是用了小的吹泡泡工具。"于是教师提议道："要不你们把这些方法都试一试，然后每次记下来，最后说不定就实验出'坚固'的泡泡水了。"孩子们听了教师的话，沿着这种思路，开始了一次又一次的探究，最后找到了"坚固"泡泡水的调配方法，同时在后续的活动中，孩子们也迁移了猜测—试误—验证的实验方法。

　　在上述案例中，教师并没有手把手地带着儿童做实验，而是用问题引导儿童思考可能的方法，并鼓励他们去实验、记录、比较，教师始终站在儿童的旁边，用陪伴的方式支持他们的探究。

（三）儿童处于瓶颈期——站在儿童的前面，教师提出更高层次的问题

当儿童在活动中遇到瓶颈时，需要教师从背后推他们一把，重新点燃他们参与活动的兴趣和愿望。这种激励帮助儿童实现了从模仿到创造的蜕变，激发他们不断地打开思路，动手实践。

案例 你能照出这样的照片吗？

在"光影"主题中，照相馆的孩子们经过一段时间的摸索，已经能够独立照出有五官轮廓的照片了，对照相的热情也渐渐没有当初那么高了。这时我为孩子们提供了一些各种造型的影子照片重新唤起了他们照相的兴趣，他们开始研究照片是怎么拍出来的："这个照片是两个人在一起摆个造型拍出来的，这个照片是用了道具拍出来的。""也许，我们可以模仿一下，看看能不能拍出这样的造型。"孩子们开始行动起来。

"我们也可以自己做一些道具，拍一些有造型的照片啊。"霖霖说。

"对，上次我还看你用毛根做了个小角戴在头上。"优优说。

"我们可以做些不同的道具，这样还可以邀请其他小朋友来拍照。"牛牛说。

"我们可以做些什么呢？"乐乐说。

"我要做一个王冠。"诺诺说。

"我要做一只蝴蝶。"霖霖说。

"我还可以做一只小猫咪。"小宝说。

……

孩子们都跃跃欲试，大家开始找材料，分头行动起来。最后，有的孩子用封口绳拧出了一个王冠，有的用无纺布做出了一只蝴蝶，有的用毛根做了一个兔子耳朵头饰，有的用吸管做了一根金箍棒，有的用硬壳纸做了一只小猫咪。大家纷纷穿戴上这些道具，拍下了自己的独特影子造型。

当儿童遭遇活动瓶颈期时，教师往往比儿童更了解他们真正感兴趣的方向在哪里，这时教师提供了一些各种造型的影子照片，并提出"你们能照出这样的照片吗？"这样更高的挑战，其实就是在推动儿童持续深入地探索影子。

第三节　如何推动活动的深入

我们从儿童的哲学的视角走进儿童的活动，在反复对话、探索和体验的过程中，为儿童创造感知世界、触摸世界、认识世界的丰富机会。我们努力构建新的活动方式，让儿童在自主宽松的环境中，按自己的方式去学习，在提问、操作、玩耍和表达中，充分地表现自我，展示个性。在儿童的哲学的活动中，我们关注的是儿童建构意义的过程，因此，活动的重点在于教师的退位，让儿童成为活动的主角，而活动的深入需要追随儿童当下的兴趣，活动越靠近儿童的兴趣，就更具有儿童的哲学，因此，我们不仅要看到儿童的兴趣，还要在活动的深入过程中紧紧跟随儿童的兴趣，当儿童的兴趣发生转移时能够及时调整。

一、教师的判断

只有儿童感兴趣和需要的事情他们才会投入思考，儿童的哲学才会诞生，因此，以儿童的哲学生发的活动需要教师去发现、了解儿童的兴趣和需要。然而在幼儿园的一日生活中，儿童总是自由自在地表现着自我，此时的儿童就像一个开放的素材库，里面陈列着品种不一、功能不同的大小素材，因此，如何发现儿童的真兴趣就显得尤为重要，这需要教师具有判断力，甄别儿童的真兴趣。

（一）真兴趣是什么

兴趣是以某些特定方式来深入探索世界的某些方面的持久性动机。与儿童的真兴趣相对应的是儿童兴趣的泛化，即对于众多事物产生兴趣，而这些兴趣可能通过简单的操作、感知就能得到满足，但真兴趣却是需要持续地探究、不断地深入，甚至可能会转化为志趣，成为终其一生不断求索的方向。

对于儿童兴趣的追随需要教师学会解读儿童，尊重儿童的真兴趣才能开启有意义的学习，而捕捉儿童的真兴趣是解读儿童的基础，也是通往活动的桥梁。

（二）真兴趣的外显特征

儿童的真兴趣具备以下一些外显特征。

1. 对真兴趣，儿童会讨论、争论甚至辩论

案例 豌豆苗被虫虫吃掉了

一天，大家发现种植区的豌豆苗被虫虫吃掉了，"虫子太坏了，我们要把它清除掉！"果果的话引起了大家热烈的讨论，孩子们都各抒己见。

观点 1：把虫虫清除掉，它不能吃豌豆苗

奇多说："菜是我们小朋友自己种的，虫虫没有劳动应该赶走虫虫。"

麒麟说："虫虫吃了菜，小朋友就没菜吃了，我们的身体就没有营养了。"

果果说："虫虫会把菜都弄脏、弄坏，小朋友再吃就会拉肚子。"

……

观点 2：虫虫也要吃东西才能长大

巧巧说："虫虫也需要长大，就让它吃我们的豌豆苗吧。"

淇淇说："虫虫只吃了豌豆苗，没有吃其他的菜，它们不是很坏。"

宝宝说："虫虫只是把坏掉的菜吃了，免得小朋友吃坏菜拉肚子。"

……

半小时以后，孩子们谁也没有说服对方，这时远远提出了第三种想法："我们可不可以找到吃豌豆苗的虫虫，喂它们豌豆苗养着它们，这样既解救了种植区的蔬菜，也解决了虫虫的吃饭问题。"他的想法得到了大家的一致赞同，寻找吃豌豆苗的虫虫立即成了孩子们新的兴趣。

2. 对真兴趣，儿童会长时间的专注

儿童的兴趣是否保持最明显的特征就是儿童对事物的关注与专注，在时间上往往会超过这一年龄段儿童普遍的注意力保持时间。例如，在大班开展虫虫的活动时，儿童每天来园时不是第一时间去区域进行游戏，而是围在独

角仙的饲养柜旁观察 30 分钟以上。

3. 对真兴趣，儿童会反复地摆弄琢磨

儿童会长时间操作某样物体，会持续地触碰，甚至在被制止的情况下见缝插针地找机会去触摸、摆弄。

4. 对真兴趣，会模仿甚至是创造

在大班制作纸浆面具的活动中，儿童对用纸浆制作面具非常感兴趣，他们希望能自己制作一个面具，从开始时模仿纸浆面具的制作方法，到后期自己创造彩色的纸浆面具，儿童持续专注于制作纸浆面具，在长达一两个月的时间里，他们的兴趣持续保持在纸浆面具上。

把握儿童的真兴趣，能帮助教师打开儿童的哲学和儿童的活动大门的钥匙，因此，在把握儿童的真兴趣时，我们需要解读儿童感兴趣的事物的特质是什么，儿童想以什么样的方式与这些事物关联起来。

案例 泡沫洗手液

最近班级的盥洗室中提供的泡沫洗手液引起了孩子们的兴趣，每次洗手的时候半个洗手池里都是泡泡，不到一天瓶子里的洗手液就见底了，在保育老师的多次提醒下，孩子们终于不再将泡泡弄得满池子都是了，但是偶尔趁老师不注意的时候，还是会有几个孩子悄悄地跑进盥洗室里，按压洗手液瓶，就像是在做奇妙的泡泡实验。

看着孩子们藏不住的对泡沫洗手液的好奇，老师决定给他们一个充分探索的机会，于是，在接下来的时间里，每当孩子们洗手的时候老师总是站在盥洗室的门口，眼睛不再盯着孩子们的洗手情况，就这样持续了几天，孩子们真实的兴趣终于浮现出来——"多多，你看瓶子里是水，为什么压出来就是泡泡呢？"

听到孩子们你一言我一语的讨论，老师才理解到，对于成人而言再普通、平常的一件小事，也可能引发孩子们持续地好奇与探索，洗手液的瓶子是透明的，里面装着透明的洗手液，配上一个起泡嘴，用力按压，为什么水就变成泡泡出来了？

儿童的行为有时展示的是泛化的兴趣，由于年龄的制约，他们往往意识

不到真实的兴趣所在，有时他们会明确地告诉教师自己的愿望：想做什么？有什么问题？发现了什么？但更多的时候是在一种自然的状态中，自己都不能说明的情况下表现着自己的兴趣或者需要：有时是问题与见闻的闲聊，有时是经验和问题的讨论，有时仅仅是做着自己喜欢的事情……。正如上述案例中儿童在盥洗室里持续地按压泡沫洗手液，将洗手泡沫弄得满地都是，儿童是对按压这一动作感兴趣吗？那为什么提供在旁边的液体洗手液没有收获儿童如此的关注。通过对儿童行为的持续关注，在儿童的对话中，教师终于发现儿童真实的兴趣在于——为什么瓶子里是水，按压出来的却是泡泡？水是怎么变成泡泡的呢？这时，教师的作用就是通过解读打开这个资源丰富的素材库，找到真正的儿童的兴趣的素材引发活动，唤醒儿童活动的动机，让活动真正起始于儿童、发展于儿童、延伸于儿童。

为了使活动追随儿童的兴趣需要，教师还需要判断这样的活动对儿童的成长是否有价值。比如，儿童对"植物大战僵尸"这个当时风靡社会的电子游戏感兴趣，但教师是否就应该因为儿童的兴趣而开展活动呢？通过分析判断，我们认为，儿童只是对"植物大战僵尸"的游戏场景、动作感兴趣，开展以此为内容的活动并不能生发出探究的意义，不能引发儿童的思考，更没有价值。当一个活动缺少教育价值时，即使是儿童感兴趣的，也没有生发活动的意义。

二、关注儿童在活动中的投入状态

儿童在活动中的投入状态是指儿童在参加各项活动中通过神态、动作、语言等外显出来的注意状态、情绪状态、思维状态、行为状态，它区别于儿童一味顺应教师的"积极"表现，呈现出多样性，是从儿童主动融入活动出发，真实的、自然的儿童的哲学的表现。儿童在活动中的投入状态与其学习的效果有着密切联系。这就需要教师深入研究活动中的儿童，需要一些方法和手段来捕捉儿童的活动状态，更深入地解读儿童行为的意义、经验的意义。

（一）如何观察儿童的投入状态

教师要懂得儿童的投入状态是他们本我的表达，它呈现出儿童独特的学习方式、学习特点。研究儿童的投入状态能帮助教师辨识、理解儿童的行为，增加教师相机而行的教育敏感，用更适合儿童的教育方式，在活动中促进儿童自我学习、自我决策、自我选择能力的发展，最大限度地保障儿童活动的质量和儿童富有个性的发展。

1. 儿童投入状态的核心要素

对活动中的儿童进行分析，可以看到唤醒动机、持续注意、自然情绪、积极思维、参与行为是儿童活动投入状态的核心要素，它们决定了儿童在活动中投入的状态。

（1）唤醒动机：活动投入状态依赖的是儿童对学习活动的兴趣以及活动本身的吸引力，而非外在于活动的其他东西。唤醒动机就是让活动始于儿童、发展于儿童、延伸于儿童。

（2）持续注意：一直专注于某个活动，持续时间长、不为外界所动。

（3）自然情绪：是融入活动中真实情绪的自然流露，如成功后的喜悦、失败后的流泪。

（4）积极思维：主动思考问题，积极寻找解决问题的方法，伴随想象、创造。

（5）参与行为：能用各种感官进行观察，尝试用多种方式进行探究，遇到问题能寻求帮助（合作）。

2. 儿童投入状态的层次标准

儿童在活动中的投入状态分为三个层次，具体如下。

（1）高投入：很高兴、有发自内心的喜悦、反复试验、带着目的性的思考、遇到问题能坚持、主动寻找解决问题的方法、持续时间长、不为外界所动。

（2）一般投入：完成任务、从众、被动、遇到问题放弃（畏难）、易受外界影响。

（3）不投入：不感兴趣、做其他事情、无聊、游离。

3. 确立观察角度

在实践中我们发现不同的活动由于其特性的不同，儿童投入状态的表现也会因此不同。观察的角度即注意、情绪、思维、行为四个方面。其中前两点表现为持续与关注、兴趣与情绪具有一定的通识性，后两点则因活动类别的不同而表现出差异性。例如，在探究活动中，后面两点分别是尝试与探索、思考与表达，而在游戏活动中，后面两点则是交往与互动、想法与创造。

4.观察记录表的运用

观察不应仅仅停留在看见、看到上，更重要的是在其基础上知道，在知道的基础上与自己的教育行为发生联系。在实践中，我们从教师使用统一的观察记录表到教师设计自己观察记录表，最后形成了"实况详录＋验证解读"的观察方式。

具体表格如表 3-1、表 3-2 所示。

表 3-1　儿童活动投入状态个别观察实录表

		观察者：
活动名称：	班级：	执教：
活动时间：	活动地点：	观察对象：
活动目标：		
活动各环节具体实录		
参照儿童投入状态观察要素及要点记录儿童真实表现		
环节时间及活动实录：		

表 3-2　儿童活动投入状态解读表

		评析者：
活动名称：	班级：	执教：
活动时间：	活动地点：	观察对象：
活动目标：		
活动各环节具体实录		
参照儿童投入状态观察要素及要点记录儿童真实表现		
环节时间及活动实录：		

观察以实况详录的方式进行，这种记录的方式要求教师做到描述准确、客

观、如实记录，不添加任何个人色彩，以保证信息的真实性。补充设计的"儿童活动投入状态解读表"让教师从活动中找到能体现投入状态核心要素的证据，这些证据不仅是儿童活动状态的证明，更是对儿童学习现象的一种解释和推断。解读表让教师站在儿童的角度去思考，对儿童活动中的投入状态进行更为细致的解读，提高了观察的质量。将这些信息汇总在一起，能指导教师准确地解读儿童，对儿童的发展进行监督，并反思自己在活动中的策略恰当与否。

（二）如何解读儿童的投入状态

我们通过观察看到儿童的行为，辨别儿童的行为，解读儿童的行为，以儿童的活动状态作为反思依据，展开教学共同的反思，努力找到更适合的教育方式，促进不同儿童的不同发展。

1. 多角度分析儿童的投入状态形成假设

通常的知道较为浅表，仅仅表现为从现象到主观判断之间单向的过程，而多角度地分析儿童的行为，需要将看到的现象与教师判断之间进行多次的互动。表现为教师看到现象后，从不同的角度思考儿童可能的原因，形成假设。

例如，在游戏活动中，往往会有一些儿童在游戏区之间跑来跑去，不固定下来。通常这个现象是教师最不愿意看到的，认为儿童不守纪律，往往会加以制止或"巧妙"地"引导"儿童参与某种游戏之中。通过对这一现象多角度的分析，教师发现其实并不尽然，如表 3-3 所示。

表 3-3 儿童行为解读

儿童行为	投入状态	教师解读（可能的原因）
跑来跑去	高投入	在学期初，儿童对每个游戏都感兴趣，所以跑来跑去。
		有强烈的交流表现欲望，兴趣点在交往上，而非某一具体游戏区。
		游戏时发现自己所在区域缺乏需要的材料，去其他区域寻找材料。
	一般投入	同伴关系不融洽，同伴拒绝其加入。
		每一种游戏都会玩，但由于经验有限，游戏不能深入，因此每种游戏都只玩了一会儿。
		性格胆小内向，不敢融入集体游戏。
	不投入	觉得每种游戏吸引力都不大，所以到处跑。

即使是同样一种表现，因为儿童不同，发生时间不同，其状态都可能不同。多角度地看待儿童的行为，让我们从众多的假设中发现更符合该儿童的分析，让教师的解读更准确，回应更有效。

2. "收集案例—解读案例—拓展案例"的解读方式

我们发现在活动的过程中，有很多反复出现的具有代表性的现象，我们将其称为典型现象。通过对典型现象的解读，将典型案例中的现象引入不同的活动中，形成对同类现象的解读和支持策略，形成了"收集案例—解读案例—拓展案例"的解读方式，帮助教师透过现象找到分析儿童的角度和分析儿童的方向。

案例　在科学区观望的儿童

大区域活动——在科学区"自制泡泡水"的活动中，有 8 个孩子在兴致勃勃地玩，唯独阿宝站在盥洗室的门口看着里面的小朋友，就这样一直持续了好几分钟。

教师 1 阶段

判断：阿宝不投入，处于未参与的状态。

解读：可能是因为其他区人满了，阿宝不得不到这个区玩，因此不愿意入区，只在旁边看。

策略：询问孩子想到哪个区，让他到自己喜欢的游戏区玩。

教师 2 阶段

判断：阿宝处于"一般投入"活动的状态。

解读：因为阿宝不会玩，所以才在旁边看。

策略：教师带领孩子参与游戏，教他玩。

教师 3 阶段

判断：阿宝很投入。

解读：通过上两阶段的策略，教师询问阿宝愿意到哪个区去玩，阿宝摇头继续观看，过了一会儿教师做出 2 阶段的判断和解读后，走到阿宝面前说：

"我带你去玩"，阿宝还是表现出不愿意，但仍在门边观看，当看到美霓吹出泡泡时，阿宝高兴地笑了。阿宝动手能力较弱，对操作类的活动一般来说不太喜欢，但泡泡对他的吸引很大，因此，阿宝虽不愿意动手，却一直在旁观看。

策略： 孩子投入活动的表现是不一样的，对此类孩子，教师要耐心等待，等待他们一步步进入活动中。

由此案例出发，我们又收集到一些类似的案例，例如，在建构区观望的儿童、在木工区观望的儿童、在小舞台观望的儿童等。由此，我们将在活动中观望设定为一个典型的现象，通过解读，我们发现这些观望的儿童，可能是投入的，也可能是不投入的，不投入的观望多半有以下原因。

（1）同伴关系不融洽，想玩但不能融入。

策略： 教师带动或请游戏中交往能力强的儿童带动。

（2）未能选择到自己喜欢的游戏。

策略： 教师询问，带领儿童去选择自己喜欢的游戏。

（3）好朋友选择了这个区，自己不愿意选，但又想跟好朋友在一起。

策略： ①可以在儿童喜欢的游戏和其好朋友喜欢的游戏间建立联系。如，告诉儿童小舞台需要些门票，请他们到美工区画一些；②允许儿童的观望，适当的时候建议儿童进行适宜的活动。

通过对典型案例的收集、解读和拓展，教师们在实践中遇到类似现象时，知道从多种角度去思考，并有了如何对儿童进行支持的方向。

第四节　儿童的活动的一般形态

以儿童的哲学建构的儿童的活动是以儿童为原点生发的，因此，这种活动样态在幼儿园中不是孤立存在的，它存在于每一个儿童中，产生于儿童与自我、同伴、教师、环境的每一次互动、对话中，它可能是幼儿园里的一次耕种，可能是盥洗室里的一次讨论，它在幼儿园生活的每个点滴、每个角落中，小到一个互动，大到延续数月的主题活动，都是儿童的哲学的形式在幼儿园活动中的体现。

我们将儿童的活动的一般形态分为点状的活动形态、线状的活动形态、网状的活动形态。

一、点状的活动形态

所谓点状的活动多为生活或者游戏中的一个点，它可能引发儿童的好奇，或者教师认为有价值可以给予一定的支持，从而生发成一个小活动，点状的活动往往是短暂的、及时性的活动，有时是一个看似简单的师幼互动，有时是材料的支持，有时甚至不需要教师的参与，儿童对世界的好奇、探索构成了一个又一个让成人惊叹、讶异的精彩活动。

案例 散步时的特别发现——光斑的秘密

午饭后，我们带着孩子们去散步，到了二楼平台，孩子们发现雨棚的破洞在地上形成了圆形的光斑。小宝马上用脚去踩，想把光斑踩在脚下，可是，光斑却跑到了他的鞋子上。又有孩子用手去捧，想把光斑遮住。这些光斑到底能不能被藏起来呢？孩子们开始脑洞大开。甜甜拉起自己的裙子去遮，可是光斑跑到了裙子上；诺诺干脆趴到光斑上面去了，可是光斑跑到了她的背上；溪溪和伙伴们找来好多小玩具，他们把各种玩具叠在一起，调皮的光斑依然还在。诚诚搬来一个滑板，然后趴在滑板上，光斑又到了他身上；悠哥干脆趴到诚诚身上试图去遮盖，光斑终于消失了吗？不，它又到了悠哥的身上。

一个午后插曲，引发了儿童对光影的兴趣，儿童绞尽脑汁想出了各种办法，尝试用自己的方式去验证自己的猜想，用自己的方式探索着新奇的世界。

点状的活动在幼儿园中数不胜数，这些细碎、斑斓的活动就像幼儿园生活中一颗颗璀璨夺目的珍珠，我们被儿童眼中的世界所吸引，被儿童的哲学的魅力所折服。

二、线状的活动形态

所谓线状的活动一般会有一个明确的活动线索，活动主干清晰，没有或很少有其他枝节，同时，活动会遵循这个线索和儿童认知发展的规律纵向深入地展开，在活动的推进过程中，儿童逐步通过发现问题—解决问题这一循环，在递进的进程中建构起属于自己的经验。

（一）由儿童自己生成的研究线索

有时，遵循的线索来自儿童建构经验的需要，如在下面的案例中，儿童对于制作纸浆面具非常感兴趣，他们需要探索并建构制作纸浆面具的经验，因此一条明确的线索由此展开。

案例　纸浆面具

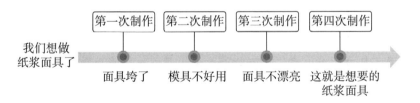

图 3-1　制作纸浆面具的线索

在大三班的美工区，教师为孩子们提供了白色的空白纸面具，晨间游戏的时候，孩子们七嘴八舌地说："这个白色的面具是怎么做出来的？""我好想做一个这种面具。""我喜欢变形金刚，我想做一个变形金刚的面具。""我喜欢蝴蝶，我想做一个蝴蝶面具戴在脸上，肯定很漂亮。"……纸浆面具探究活动由此产生。

对此有兴趣的孩子们自发地成立了一个制作纸浆面具小组。在制作之前，他们对纸浆面具是怎样做出来的进行了大胆的猜想，有的孩子觉得纸浆面具是用一张张树叶粘出来的，有的孩子觉得是用一张张纸叠出来的，有的孩子则认为应该是把纸浆敷在班上的纸质面具上，晒干后揭下纸浆就变成了纸浆面具，这个想法得到了大家的认可。

第一次制作——"面具垮了"

孩子们把旧报纸撕成小碎片放在透明的塑料盒里准备制作纸浆，加水浸泡，第二天，三五个孩子自由组合在一起用手不停地搓、捏、揉。这时有孩子告诉我，他们的纸浆已经做好了，我问他："你怎么知道纸浆已经做好了？"小美说："纸浆已经变得很细很软，手摸上去感觉很舒服，和刚开始做的时候不一样。"我伸手一摸，感觉她说得真好，报纸已经变成了纸浆。于是，孩子们兴高采烈地开始往面具上敷纸浆。第二天，纸浆小组的孩子们满怀期待地来到了制作面具的美工区，可出现在他们面前的是已经烂了或是垮了的面具。

孩子们展开了寻找问题的大讨论。这是他们开展自我反思的好机会，我注意控制自己，提醒自己不要介入提供"答案"，或是告诉他们正确的解决方法，而是让他们自己去寻找失败的原因，并总结经验，寻找解决问题的方法。以下是孩子们讨论的结果。

1. 纸浆里的水太多了，所以面具垮了——用手挤一挤纸浆里的水，用水较少的纸浆来敷。

2. 纸浆敷得太多太厚，所以把面具压垮了——纸浆敷得均匀一些，稍微薄一些，不要抓一把就敷上去。

3. 纸浆没有黏性，会从面具上掉下来——往纸浆里加上胶水，让纸浆有黏性。

4. 选用的模具不防水，遇到水会变软变烂，所以面具垮了——选用防水的模具（木头、石头、塑料、气球）。

第二次制作——气球不好用

有了第一次做纸浆的经验，孩子们刚把泡好旧报纸的塑料盒抬到美工区，小美就说："我好想快点儿做出纸浆，用手做太慢了。"小壮马上说："我有办法。"过了一会儿，他拿来一根圆柱形棍子，把泡的报纸抓一团放在石板上，用棍子去击打。看到小壮找来工具制作纸浆，其他孩子受到启发，纷纷效仿。他们到沙区、水区、体育区、大区域的材料区、幼儿园的每个角落，只要觉得这个工具可以帮助自己制作纸浆，就都拿来试一试，如果觉得这个工具不好用，马上更换另外的工具。我仔细观察了他们找来的工具，有石头、龟背、长棍、PVC圆筒、铁铲、积木块。他们用这些工具打、敲、滚、压、推，只为能更快地制作出纸浆。在制作的过程中，孩子们还发现有的工具好用，有的工具不好用。

第二天，孩子们来到美工区，出现在大家面前的场景让他们很困惑，他们认为一定会成功的在气球上做的纸浆面具没有成功。没有成功没关系，让我们再来找问题吧！

1. 一个人不好敷，气球滚来滚去——两个人合作，一个人稳住模具，一个人敷纸浆；把模具放在工具上固定，一个人也可以制作。

2. 有的形状大，有的形状小——先设计好再敷，这样可以做出自己想要的面具。

3. 没有眼睛和嘴，不像面具——敷的时候留出空白。

4. 面具有裂缝——敷的时候挤紧一点；用纸浆填缝隙。

5. 气球会泄气，蔫了小了，浇上去的纸浆往下掉——更换模具，使用防水的、圆形的、不会漏气的模具，如波波球、篮球。

孩子们找到波波球和篮球做比较，发现波波球的表面很光滑，而篮球的表面有很多膈手的小颗粒。经过讨论，他们觉得波波球最合适，因为波波球表面光滑，面具可以揭下来，所以在第三次制作时他们选择了波波球作为模具。

第三次制作——面具不漂亮

在前两次制作纸浆面具失败的基础上，孩子们又准备开始第三次制作纸浆面具。他们用记号笔在波波球上画出自己想要的面具模型，选择自己认为有效的工具加速纸浆的形成，把纸浆敷在已画好的波波球上，眼睛、嘴巴的位置不敷纸浆，然后等待纸浆晒干，取下面具。

这一次，纸浆面具终于做成了，从波波球上取下自己亲手制作的纸浆面具，孩子们开心不已，欢呼雀跃。他们把面具戴在脸上，你看着我，我看着你。面具虽然做成功了，可是他们的问题又来了。"老师，我们的面具怎么都是灰色的？""为什么我们做的面具没有买的面具漂亮？"小萌说："我有办法，我有办法，用水彩笔把面具涂成彩色的不就变漂亮了吗？"小壮说："我有办法，我们给纸浆加上颜料，这样不就做出彩色的面具了，一定很漂亮。"

孩子们用水彩笔尝试了小萌说的办法后发现这个办法行不通，纸浆面具不像我们平时涂色的东西是平整的，它是粗糙不平的。于是大家决定采用小壮的办法制作彩色的纸浆面具。

第四次制作——这就是我想要的纸浆面具

幼儿园旁边的水果店里有很多垫水果的纸，这次做纸浆我们用的是这种被水果店丢弃的废纸，孩子们自己分工，有的做红色的纸浆，有的做绿色的纸浆，有的做黄色的纸浆。

大家都很期待自己做的彩色面具，彩色面具戴在脸上是不是很酷呢！哇，彩色面具终于做成了。看着孩子们脸上露出快乐的笑容，我知道，这就是他们想要的纸浆面具的样子。

在这个案例中，儿童始终围绕着制作纸浆面具这一线索开展活动，活动的走向沿着儿童的哲学慢慢发展，有些成人认为天马行空的想法，在儿童的活动中反而成了微妙的催化剂，儿童收获了属于自己的经验，建构着自己的知识，生成了属于自己的哲学。

（二）由教师主动生成的活动线索

教师是儿童在园生活中的亲密伙伴，在共同生活的理念下，教师也在活动中与儿童共同生活、成长，因此，教师对每个年龄段儿童共有的兴趣非常熟悉，也往往能发现有时被儿童忽略的线索，成为重要的活动发起者。需要注意的是这种生成不是生硬地直接告诉，更不能强加，而应该是巧妙的、隐形的、带有试探性质的，如果儿童确有兴趣，教师就顺势而为，如果儿童并没有太多回应，则没有必要继续。

案例 由小圆桌生成的活动

小班孩子天然对自然界的事物感兴趣，一片花瓣、一棵草都能引发他们的兴趣。小班教师在孩子们每天的必经之处，精心设置了一个自然小圆桌，桌上摆放着带有明显季节特征的物品，有时是水果，有时是蔬菜，有时是其他植物。桌上一般会摆放物品的实物，与实物相关的其他物品，如相关的艺术品、书籍，并根据孩子们的兴趣进行补充或更换。

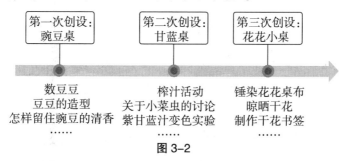

图 3-2

第一次创设小圆桌：豌豆桌

环境创设： 豌豆荚、豌豆粒、绘本《五颗小豌豆》，用悬挂豌豆荚的方式营造豌豆小桌的氛围。

引发的活动： 剥豌豆、数豆豆、豆豆的造型、豌豆画、怎样留住豌豆的清香……

活动示例： 留住豌豆的清香

豌豆桌引发了孩子们的驻足、围观，他们一边观察，一边触摸，还说豌豆闻起来非常清香。我问孩子们："有没有什么办法能把豌豆的清香留住呢？"

孩子们摇晃着小脑袋不知道该怎么做。汐汐说："要不我们煮成豌豆汤呢？就像南瓜汤会甜甜的一样？"教师说："我们有这么多剥剩下的豌豆荚，不如煮一煮豌豆荚，试试有没有清香的味道吧！"于是，我们给每个孩子准备了一小块布，将布浸入煮过豌豆荚的水中泡了一整个晚上，试一试豌豆的清香味能不能留在布上，孩子们对这个实验充满了期待。在这个过程中，孩子们都认为自己的实验会成功，因为泡过的布真的闻起来香香的。他们满心期待地将布晾干后，却发现清香的味道不见了。虽然实验失败了，但是孩子们还是很开心，他们依然把这些布叫作豌豆布。最后这块豌豆布成了制作

"三八"妇女节礼物——花扇的一部分。爸爸妈妈在了解了这块布的来历之后非常高兴，认为这是最好的礼物。

第二次创设小圆桌：甘蓝桌

环境创设：应季蔬菜紫甘蓝、绿甘蓝，对半剖开的甘蓝、一杯紫甘蓝榨汁。它们颜色、大小不一，并呈现出从新鲜到干瘪、固体到液体的真实变化。

引发的活动：剥菜、关于小菜虫的讨论、榨汁活动、紫甘蓝汁变色实验……

活动示例：紫甘蓝汁变色实验

活动答案：孩子们尝试用长条积木、小刀、捣蒜器等工具获得新鲜的紫甘蓝汁。紫甘蓝汁是漂亮的紫色，他们瞬间被漂亮的紫色液体吸引了。

于是围绕紫甘蓝汁的颜色，我们查阅了相关的资料并展开探究。紫甘蓝汁中含有可以做酸碱指示剂的花青素，于是我们带领孩子们进行了一次探究活动。利用紫甘蓝汁能使酸碱度不同的饮料变色的有趣特性，进一步激发了他们探索有色蔬菜的兴趣。

考虑到年龄特征以及激发探究兴趣，本次活动选用的是孩子们熟悉且喜欢的纯净水、可乐、雪碧、牛奶和冰糖雪梨水等液体，在它们中加入紫甘蓝汁就会产生不同的颜色变化，这对于孩子们来说是非常神奇的现象。而比实验结果更重要的是他们在整个活动中保持的好奇心、探究的积极性和探究方法。在探究过程中，孩子们观察、用贴纸记录猜测结果、操作后共同验证和交流，这些促进了他们初步探究能力的发展。最终，我们将深奥的酸碱度转化为孩子们能够理解的方式，并且回归到他们的生活中，让他们知道了生活中许多饮料不健康不适宜多喝，要喝白开水、矿泉水等健康饮料。

第三次创设小圆桌：花花小桌

环境创设：孩子们收集的各色各样的花束，园内寻找到的花瓣，悬挂有干花装饰的瓶子，呈现出生动、美丽的"花花世界"。

引发的活动：锤染花花桌布、晾晒干花、制作干花书签

活动示例：锤染花花桌布

进入春夏之交，美丽的花本是季节美丽的馈赠，但无论怎么摆放、陈列都难以赏心悦目，因为小圆桌之前摆放过很多水果、蔬菜这种真实自然物品，腐烂后污渍就留在了桌布上。

看着脏脏的桌布，孩子们提出要更换一块新的漂亮的桌布，怎么才能做出漂亮的桌布呢？孩子们提议把小花留在桌布上，这样就很漂亮了，于是我们带着孩子们体验了一次花草锤染，然后把锤染的布铺在小圆桌上。

首先我们给孩子们介绍了锤染的技法和步骤，然后就带着他们在幼儿园里到处寻找可以用的花草。收集好花草，我们将布铺在地上，让孩子们自由地进行摆放和布置。终于将整块布都铺满了，开始最期待的锤染。大家有模有样地拿着小锤子一下一下地敲。在看似简单的锤染过程中，孩子们也在进行着思考，如，"颜色一直没有出来是什么原因？""是我的力气太小了，还是这部分的布下面没有花草呢？"进而调整自己的方法。每当染出一点颜色，孩子们都非常兴奋，获得了满满的成就感。虽然只是重复的动作，但是小小的锤子也在锻炼孩子们的手部力量，不一会儿，他们就感觉到累了。终于，我们的桌布锤染成功了，当桌布铺在小圆桌上的一瞬间，孩子们都非常惊叹，我们原来做了如此美妙的事情！

儿童对自然有着天然的兴趣，教师创设并利用小圆桌的不断变化激发了儿童的兴趣，通过环境的布置一步一步引导儿童开展自己的活动，教师主动生成了活动线索，但是活动却一直追随着儿童的脚步，教师与儿童相互配合，生发出一个个精彩的活动。

（三）师生共同形成活动的线索

除了上述两类主导者相对分明的活动以外，幼儿园中还有很多教师与儿童为双主体的活动，基于儿童的兴趣，教师给予支持，两者相互交织，师幼共同形成活动的线索，形成深入探索的线状活动。

案例 蝌蚪会吃蝌蚪吗？

三月的阳光暖暖的，孩子们带了许多蝌蚪到班上来，有大的有小的。

每天自由活动的时候，窗台边都有两三个孩子在观察蝌蚪。周五下午，窗台边的人特别多，怎么呼唤他们要上课了，都像没听见一样。不一会儿，有孩子惊呼起来："老师，蝌蚪把蝌蚪咬死了！"我走过去一看，鱼缸里有一只死了的蝌蚪浮在水面上，另外4只蝌蚪正在咬它的尾巴，好像在吃它一样。"蝌蚪有嘴巴吗？"我暗暗奇怪，做了多年的幼儿园教师，每次带孩子认识小蝌蚪的时候总是这样讲："小蝌蚪有圆圆的脑袋，短短的尾巴，黑黑的身体。"蝌蚪真的有嘴巴吗？我带着疑问，也仔细地观察。莉莉说："有啊，你看，它的嘴巴一张一合的。""那蝌蚪有眼睛吗？"我又问了一句。雨鑫一本正经地回答："怎么没有呢？有眼睛，蝌蚪也有啊，不然它怎么游泳，怎么看东西呢？"我一看，那只死掉的蝌蚪果然鼓着又白又大的眼睛漂浮在水面上。自己开展有关蝌蚪的活动已经很多次了，形成了一些惯有的思维定式，而忽略了真实的观察，孩子们的发现让我不得不感慨感叹他们对待科学认真的态度。

1. 孩子猜测蝌蚪会吃蝌蚪，教师引发讨论

窗台边，孩子们还在热烈地议论着是不是蝌蚪吃蝌蚪了。

莉莉说："蝌蚪不会吃蝌蚪，它们像人一样，人怎么能吃人？蝌蚪肯定也不会吃蝌蚪啊！"

钉钉说："小蝌蚪是青蛙生的，大蝌蚪是蛤蟆生的，蛤蟆会吃青蛙的。"

航航说："我家也养了蝌蚪，大蝌蚪把小蝌蚪尾巴咬断了，但是小蝌蚪还是活的。"

凡凡说："小蝌蚪是妹妹，大蝌蚪是姐姐，姐姐怎么会吃妹妹呢？"

依依说："大蝌蚪要吃小蝌蚪，姐姐家也养了蝌蚪，我看见了的。"

弘弘说："看，蝌蚪会吃鲜虾，它们明明就是在吃那只死了的蝌蚪。"

……

看来孩子们对蝌蚪是否会吃蝌蚪的问题产生了浓厚的兴趣，我预感一次由孩子发起的、有价值的活动要诞生了，我立刻召集他们进行讨论："把你们的发现告诉大家吧！"孩子们滔滔不绝地说起了自己的发现，经过整理我发现有2/3的孩子觉得蝌蚪会吃蝌蚪，有1/3的孩子觉得蝌蚪不会吃蝌蚪。孩子们各抒己见，坚持着自己的观点，你不让我，我不让你。

2. 孩子提出喂养实验，教师支持孩子自己解决问题

看着孩子们较真的模样，我说："孩子们，你们都认为自己的观点是正确的，那怎样才能证明自己的观点呢？"钉钉说："我们自己分组做喂养蝌蚪的实验，观察记录蝌蚪到底会吃什么，蝌蚪会不会吃蝌蚪。"钉钉的提议，立刻得到大家的赞同。经过商量，孩子们将蝌蚪分装在 6 个容器里，分组对它们进行喂养，为了能有效观察蝌蚪的情况，孩子们还提议制作了蝌蚪喂养观察记录表，内容包括：观察喂养时间、喂养只数、所喂食物、死去和存活蝌蚪的数量、蝌蚪的变化。商量好了，孩子们立刻动手行动起来，有的负责给蝌蚪分组，和原来一样，每个容器里仍旧只装 8 只蝌蚪，有的则负责制作观察记录表。

一切准备就绪，第二天，孩子们便从各自家里带来了许多食物，有碎玉米、面条、馒头、面包、肉末、鱼片、米饭等，他们争先恐后，忙着去喂自己组的蝌蚪，这时月月急匆匆地过来说："老师，他们什么都给蝌蚪吃，吃多了蝌蚪会胀死的，不要让他们喂了。"又有孩子跑来，也让我阻止同伴喂食，这时我意识到孩子们有了制订喂养方法和喂养规则的需要，于是我提议让孩子们自己讨论喂养蝌蚪的"方法"和"规则"。

萧萧说："喂养的食物要少一点，不能太多，否则会把蝌蚪胀死的。"

丫丫说："喂养的食物要小一点，因为蝌蚪的嘴巴很小。"

欣欣说："不能喂硬的食物，要喂软的食物，蝌蚪咬不动硬的东西。"

莉莉说："我们小朋友吃饭有食谱，可不可以给蝌蚪也制订个食谱，每天让它们吃我们带来的不同的食物。"

畅畅说："喂养时，动作要轻，不要大声说话，声音太响，动作太大会吓着小蝌蚪。"

……

孩子们再也不是什么都往容器里放了，他们会讨论放什么，放多少。对于他们自己制订的规则，他们都感到非常的满意，并快乐地执行着他们自己的约定。在整个制订规则的过程中，我深深地感到，大班的孩子已经有了自己独立的想法和主见，他们已经不满足于追随和服从教师的规则。在活动中，孩子们有了规则的意识，作为教师，我尊重和了解孩子的想法、需要，积极地为他们提供环境，让他们在制订规则的过程中，不断提高发现问题、分析

问题、解决问题的能力和遵守规则的自觉性。

3. 孩子出现更多问题，教师鼓励孩子查找资料解决问题

过了十多天，孩子们发现蝌蚪的数量又少了。"蝌蚪饿了就要自己吃自己吗？""是不是蝌蚪之间打架，厉害的那个吃掉了不厉害的那个？"还是"吃的是已经死了的蝌蚪？"望着孩子们不解的神情，我认为该是向科学求证的时候了，于是我向孩子们提出了新的建议，回家请爸爸妈妈帮忙，查查资料，看看科学家是怎么说的。家长们帮助孩子们从网上下载了许多有关文章。丁丁查到："中学生在实验后发现：在放大镜下看到小蝌蚪正着围着死去的大些的黑蝌蚪咬尾巴，尾巴少了一节。"芝芮查到资料：通过分组实验，发现蝌蚪是杂食动物，蝌蚪以多种有机物为食料，但不能长时间吃同一种食物，否则会营养不良，甚至死亡。当蝌蚪缺乏食物时，活着的蝌蚪就会吃掉死去的蝌蚪。有这些资料信息作为支撑，孩子们终于信服了蝌蚪吃蝌蚪的事实，也知道了蝌蚪究竟要吃什么，孩子们欢呼雀跃着，为他们近一个月的辛勤探索、努力工作感到高兴，蝌蚪会吃蝌蚪的活动告一段落了。

在这个活动中，教师和儿童围绕着"蝌蚪是否会吃蝌蚪"这个问题展开了持续的探究，教师支持儿童按自己的方式去做自己的事，当儿童产生疑问的时候，教师不是扮演给答案的角色，而是给他们提供足够的材料，让他们在操作材料的过程中，将操作的结果与原先的结果做比较，然后在比较的过程中得出结论。活动按照发现问题—解决问题的路径展开，是比较典型的线状的活动，活动中教师与儿童互为主体，之间出现"你进我退""你退我进"的高质量互动。

三、网状的活动形态

所谓网状的活动往往是在点状及线状的活动的基础上逐步深入，活动的发展就像脑部神经元的连接一样，从点到线、纵横交错形成网状，这种活动形态一般出现在大班。网状的活动形态并不是一开始就以网络的形式出现的，它可能是由点状或线状的活动开始的，在活动过程中，由于一些突发事件的特殊性、挑战性，儿童为之吸引，生成更多、更广泛的活动。这样点状与线状的活动不断交织、转化，持续发展到最后，就形成了一张纵横交错的网。

案例　奇妙种植之旅

大班开学，我常常听见孩子们在班级中讨论："昨天路过蘑菇房时，我偷偷去看了一眼，蘑菇又长大了。""菜地里的豌豆苗的叶子上有好多的洞洞。""我们家种的土豆长出了绿色的芽。"听着孩子们的讨论，我发现他们对种植产生了浓厚的兴趣，因此，我们生成了以种植为主题的活动。在参观了幼儿园的小菜地和蘑菇房后，孩子们自然分成对种蔬菜感兴趣的"小菜地组"和对种蘑菇感兴趣的"蘑菇小组"。小菜地组的孩子们首先要做的事就是翻土，因为把土壤翻松才能让种子更好地发芽，在翻土时，孩子们有了新的发现——蚯蚓，由此又引发了新的一个探究小组"蚯蚓组"。

1. 小菜地组

小菜地组的孩子们提出了"种什么蔬菜""怎么种蔬菜""如何除草""是否要浇水""蔬菜到底有多高"等问题，我们根据孩子们的问题推进了"种蔬菜""种植工具""蔬菜分分类""测量玉米"等活动。

2. 蘑菇组

蘑菇组的孩子们对于"怎么种蘑菇？""蘑菇每天长多大？""为什么有的蘑菇长得快，有的蘑菇长得慢？""蘑菇怎么摘才不会烂？""蘑菇太多了吃不完怎么办？"等问题产生了兴趣，由此产生了"自制蘑菇观察记录表""蘑菇浇水实验""蘑菇采摘好办法""美味的蘑菇汤""蘑菇干的制作""菌包是好肥料"等活动。

3. 蚯蚓组

蚯蚓组的活动是典型的线性活动，活动的来源是孩子们在翻土时发现了蚯蚓。个别孩子们根据已有经验提出"蚯蚓切断了还能活"，部分孩子希望进行一次"切蚯蚓"的实验，验证一下这种说法，因此，孩子们之间展开了一次"幼儿园里的生死辩论"。孩子们在了解了蚯蚓这种生物的习性之后提出要制作蚯蚓堆肥箱为小菜地的菜提供肥沃的土壤，由此蚯蚓组的孩子们又根据选择的制作材料不同，分成了三个不同的制作小组：塑料箱堆肥组、泡沫箱堆肥组、木头箱堆肥组，各小组持续深入开展探究制作。

三个小组的活动有的是点状的活动，如小菜地组的"测量玉米"、蘑菇组的"自制蘑菇观察记录表"等，更多的是儿童持续深入的线状活动，如蚯蚓堆肥箱的制作、蘑菇采摘等。在活动的开展中，点状与线状的活动相互交织，层出不穷的精彩事件把活动与活动直接的链接不断加深，最后活动呈现出网状的形态，它是线状与线状的集合，但却更为复杂，更为深入，是儿童的哲学生成的儿童活动的集中展现。活动网络如图 3-3 如所示。

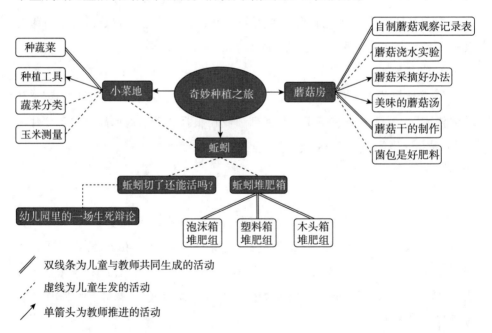

图 3-3

活动网络的形成过程是教师重视儿童的哲学并生成儿童活动的过程，是教师想法与儿童想法相互交织、相互支持、共构而成。在此，我们重点选取了以下几个案例来呈现教师是如何在活动中发现儿童的哲学，支持并推进形成儿童的活动。

子案例一　自制蘑菇观察记录表

在园丁叔叔的带领下我们开始种蘑菇了，孩子们在蘑菇包上划开小口，搭上湿毛巾，满心的期待。由于这是孩子们第一次种蘑菇，他们提了很多问题。

"我们的蘑菇有毒吗？"

"我种的蘑菇多久才可以长出来呢？是从划开的小口里面长出来的吗？"

"为什么不朝蘑菇浇水，而要朝毛巾浇水呢？"

园丁叔叔一一回答了孩子们的问题，第一次亲手种蘑菇的孩子欢喜雀跃。

孩子们兴奋的表情也提醒着教师，要提供关于蘑菇的观察记录表了，不然蘑菇生长得很快，不抓紧时间岂不是浪费了一个观察记录的好机会？

我立刻在电脑上绘制了相关的表格准备打印出来，第一次绘制的表格上包括日期、天气、种植方式、生长情况、记录人，孩子们只需要按照表格填写即可。

正准备发放表格时，我不禁思考记录的价值是什么，表格记录对于孩子的价值是什么。我认为我们要重视和突出观察记录者的主体性地位，即关注他们本身的兴趣点和关注点。那么，之前常规的那种千篇一律的表格对于孩子们的学习价值是什么呢？于是，我把问题抛给了全班孩子——作为蘑菇的照顾者你想记录的是什么？

牧心说："我想记的是每天浇了几滴水。"

知安说："我想记的是我的蘑菇多久能长大。"

梓宸说："我想记的是我的蘑菇每一天的变化是什么样的。"

泽祎说："我想记的是每天的天气和我浇了多少水。"

原来孩子们的想法是不一样的。我大致了解到有一部分孩子想记录的是照顾蘑菇的过程，还有一部分孩子想记录的是蘑菇的生长变化。

想记录照顾蘑菇的过程的孩子绘制出了每个人不一样的表格，有的人除了记录日期还留了很大的版面记录浇水量；有的人除了记录日期还画上了天气的图标，最后才画浇水量；还有的人在表格上添画上了自己的名字，排版格式也不同，每日根据自己的表格记录。见图 3-4 和图 3-5。

图 3-4 图 3-5

而另一组的孩子们受到班级投放的绘本《小种子，快长大》的启示，用了很大的版面记录每天蘑菇的形态。见图 3-6、图 3-7、图 3-8。

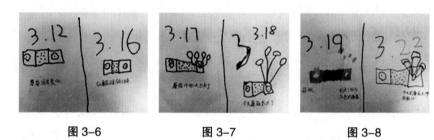

图 3-6 图 3-7 图 3-8

去蘑菇房里浇水、观察记录成了孩子们每天必做的事情，而蘑菇的小变化也成了孩子们闲暇时讨论的话题。

在活动的过程中，教师通过倾听儿童的真实想法，调整了自己开展活动的思路，从教师中心到儿童中心，这也是发现儿童的哲学的第一步，正是教师退后了一步，才让普通的观察记录表成了儿童的哲学的产物，让儿童的观察真实发生。

子案例二 蘑菇浇水实验

一次浇水观察后，逸行和欣怡几个孩子的蘑菇受到了很多孩子的关注。

"你们看到逸行的蘑菇了吗？是白色的平菇，长得好大。"

"我的蘑菇一点儿反应都没有，他们的蘑菇像小雨伞一样打开了。"

"我的蘑菇一点儿都没有长出来，逸行的平菇都采了两次了，为什么呢？"

"我的也是，只冒了小小的芽，他的每次都长得很快，而且很大很多。"

关于长得最快、最大、最多的平菇，孩子们有了一些猜想。

牧心说："我觉得平菇的水浇得多，所以第一个长出来。"

卓尔说："逸行浇了很多水，所以蘑菇喝饱了，它就长大了，撑起来就又多又大。"

铭洋说："我也觉得，水浇得越多，就长得越好，他肯定是浇了很多水，才长得那么好。"

孩子们一致认为平菇长得那么好、那么快、那么多就是因为水浇得多，浇水量和蘑菇的生长有直接关系。

"我们只要每次和逸行的平菇浇一样的水，我们的蘑菇就会和他的一样长得又快又大了。"

说干就干吧！从此以后每一天他们都会问逸行："今天你要浇多少水？"

过了好久，孩子们发现他们的蘑菇没有和预期一样长得又高又壮。

优优说："我都和逸行浇一样的水了，可是我的蘑菇还是没有长出来。"

梓萌说："我也是每天都和他一样，可是还是和以前一样长得很慢。"

果果说："我的蘑菇也是浇一样的水，但没有长大，还有点发霉了，浇一样多的水不行的。"

不少孩子都放弃了，重新自己安排浇水量，这时妹妹的做法却让教师很好奇，只见她没有对着整个蘑菇浇水，而是把蘑菇分成两部分，一边说"1、2、3……10，好了这边浇 10 滴水！"给一部分蘑菇浇水，一边说"1、2、3、4、5，好了右边是 5 滴水！"给另一部分蘑菇浇水。

我十分好奇为什么她会把两边的蘑菇分开浇。

她给我的答案是："我还是觉得水浇得多蘑菇就会长得大，长得快，可是我们不能和逸行的蘑菇比，因为他的是平菇我的不是，所以我的蘑菇只要两边浇不一样的水，说不定长出来就会有区别，我想试试看，以后就知道了。"

儿童天马行空的想法背后往往隐藏着儿童的哲学，面对他们"浇一样多的水就可以长得一样大"这种在成人看来的"悖论"，教师没有反对或者质疑，而是给予儿童操作、实验的机会，让儿童掌握活动的主动权，让活动真正成为承载、激发儿童的哲学的平台。

子案例三　测量玉米

周五早上，孩子们来到小菜地用菌菇包制作的肥料给蔬菜施肥，不少孩子趁着施肥的时间也在观察着蔬菜的变化。

突然梓宸的叫声把所有孩子的目光吸引了过去："快点来看呀，天啊，我们的玉米长得比我人都高了，那么高！"

孩子们兴奋不已，满满的成就感溢于言表。我轻轻地走过去，他们又大叫起来："不仅仅比小朋友高，你们看啊，比黄老师还要高，你们说这个玉米到底有多高了啊？"

"不知道，反正超级高，我感觉比我妈妈还高！"

在施完肥回去的路上也能听到孩子们的讨论，言语间满是种玉米的自豪感。玉米到底有多高呢？我们一起来量一量吧！一说到量玉米，孩子们兴奋极了，马上在二楼平台、教室，甚至一楼操场上寻找可以使用的物品，玩具、梯子、积木，五花八门什么都有。

由于物品较大，孩子们自主结对扛着物品来到小菜地，一组一组地测量。

牧心说："梯子不行呀！玉米比梯子高，我们还要找东西加高才可以。"

梓萌、鑫阳、妹妹说："我们把玩具插在了一起，可是不行啊，它立不起来。"

妹妹说："我们去找哥哥姐姐借一下操场上的板凳，踩上去试试把它立起来呢？"

鑫阳说："可以了，可以了，我们去数数玩具有几个，玉米就有几个玩具高。"

逸行说："梯子矮了，我爬上去吧，一格、两格、三格，玉米和站在梯子第三格上的我一样高。"

知安说："刚刚出来的时候一个梯子矮了，我们在上面插上一根钢条，刚刚好。"

吴阳说："两块积木立起来的高度比玉米矮，不行，我们要加高！"

思晗说："我把毛根连接在一起，想看看这样能不能测量，数数有几根，可是它弯弯的没有办法，看来测量需要选择直直的物体。"

梓诚说："我们在梯子下面加了两块积木，刚刚好和玉米一样高。"

婉妤说："我们用两根竹竿比一比。"

子或说："不行不行，竹竿中间没有连在一起，是弯的就量不准了，我们再去试试其他的。"

每个孩子都用自己的方法测量了玉米的高度并记录下来。

以儿童的哲学生发的儿童的活动产生的首要条件是保持儿童的自由感，在这个案例中，我们没有看到教师的身影，儿童能够自然提出探究问题"玉米有多高"，然后自主选择工具测量，自主进行记录，但是通过儿童的活动，我们却处处可以在脑海中勾勒出教师的形象——她可能是站在儿童旁边微笑点头的那个人，可能是儿童站上梯子在旁边扶着的那个人，可能是儿童在幼儿园里寻找材料时追在后面的那个人，她站在儿童的身后，包容、鼓励、支持着儿童生发出属于自己的活动。

子案例四　一场关于生死的辩论

9月1日的早上，孩子们在幼儿园里寻找哪里有植物，他们在二楼的种植区与小蚯蚓相遇啦！孩子们决定邀请它们去班级做客，把它们喂养起来。在接下来的日子里，为了能更好地照顾蚯蚓朋友，孩子们查找了很多关于蚯蚓的资料。在分享时间，小雨讲到了蚯蚓的独特本领——"如果蚯蚓被切断了不会死"。小雨的话顿时让班级炸开了锅。

是真的吗？很多孩子都想验证一下这个神奇的本领。晟晟第一个兴奋地举手说："老师，我想试试切蚯蚓，看看它到底能不能活！"这是我预想到的孩子们的兴趣点，于是邀请大家发表自己的看法。

淇淇说："我想看一看蚯蚓是怎么长出来的。"

浩浩说："切成两半的话，它就会重新长出一个头和一个尾巴。"

小宇说："我把它切断以后，它会变成一个新的蚯蚓，然后……"

这时有孩子提出了不同的看法。

乐乐说："我不想切，因为我不确定它会不会长出来。"

小涵说："如果把它切得碎碎的它就不会长出来了。"

我本以为谈话会朝着怜惜蚯蚓的方向发展，于是问所有孩子："现在你们还想切蚯蚓吗？"

浩浩跳起来说："我想切！我要切！我就要切！"

一石激起千层浪，所有孩子的情绪都被带动起来，应和道："要切！要切！"幸好食堂的叔叔来送碗筷来，我乘机结束了这个话题。

午餐时，我继续思考这个活动的价值和后续发展。"切蚯蚓"或许是一次神奇且能实操的"科学探究"活动，甚至还是一个可以延续好几天的活动。但是，这一刻我刹住了车，比起"科学探究"，我想到了生命教育，这是一种直面生命和人的生死问题的教育，是一种尊重生命、理解生命的意义的教育。随着孩子们年龄的增长，社会性的进一步发展，他们会开始关心别人，关心周围的事物，在与自然的亲密接触中，接触生命，学会尊重生命、理解生命……。在现实生活中，他们接触生和死的机会并不多，接受正确生命观引导的机会更是稀少，与其让这个活动向着残忍且不尊重生命的方向进行下去，不如就此打住。而且，获得关于蚯蚓切断再生长的经验并不一定需要亲手操作，通过观看视频的方式一样可以获得，而尊重生命的意识，或许对他们来说是更加重要的。有了这样的想法我感觉自己不再那么纠结了，准备先和孩子们来一次辩论会，让他们好好表达一下自己的观点。

说可以切的孩子们有以下观点。

淇淇说："书上说切开了它会活，所以切开了也没有关系。"

旸旸说："蚯蚓不会死，因为它皮厚一点。"

彬彬说："蚯蚓切了之后会长新的，变成两条蚯蚓，它们可以做好朋友。"

桐桐说："我和姐姐在千岛湖专门切断过长的蚯蚓，它变成了一段长的一段短的，但是它还活着。"

说不可以切的孩子们也积极地发言。

小洁说："切断了蚯蚓，它就没命了。"

小毅说："我不想切，我怕它会死。"

芋芋说:"我知道它切开了会活,但是我还是害怕它会死。"

晟晟说:"蚯蚓切断肯定很疼的,还要流血。"

潼潼说:"我不想切,因为蚯蚓会痛,它还会跑掉。"

小枫说:"我怕它切了就会痛得钻进土里。"

轩轩说:"蚯蚓还不够大,我害怕小的蚯蚓会死,书上说长的蚯蚓不会死。"

小澳说:"我觉得不能切,因为它很小,等它长大了,切就不会死。"

双方充分交换想法之后,辩论赛接近尾声。令人意外的是,有的孩子说自己改变了想法。于是,我邀请他们来说一说自己为什么改变了想法。

小毅说:"我觉得可以切了,切了以后,可以多一条蚯蚓,他们就是好朋友。"

小宇说:"蚯蚓切了会长出两条,但是切了它就会生病死掉,所以我觉得不可以切。"

孩子们的争论很激烈,到最后切还是不切仍然没有一个确定的答案。但辩论赛结束后,大家好像都不再谈论切蚯蚓的事情了,这让我非常开心。毕竟,切还是不切对孩子们来说,只是一个获得经验的问题,对蚯蚓来说却是一个生死的问题。我想这也许就是思维共享的神奇力量。辩论的过程,让孩子们的好奇与想法得到了充分的表达,同时也听到了与自己不一样的观点。这让他们能够站在观点的对立面去思考,当他们能全面了解不同的做法产生的结果时,切与不切已不重要了。

在"奇妙种植之旅"这一系列案例中,活动由儿童感兴趣的点逐步深入为值得探究的线,在线的探索中又发散出新的点,然后相互交织成一张富有儿童的哲学意味的网。在活动的开展中,我们看到儿童的精彩观念在不断生发,儿童的奇妙探究在不断演变,儿童看待事物的观念、看法及建构的经验层层推进,活动由儿童的哲学展开,使得活动真正成为儿童的活动,在活动中又推进着儿童的哲学的拓展。

构建能够生成儿童的哲学的活动离不开教师对于儿童的观察与解读,我们从倾听原声音、关注原体验到发现真问题,一步步深入儿童的内心世界,我们真正看见了儿童所见，听见了儿童所闻，教师不再是高高站立的成人，而是时刻与儿童靠近的"大儿童"，仅仅发现儿童的哲学还远远不够，我们还要去支持、推动儿童的哲学在活动中落地生根，我们有时走在儿童的前面，有时站在儿童的旁边，更多的时候我们跟随在儿童的身后，我们开始被儿童的力量所震撼，这种力量来源于儿童，同时也来源于教师小心翼翼地呵护，儿童心里小小的智慧的种子在活动中破土而出，茁壮成长。

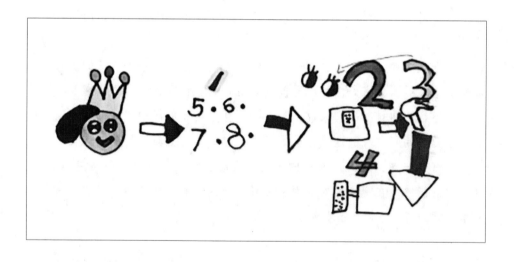

第四章

儿童的活动案例及策略

在儿童的眼中，这个世界有着无限的惊奇。生活中不经意出现的小插曲，大自然里动植物的千变万化，总能勾起他们的无限好奇与问题，各种想法会在不经意间源源不断地冒出来，儿童的生活似乎总在我们的意料之外，儿童的学习总是围绕着生活展开。因此，任何教学策略和方法都要回归儿童的真实生活，立足于儿童与环境、教师、同伴的互动和碰撞，通过教师的判断、取舍、加工，注入自己的支持、帮助和引导，变成一个个精彩而又独特的活动。

在不同的情境中，儿童的哲学会以不同的形态出现，可能是散步途中偶发的事件，可能是游戏中的一次冲突，可能是主题活动中的不断探究，也可能是特殊时刻中的一次全新体验……

儿童的哲学时而灵动，时而晦涩，需要教师以真实生活为底色，与儿童共同描绘成长的图景。在这个图景之中，儿童和教师都是主角，儿童在尽情地探索着世界，而教师在着迷地探索着儿童。

亲爱的小二班，你还记得哥哥姐姐送给我的小汽车吗？

——小二班　以宁（知道自己要升班时所画）

在第二章和第三章中我们按照"应该怎么做—实践中的实况"的顺序介绍了如何以儿童的哲学构建儿童的活动、方法、形态等。在本章中，我们将从已经构建的儿童的活动中，精选出一些比较典型的案例，以旁批的方式对这些活动案例中教师使用的策略进行注释。这些策略是教学技巧层面的具体做法，也是我们在思想的交流与碰撞以及长期实践与操作中，日臻成熟的真实可行的建议。它能帮助教师更全面地了解如何构建儿童的活动，也能帮助教师快速上手实践构建儿童的活动。

本章选择了"生活中的""游戏中的""主题中的""节日中的"儿童的活动案例，透过这些案例，可以看到儿童的哲学、儿童的活动就在我们身边，并不复杂、并不高深。

第一节　生活中的活动案例及策略

生活之于成人，或许是纷繁复杂的琐碎，或许是充满压力和挑战的忙碌。在成人的生活里，时间总是走得很快，因为成人常常忙着去创造、去改变。但是，在儿童的眼里，生活就是自由的玩耍，生活就是和爸爸妈妈在一起，生活就是快快乐乐地上幼儿园……。生活是简单纯粹的，是无忧无虑的，是充满惊喜的。在儿童的心里，生活就是享受着幸福快乐和满足感。所以，在儿童的生活里，时间是慢慢流淌的。

我们不能简单地认为儿童是成人的缩影，儿童就是他们自己生活的主角。他们时常扮演着喜爱幻想的游戏家、乐于发现的探索家、善于思考的思想家……。在儿童的生活里，不起眼的小蚂蚁也需要大费周折地成立侦察队去探究；在菜园翻土时发现的蚯蚓也会引发一场辩论会；新学期热火朝天的龙门阵让教师也按捺不住激动的心。儿童的生活似乎总在我们的意料之外，儿童的学习总是围绕着生活展开，他们稀奇古怪的想法、见解无不表达着自己对生活的发现和理解。作为教师，我们要相信和尊重儿童的生活，从倾听和理解开始走进儿童的生活，才能与之发生共鸣，共同慢下来、停下来去探寻那充满童真童趣的世界。

　　仓桥物三先生在《幼儿园真谛》一书中指出：在幼儿教育中，是以成人的目的为主，将幼儿的生活套入其中，还是以幼儿的生活为主，慢慢地、小心翼翼地引导他们向着目标的方向发展，二者的差别涉及一个十分重大的问题。我们承认儿童有属于自己的生活，那么儿童在生活中是如何进行经验建构的，作为教师我们该如何支持儿童的学习，这些都需要我们不断地思考和探寻。

　　儿童在生活中的状态是自由而自然的，教师要做一个有心人，做一个像儿童一样对生活敏感的人，留心倾听儿童的一百种语言，捕捉儿童最真实的问题，发现儿童的兴趣点和思考方式。教师还要做儿童生活的陪伴者，参与儿童的活动，并善于对他们感兴趣的事情进行发问，把问题抛给儿童，通过问题激发儿童的创造性表达和思考。作为教师要对儿童进行"诱导"，向儿童传递正向的、积极的观念，帮助儿童形成热爱生活的态度。

　　我们将用下面三个案例解释生活里儿童的哲学与活动的关系。

案例一　啪！砸到头上的好奇果（大班）

　　午餐结束后，孩子们和往日一样散步消食，今天我们来到了桃树下的大滑梯旁。

　　"啪！"

　　"哎呀，又掉下来一个果果砸到我头了！" 逸宸忽然大叫起来。

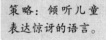

策略：倾听儿童
表达惊讶的语言。

优优说："满地都是这种绿色果果，我捡起来剥开看了，它外面是绿色的，里面居然是黑色的！"

梓宸说："我刚刚也剥开绿色的皮了，里面是黑色的果果，我现在试试还可以继续抠开这个黑色的不，看看里面还有没有其他的东西。"

孩子们都在尝试着剥果子，可是剥开绿色的表皮之后，黑色的果果有点坚硬，这对孩子们来说也是一道难题。**知安用脚踩在黑果果上，可是没有反应，他拿起果果说："这个草地是软的，踩不开果果，我们要去硬的地面上尝试才可以。"**接着他和几个男孩走到一边水泥地上用力一踩，果然黑色的果果被一脚踩开，接着几个男孩高兴地说："黄老师，你看！绿色的皮里面包着黑色的果果，黑色的果果打开了还有白色的东西，这个果果太神奇了，它有好几层。"

策略：当儿童遇到问题时，教师不要急于表态，而是留一些时间，观察儿童自然的表现和反映。

一小会儿工夫，就有更多的孩子打开了黑色的果果发现了里面更多的东西，还闻了闻，发现不仅一层一层的不一样，就连味道也是如此特别。

"那这到底是什么果果呢？"我假装什么也不懂地问。

策略：教师经常需要装不懂，向儿童发问，鼓励他们自己去寻找答案。

"这一定是花椒吧！花椒里面也是黑的。"正当孩子们兴趣浓厚的时候，夏夏的猜测让他们激动了起来。

鑫阳说："不可能，花椒可以吃的，这个果果肯定不能吃，所以它不是花椒。"

牧心说："我见过花椒树，这上面的树不是花椒树，所以这个果果也不是花椒。"

优优说："不是不是，花椒最里面也是黑的，可是这个最里面是白色的，所以肯定不是花椒，只是长得有点像而已。"

泽祎说："那可能是葫芦吧，我看到有些果果是葫芦的形状。"

悠悠说："葫芦是两个圆，这个果果大多数都是一个圆所以不是葫芦吧。"

梓诚说："葫芦不是长在藤上的吗？长在那么高的树上的，不是葫芦。"

"那我们用什么方法可以探秘这棵大树和果实呢？"我问。

孩子们第一时间寻求了我的帮助，但是我也不知道答案，他们开始想其他办法了。

沫儿说："用手机、电脑查一下。"

寓宓说："照一张照片，百度一下就知道了。"

优优说："有时候百度也会出错，我们用照片查了之后还要记清楚树和果实的样子免得搞错了。"

就这样，孩子们把心心念念的果实带回了教室，期待午睡后探秘大树和果实。

下午，孩子们带上自己的夹板和纸笔在大树下记录大树的特征，由于距离过远看不清楚，他们甚至爬到了大型滑梯的上面观察记录。

> 策略：共情儿童的话题，用反问或者追问的方式支持儿童进一步探索的欲望。

> 策略：给儿童充分自主的时间和空间。

　　这一次，他们观察得很细致，树叶的形状、果实不同的颜色和形状、树的高度、树上的花纹，甚至果子与众不同的味道都被孩子们记录下来。离开前，他们还用我的手机分别照下大树不同的部位以便查询。

最后回到教室，**我打开电脑和白板，按照孩子们的想法打开百度——上传照片查询，孩子们也按照百度的结果对照自己记录的大树判断结果是否正确。**

策略：利用现代信息技术，为儿童的活动提供支持。

第一次查询时，我上传了大树的整体照片，得到的结果是海红豆。可是海红豆树的果果是红色的，对比自己记录的果子颜色，第一次的查询结果立刻被孩子们否定了。

第二次查询时，我上传了果子的照片，得到的结果是绿豆，吃过绿豆的孩子们立刻根据形状（椭圆、圆）否定了结果。

第三次查询时，我上传了叶子的照片，得到的结果是毛黄肉楠，可是在毛黄肉楠的图片中，孩子们发现它叶子更尖，而幼儿园里这棵树的叶子更圆，所以也不是毛黄肉楠。

第四次查询时，我上传了树干的照片，得到的结果是香樟树，在香樟树的图片中孩子们发现有绿色、黑色的果子，简介中还提到特殊的樟脑味，对比自己记录的大树特征，很快孩子们就锁定了这个答案。

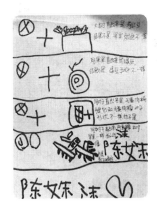

一部分孩子很高兴终于找到答案了，但还有一部分孩子却不那么开心。

沫儿说："我感觉我不那么确定，虽然果子和树干都对上了，可是感觉这个树和百度上的图片有点儿一样还有点儿不一样。"

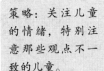
策略：关注儿童的情绪，特别注意那些观点不一致的儿童。

但但说："我也有点儿不确定，我感觉有时候电脑还是会出错，就像我们之前查的，我们还要再确认一下。"

逸行说："要不然我们再问一下刘叔叔吧，刘叔叔每天都在幼儿园里走来走去扫树叶，说不定他知道呢。"

对于敢于提出不同想法的孩子我给予了一定的肯定，在这个 5G 时代，查询信息很方便，可是得到的结果需要人们去辨别，敢于提出质疑并且想出相应的方法是值得鼓励的。很快孩子们结伴在幼儿园里面呼喊刘叔叔的名

策略：儿童的每一种想法都让他们去试一试。

字，请刘叔叔到不一样的果子树下询问心中的疑惑。

听到刘叔叔确认是香樟树时，孩子们兴奋极了，可是有一部分孩子还是愁眉苦脸地说："刘叔叔说的一定是对的吗？我觉得我们还可以问问王老师。"

悠悠说："对的，王老师喜欢爬山，爬山的时候会遇到很多树，说不定认识呢？"

孩子们一致认同，除了上网查询，还要多去咨询不同的老师才能得到正确的答案。这一次，王老师也确认是香樟树，孩子们欢喜雀跃起来，**此时刘叔叔和王老师一起给孩子们讲了很多有关香樟树的知识。**

> 策略：我们强调除教师以外的教职员工，对于儿童的提问都要积极的回应。

——香樟树的果子和苹果、梨不一样，是不能吃的，它现在还没成熟，成熟了就是黑色的了。

——香樟树不仅果子是香的，它的树叶、树干、树皮全都是香的。

——就是因为有这种香味所以香樟树是防虫的，有很多虫子是害怕香樟树的。

——香樟树防虫防霉很好，所以可以用来做家具，可是不能放卧室，要是闻多了，房间不通风是会头晕的。

刘叔叔还特意捡来了树枝让孩子们闻。

"哎，我们现在在一楼有好多蚊子呀！我们多拣点香樟树的果子放到教室里面吧！"孩子们七嘴八舌地说着。

如果你到我们大一班来看看，一定会发现我们班级教室里那满满一大筐的香樟树果子。

案例二 小小的蚊子也有大大的勇气（大班）

我正在给孩子们讲故事，一只蚊子飞到了萱萱的手臂上，月月看见了，大叫："萱萱，你的手臂上有只蚊子，不要动！""啪！"的一声，萱萱手臂上的蚊子被拍死了，血溅得到处都是。

泓希说："太可怕了。"

明宇说："蚊子一咬我，就会长一个很大的包。"

这时候，**铭泽悄悄地说："蚊子真勇敢，明明有被拍死的危险，也要来吸血**。"这句话让孩子们的讨论炸开了锅。

> 策略：倾听随时发生的对话，尤其是儿童的悄悄话。

听到铭泽的话，梓萱十分不赞同地说："可是它咬的包很痒，它为了自己吸血去咬小朋友就是不对的。"

孩子们各有各的想法，有的认为"这是一种勇气"，有的认为"这不算勇气"，还有的一直摇摆不定，**于是我们坐到一起，开始了一场小小辩论赛。**

> 策略：及时介入，给予每一名儿童充分表达自己观点的时间和机会。

1."蚊子跑得很快，有本领就能变得勇敢。"/"跑得快也会被拍死。"

荣林说："蚊子飞得很快，这是它小时候学的本领，有本领就不用怕了，就能变得很勇敢。"

可为说："那有什么用？人更快，还有灭蚊器，蚊子再厉害也会被拍死。"

2."不去吸血就不会死。"/"不冒险就不能吃到美味。"

煜馨说："明明蚊子不去吸血就能多活几天，这下好了，被拍死了。"

铭洋说："可是蚊子如果不吸血就会饿死，所以它必须变得勇敢。"

子靖说："蚊子还可以吃甜品啊，但是它还是来吸我们的血，就不叫勇敢。"

谦语说："可能小朋友的血更美味，冒险才能吃到更

美味的食物。"

3."喝了血跑掉就好了。"/"逃跑就不叫勇敢了。"

荣林说:"每次它吸血的时候我们打它,它都会快速飞走,这就很勇敢了。"

妍西说:"可是它如果不去吸血,就不会有危险。"

睿轩说:"没错,而且它跑掉了,逃跑就是不勇敢。"

4."能让小朋友害怕,所以勇敢。"/"没有人愿意和它做朋友。"

明宇说:"蚊子虽然小,但是很多蚊子来吸血的话,我会很害怕。"

泓希说:"蚊子很小,人这么大,它还敢来吸血,所以很勇敢。"

埇涵说："是啊，就算我们能躲到草丛里，它也敢追过来。"

立行说："不能算勇敢，因为吸血就是不对的，让大家害怕，它就没有朋友了。"

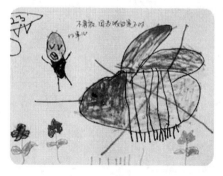

骁月说："我就很害怕蚊子，因为它一咬到我，我就很痒很痒。"

5."蚊子吸血是为了活着。"/"但伤害到别人就不是勇敢。"

梓瑜迫不及待地说："蚊子肯定很勇敢，不勇敢怎么能活下来呢？它不吸血怎么活下来呢？"

梓萱："但是它咬的包很痒，伤害到别人就不能算是勇气了。"

策略：教师保持中立不表达自己的观点，让儿童充分表达，避免因权威对儿童的思维造成禁锢和束缚。

我连忙追问："为什么说伤害到别人就不算是勇敢？"

梓萱说："因为勇敢是好的事情，只有做好的事情才能算勇敢，做不好的事情就不算勇敢了。"

策略：追问儿童想法背后的原因，促进儿童进一步的思考。

此刻我的头脑里激烈斗争着，当培养孩子的思维能力和价值观教育发生冲突的时候，我是应该倾向于培养孩子的思维能力，还是孩子正确价值观的初步养成？我想起鄢超云老师讲的一个例子，大意是说一个杀人犯可能是勇敢，但这是不道德的勇敢。我认为老师在重视培养孩子思辨能力和品格教育的时候，应当格外注意孩子是否有正确的价值观，因为这是一切教育的前提与基础，就像是一段旅程，如果一开始方向错了，就算再多的努力，最终也不能到达终点。

想到这里，我认为我应该强调一下梓萱的观点，于是对孩子们说："梓萱说得真好，虽然我们应该勇敢，但是如果做的是不对的事情，或者伤害到别人，那这样的事情就不能算是勇敢了。换个角度想，人类如果打死蚊子，也伤害了蚊子的生命，小朋友有没有更好的办法，既不伤害蚊子，又能保护自己呢？"

策略：当儿童表达自己的价值观时，教师要注重向儿童传递正确的价值观。

案例三 摘桃子有趣，分桃子难（大班）

六月，我和孩子们在桃树下清洗粽叶，猛然抬头，惊喜地发现叶子下一个个毛茸茸的小桃子成熟了。**在灿烂的阳光下闪闪发光，还带着诱人的清香，似乎在向我们招手，呼唤我们品尝它甜美的味道。**

> **策略**：重视园内自然资源，支持和鼓励儿童参与其中。

按捺不住喜悦的孩子们纷纷表示要摘桃子，但是来到桃树下，望着高高挂在枝头的桃子，孩子们跳起来也够不着。于是，我问："怎么能摘到桃子呢？"大家开始集思广益，想出了许多好办法。

> **策略**：把问题抛给儿童，鼓励儿童通过思考解决遇到的难题，肯定他们的想法，给予儿童多种机会去实践。

1. 摘桃子的好方法

　　加轩说："个子高的小朋友可以拉一下树枝或者抱起另一个小朋友。"

　　彧嘉说："我们可以把轮胎垒高，就像做早操时那样爬上去。"

策略：触手可及的材料库在任何时候都可以为儿童提供自由选择的工具。

　　鑫豪说："对了，早操时用的木梯也可以用。"

筱妍说："爵爵，这里有长长的水枪，我们可以把它当成棍子把桃子打下来。"

爵爵说："好的，让我来试试看。"

芷媛说："哎呀，桃子摔烂了！"

> 策略：不忽略儿童活动中突发事件的价值。

嘉弥说："哎呀，不能直接打下来，桃子烂了，不能吃了！"

芷媛说："是呀，大家小心一点，别浪费了。"

悦仁说："筱妍，快来呀，我摘下来你用手接着。"

梓萱说："这里有个大盆，我在下面接着，你们来打。"

2. 到底摘了多少个桃子呢

孩子们看着满满一筐的劳动成果高兴极了，小心翼翼地把它们抬回班，大家七嘴八舌地讨论着。

> 策略：教师的问题要有挑战、有层次，一次比一次"深"。

钰彤说："这么多的桃子，1、2、3……，数都数不清了。"

鑫豪说："我来数一数，2、4、6、8……，哎呀，太多了，还是数不清楚。"

教师说："既然一个人数不清，可以怎么数呢？"

筱妍说："要不我们一人负责数一堆，然后加起来就知道了。"

悦然说："我觉得我们可以分成大桃子和小桃子来数。"

策略：建议式的提问也是一种支持手段。

• 方法 1：各小组统计

每个组一个孩子负责计总数，其他孩子负责数，多数几次就不容易出错了，把每个组的结果相加就是桃子的总数。

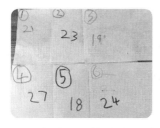

• 方法 2：按大小分类统计

把桃子分到两个筐里数会方便一些，一个筐里装大桃子，一个筐里装小桃子。

悦然说："国宸，你来数，我来记。"

国宸说："好的，有点多，你怎么记呢？"

悦然说："你数一个，我就画一个小标记，你也不会
数错了。"

**鑫豪说："我发现有一些桃子烂掉了，它们算不算进
去呢？"**

**悦然说："这样吧，我们把烂掉的桃子画上叉叉，看
看有多少是烂掉的桃子。"**

策略：及时肯定
儿童解决问题的
能力，及时鼓励
和支持。

•方法 3：按颜色分类统计

加轩说："还有一种方法是按桃子的颜色分着数，你
们看，有的桃子是粉色的，有的还是绿色的。"

筱妍说："那我们也分成两筐来数吧！"

昱玮说："咦，我发现有的桃子是一半绿色一半粉色
的，这可怎么办呀？"

加轩说："那我们再去拿一个筐，分成三类来数。"

在这个过程中，孩子们用到了多种方法来计数，再经过集体讨论和验证，终于得出了桃子的总量。

3.幼儿园有多少小朋友呢

悦然说："终于数清楚啦！桃子一共有 132 个。"

亦萱说："我们有一百多个桃子，可以给幼儿园里每个小朋友一个呢！"

雨萱说："但是我们不知道幼儿园里有多少个小朋友，如果每人一个的话，不知道够不够呢？"

为了合理分享美味的桃子，孩子们迫不及待地想知道幼儿园里小朋友的总人数，这该怎么办呢？

爵皞说："很简单啊，我们直接问问每个班的老师就知道了。"

宇海说："我们可以去每个班数一数。"

筱妍说："按照男生女生的分组去数。"

加轩说："我知道了，我们直接去数每个班的床有多少张就好了。"

> 策略：充分利用儿童自己提出的问题更能调动儿童解决问题的主动性和积极性。

光宸说："还可以数水杯！"

想到了这么多的好办法，孩子们赶紧出发了！

亦萱说："我来数女生，你来数男生。"

思玥说："我来数小床有多少张吧！"

语希说："思玥，万一有小朋友今天没来幼儿园呢？"

思玥说："对呀，那我们再问问老师有几个小朋友没来吧！"

语希说："中一班虽然有 27 张小床，但是小朋友是 18 个，别弄错了。"

光宸说："数杯子真是个好办法，一会儿就数好了。"

经过每组最后的统计，终于数清楚了，今天幼儿园一共来了 203 个小朋友。

4. 桃子少，人数多，这可怎么分呢

孩子们想把美味的桃子分给幼儿园里的每个小朋友，但是经过统计，我们发现桃子少，人数多，不够每个小朋友一个，**我问："除了每人一个，还有其他分享方法吗？"**

鑫豪说："我们可以榨成桃汁分给大家。"

国宸说："可是我们没有榨汁机啊。"

芷媛说："那我们把桃子削成一小块一小块的分给大家吧。"

筱妍说："我们可以切成一半一半的，每个小朋友吃一半桃子。"

经过大家的举手表决，最后决定每个孩子分半个桃子进行品尝。**我们将统计结果和分配方案告诉了园长，得到了园长的表扬和肯定。**于是第二天早晨，我们在孩子们吃水果之前将桃子分发到每个班级。

策略：鼓励儿童在活动中与不同的人接触，能发展儿童的交往能力。

5. 终于吃到美味的桃子了

筱妍说："在我们的努力下，小朋友们吃到了甜甜的桃子，我们很开心。"

国宸说："数桃子太难了，虽然很辛苦，但是最后成功了，我们很高兴。"

鑫豪说："爬树摘桃，虽然很难，但是我很开心，我摘到了很高地方的桃子。"

昱玮说："我们在给小朋友分桃子的过程中，还学习到了分类的知识。"

加轩说："我和彧嘉搬桃子的时候很累，我们都出汗了，劳动很辛苦。"

彧嘉说："但是我看到弟弟妹妹吃到桃子，我们开心极了，是我们摘的桃子。"

语希说："我们是幼儿园最大的哥哥姐姐，我们帮弟弟妹妹摘了桃子，我觉得很骄傲。"

> 策略：鼓励儿童表达自己的感受，在活动过程中或者活动结尾都应该给予儿童表达真实感受的机会。

第二节 游戏中的活动案例及策略

幼儿园里每天都在发生着许许多多属于儿童的故事，其中最精彩、最有儿童味道的当属他们在游戏中的故事。游戏里的儿童故事精彩纷呈、天马行空，充满了儿童的奇思妙想，有时让我们惊叹不已，有时却又让我们啼笑皆非。儿童认为娃娃家需要一只宠物狗时，一个儿童说："汪汪，我就是可爱的狗狗，快给我准备好吃的肉骨头。"儿童想玩警察局的游戏时，积木、树枝、奶粉筒……，一个简易却又实用的警察局拔地而起；当儿童躺在地上，并把一块绿色的布盖在身上，一汪灵动自然的"西湖的水"由此产生……。在游戏中，儿童大胆尝试，演绎着自己的内心世界；在游戏中，儿童发现问题，独创了许多游戏秘籍。

游戏承载着儿童的思考、尝试、探索、实践，有的时候"笨办法"意味着儿童的探究，有的时候"无理取闹"体现着儿童的执着，有的时候"稀奇古怪"彰显着儿童的创意，游戏就像一面哈哈镜，儿童在其中用自己的独有方式表达着对这个世界的看法，在游戏中发现儿童的哲学，让儿童的哲学在游戏中盛放。让我们蹲下身来，走进儿童的游戏世界。

案例一　银杏树下的娃娃家

幼儿园操场边有三棵银杏树，在三棵银杏树的中央架了一座树屋，秋天来了，金黄的银杏叶铺满了树屋下的地面，**然然拿着拼图地垫在树屋下忙碌地拼着**，不一会儿她看到我好奇的眼神，就说："我要在树屋下面搭一个娃娃家。"

> 策略：不限制空间、地点和玩法，儿童就能够创生出更多的花样来。

一旁的尧尧听见了说："我们可以直接在树屋上面玩啊，不用再搭一个房子了！"然然抬起头看了看，发现树屋里面已经放了一些水果，于是说："看来我们今天不能上去了，已经有其他小朋友在树屋里了，我们还是继续搭房子吧，下次再去。"果然，不一会儿，娃娃家的邻居就拿了很多材料上了树屋。

> 策略：让儿童自己处理游戏中出现的问题。

然然和小朋友们搭好了房子，开始把自己装扮成一个个魔法师，他们在家里煮饭，玲玲收集了很多银杏叶铺在锅的下面，她告诉我这是烧饭的火，然后拿起一把扇子开始"生火"。小房子很快吸引了很多小朋的到来。

然然说："我们的房子里怎么这么多人啊！"

小宇说："是啊，家里都快坐不下了。"

玲玲问："我们要吃饭了，怎么坐呢？"

唐豆说："那就去外面坐吧！"

利贞说："好吧，那你们先出去，我把菜提出来！"说完，利贞找来一个小筐，把面包、茶壶、茶杯都装了进去，走出了搭建的小屋。

尧尧说："你这个样子好像要去野餐啊！"

黄豆说："就是，那我们干脆去野餐吧！"

> 策略：默默关注儿童的游戏，给他们最大的自由感。遇到问题他们总能自己解决。

坤坤说："那我们还需要垫子，我跟爸爸妈妈一起去野餐过，就是要用垫子铺在地上。"

尧尧说："走，我们去拿！"

一时之间，孩子们都沉浸在要去野餐的兴奋中，立刻分散到各个材料区，去寻找野餐所需要的物品。

晨晨拿了垫子，淼淼拿了水壶和锅，利贞拿了"饼干"。快乐的野餐开始了。

> 策略：当儿童沉浸在自己的活动中时，教师的远离是对他们最好的支持。

1. 美好瞬间——干杯

皮皮问："谁还想喝呀？"

淼淼说："我可不能再喝了，头都晕了！"

尧尧问："啊？你喝的是酒吗？"

皮皮问："我这里面装的就是酒呢！谁还要喝？"

二宝说："我要喝。"

坤坤说："我也要喝。"

利贞说："那我们干杯吧！"

合："干杯……"

一群人高举杯子，像是在游戏，又像是在真正庆祝着什么。微风和煦，每个人的脸上都洋溢着欢乐的笑容，和和气气的景象，以天为盖地为庐，一切都是如此美好！

2. 惬意瞬间——好温暖啊

唐豆问："你们在睡觉吗？那你们躺在地上干什么？"

晨晨说："我们在晒太阳啊！"

唐豆问："哪里有太阳啊？"

晨晨说："哎呀，你想象一下嘛！"

黄豆说："我们现在就在沙滩上，阳光晒在身上，好舒服呀！你要不要来？"

唐豆说："好吧，我也躺下来试一试。嗯，我感受到了，阳光晒在我身上，好温暖呀！"

三个人微眯着双眼，还时不时地端起旁边的杯子喝一口果汁，一种享受和惬意洋溢在他们稚嫩的脸上。在今年这个缺乏机会去旅游的年岁里，我们似乎有了足不出户却游走全世界的充实；在这个寒冷的冬日里，我们的心里像是洒下一抹阳光，温暖着我们。

3.幸福瞬间——听妈妈讲故事

玲玲说："妈妈，我想听故事。"

利贞问："宝宝，你想听什么故事呢？"

玲玲说："不知道。你讲什么，我听什么。"

利贞说："那宝宝，你等妈妈一下，我去拿一本书来。"

玲玲说："好的，妈妈。"

利贞说："那我今天就给你讲《大卫，不可以》吧！"

说完，妈妈就翻开书，给宝宝讲起了故事，宝宝也认真地在听，听着听着，宝宝的头就靠在了妈妈的肩上。这样真实幸福的一幕，把我们的思绪也拉回了小时候，那样稚嫩的小脸，望着母亲甜甜的笑，我们有多久没有像这样靠在妈妈的肩上了呢？

案例二　班里来了一只小刺猬，又来了一只大蜘蛛（中班）

中一班的孩子们在班级里养了一只小刺猬，给它取了一个名字叫小榴梿，这天中午孩子们在班级的钢琴后面发现了一只大蜘蛛。"黄老师，你快去看啊，小刺猬家的旁边有一只大蜘蛛！"**我一看那是一只死去的蜘蛛，但是孩子们如此好奇，也如此兴致勃勃，于是我也做出非常感兴趣的样子，参与孩子们的讨论。**

> 策略：儿童兴高采烈地讨论时，教师要退到一旁，把时间交给儿童，倾听他们的谈话，站在儿童的角度和他们一起好奇。

孩子们叽叽喳喳地谈论着新发现，害怕的、好奇的……，正在此时，梓宸说："大蜘蛛就在小刺猬的家附近，你说它们会不会在一起呢？"

这个突如其来的提问把讨论推向了高潮，孩子们认真地讨论着——蜘蛛和小榴梿到底会发生什么有趣的故事呢？

知安说："我想刺猬会对着蜘蛛转圈圈！"

优优说："我觉得小刺猬和大蜘蛛一定会打起来的。"

逸宸说："小刺猬肯定会把大蜘蛛吃掉的。"

思晗说："小刺猬会用刺把大蜘蛛刺起来，背到背上。"

夏夏说："我猜大蜘蛛会在小刺猬的家里结网。"

梓宸说："大蜘蛛会被小刺猬吓晕吧！"

牧心说："不知道大蜘蛛会不会和小刺猬抢食物呀。"

梓宸说："说不定它们会成为好朋友，住在一起呢。"

"我们把大蜘蛛送到小刺猬家里去吧！"孩子们带着找到的工具，瑟瑟发抖地靠近大蜘蛛，几番鼓起勇气后终于把大蜘蛛拿下了，小心翼翼地把它送进了小刺猬的家里。**趴在桌子上的孩子们目不转睛地看着刺猬和蜘蛛，好似一个神奇的世界，在这个奇妙的世界里，关于大蜘蛛和小刺猬的奇妙故事诞生了。**

策略：当儿童愿意表达时，教师只需要成为聆听者。

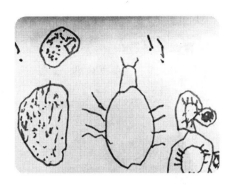

　　婉颀说："大蜘蛛来到了小刺猬的家里，它太口渴了，所以就把小刺猬的水给喝了，小刺猬看见了好生气啊，就一口把大蜘蛛给吃掉了！"

　　铭洋说："大蜘蛛来到了小刺猬的家里，它们打了起来，想知道谁最厉害吗？当然是大蜘蛛打败了小刺猬。大蜘蛛决定出去了，它来到了一座大山下，它想努力地爬上去，可是爬不上去，它会放弃吗？它想了很久，还是决定去找工具，终于找到了工具，就是自己吐的丝，顺着丝，它爬到了山顶。"

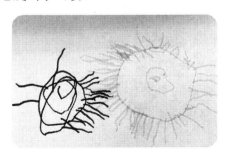

奕澄说："小刺猬在家睡觉，大蜘蛛围着它转呀转，最后爬到了小刺猬的头上，小刺猬睡得呼啊呼的，醒了之后发现头上有一只大蜘蛛，它对大蜘蛛说：'你要和我打一架吗？'大蜘蛛说：'不，我想和你做好朋友。'"

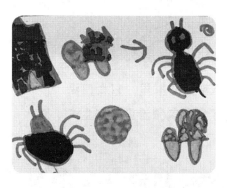

梓萌说："这里是小刺猬的家，大蜘蛛来到了小刺猬的家，大蜘蛛想吃掉小刺猬，可是吃不下，它就叫来了自己的朋友另外一只大蜘蛛，它们一起在小刺猬家爬来爬去，可是小刺猬的刺太厉害了，它们怎么都吃不了，最后还和小刺猬成了好朋友，它们都住在一起了。"

策略：儿童的想象是儿童思想的自由游戏，不仅可以让儿童说，还可以让他们画下来。

精彩的故事不仅停留在画纸上，孩子们还手舞足蹈地表演起来，于是一出关于刺猬与蜘蛛的大戏拉开了帷幕。

小编剧们通过白板展示自己的绘画，给小观众们讲述小刺猬和大蜘蛛的故事，听完故事后想表演的孩子举手表达意愿，再由小编剧们选择演员加入自己的表演小组。

策略：鼓励儿童把自己的创作表演出来，此时游戏与学习便融为一体了。

策略：让儿童在游戏中自己进行决策。

　　成立好表演小组后，孩子们在自主讨论中自由分配角色，到了需要准备道具装扮角色的时候，孩子们有些苦恼不知道到哪里去找合适的道具，**这时我鼓励孩子们利用身边各种各样的材料制作需要的道具，**小演员们在教室、游戏区等熟悉的环境里寻找需要的材料，根据角色特点自制道具把自己装扮成剧中的角色。

> 策略：在儿童没有方向时，可以给他们一些支持和提醒。

　　有的孩子把游戏区的软管粘在自己的身上变成大蜘蛛，有的孩子用好几把绘画的刷子制作出大蜘蛛的脚，有的孩子找到建筑区的纸箱背在背上把自己装扮成小刺猬，还有的孩子用一张简单的蓝色无纺布把自己变成了小刺猬喝的水……，就这样孩子们身边的很多材料都可以根据装扮特征被利用。

　　思晗说："我觉得我可以用管子把自己变成大蜘蛛。"

　　豆豆说："我可以用刷子变成大蜘蛛。"

　　从创编剧本到制作道具再到演出，孩子们在游戏中不知不觉地完成了一次学习。

案例三 一根绳子的游戏（大班）

早操时，轩哥在材料区发现了一根长长的绳子，这是一根拔河专用绳，于是拔河游戏就在操场上热热闹闹地开始了。

玩了几次之后，孩子们发现了一些问题，叽叽喳喳一番争吵之后，问题出现了："**绳子拉到哪里才算赢？**"

> 策略：倾听儿童的问题，这可能是一个活动的起点。

孩子们在拔河时，为了确保压倒性的胜利，总是会使劲将对方从操场一头拉到另一头去，这样不仅会影响在早操上活动的其他孩子，而且会使拔河游戏中的孩子摔倒。

教师问："你们发现每次游戏时你们的场地有什么变化吗？"

芃芃说："每次大家都会往操场外拉，有时候都快拉

> 策略：当活动有安全隐患的时候，教师要及时提出自己发现的问题。

到老师的食堂门口了。我觉得可以找一个专门玩这个游戏的场地，就像气排球一样。"

阳阳说："跑道那里有线，我们可以到那里去。"

芃芃说："有三条线，中间那条线当中心。"

檩博说："我们可以站在两边线的地方，然后哪边把中心拉过了自己这边的线哪边就赢了。"

解决了比赛场地的问题，新的问题又随之出现："**怎么找到绳子的中心点呢？**"檩博提出的这个问题犹如一颗石子投进了湖里，孩子们这才发现绳子上没有中心点，设法定输赢。可是中心点该怎么找呢？孩子们的智慧一下子迸发出来了。

> 策略：在问题解决的过程中，同伴是重要的资源。

檩博说："我们可以把绳子拉直，然后两边同时往中间滚轮胎，轮胎碰到之后，停下来的地方就是中心。"

> 策略：让儿童把自己的想法通过示范等方式变现出来，这样会让其他儿童更明白。

佳怡说："绳子的两端分别站一个人，然后依次往前面排着站，等最前面两个人的手可以触摸到了，那个地方就是中点。"

可乐说："将绳子对折，对折的那个地方就是中点。"

孩子们尝试了每一种办法，然后通过对绳子的测量，大家发现用对折的办法找到的中点是最准确的。

拔河游戏又热火朝天地开始了，但下一个问题又在孩子们的争吵中浮出了水面："**谁来组织游戏？**"

万事俱备，只差一声"开始"，有的儿童一拿到绳子就开始拔，有的儿童等到自己前面站人了才开始拔，有的儿童刚刚拿起绳子，游戏就结束了，这样混乱的场面，该如何解决呢？

芃芃说："我们没有裁判，所有游戏都要有裁判！"

可乐说："对，就像我打乒乓球的时候就有裁判。"

> 策略：比较什么方法最好，是一个让儿童进行判断和取舍的学习过程。

> 策略：争吵代表着"真兴趣"的出现，教师要予以关注。

芃芃说："大家听我说，我来当裁判，当我口哨响起的时候你们就开始拉，当我再吹一次的时候你们就要停。"

终于，问题在孩子们的讨论、争论中被——解决了，孩子们的拔河游戏终于正式开始了。

在多次的拔河较量后，孩子们发现了一个现象，有一边的孩子总是赢，赫赫战绩引来了大家羡慕的眼光，**不服气的孩子们开始精心钻研他们的必胜秘籍，孩子们通过仔细地观察、研究，发现原来"赢"是有方法的。**

> 策略：利用竞争、激励机制，激发儿童的兴趣。

1. 人数要一样多才有赢的可能

羊羊："我们这边每次都输，对面人太多。"

霏霏："佳怡说过一边站一个人，我们可以试试两边站一样数量的人。"

小妹："还要两边男女生一样多。"

2. 拔河的站位有讲究

（1）随意站位

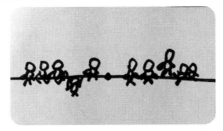

（2）同一方向站位

（3）交叉站位

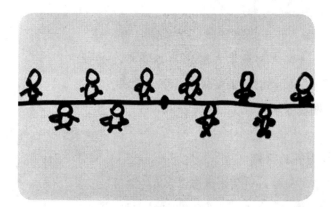

随意站位能够非常快速地组织一场拔河比赛，因为大家不需要进行讨论，只要能摸着绳子，比赛随时都能开始，但是这样会产生力量不均衡的现象，而且中途加入的幼儿多半会自动加入人数多的那边。

同一方向站位比随意站位显得更有秩序，然而这样的站位会导致拔河时的力量偏向一个方向，稳定性不够，容易发生左右移动的现象。

交叉站位是幼儿总结出的最好的办法，这样拔河的时候大家可以专心使劲向后拉，摔倒的概率变小了，力量的对抗感加强了，游戏的刺激性也更强。

3.队伍里有大力士很重要

力气大的孩子可谓是力量游戏中的香馍馍，渴望胜利的队伍都想拥有大力士，可是谁才是真正的大力士呢？为了寻找真正的大力士，孩子们想了一些好办法。

办法一：用掰手腕来找出大力士

玩法：两名玩家分别将手肘放在游戏板的圆圈内，双手交握掰手腕，游戏结束后，将比赛结果写在游戏板上。

办法二：创新游戏——一拳捶多远

玩法：将球放置在底座上，然后用力一拳将球打出去，球落地后距离最远者为大力士。

办法三：早操中的因地制宜游戏——跷轮胎

玩法：将木板放置在木梯上，一头穿上轮胎，玩家在另一头用手压木板使轮胎离地，跷起轮胎数量最多者为大力士。

这一场轰轰烈烈的拔河游戏，开始于非常日常的找绳子，但是却和孩子们产生了"化学反应"，一根绳子，变出了许多游戏，孩子们感受到游戏从无到有，从有到深的过程。

孩子们通过自己的亲身体验，发现了拔河游戏中的问题，通过自己不断的探索和尝试，完善了拔河游戏的规则，让游戏能够更好地展开。他们又通过自己的观察和思考，找到了拔河游戏的关键点，把握了拔河游戏的核心经验，又通过寻找大力士的活动，不断构建自己的游戏经验。

第三节　主题中的活动案例及策略

　　主题活动是不同类型活动中最亮的风景线之一。肯定儿童、尊重儿童、发现儿童，这是各班设计、生成、开展主题活动的最大前提。在儿童的眼中，这个世界有着无限的惊奇。生活中不经意出现的小插曲，大自然里动植物的千变万化，总能勾起他们的无限好奇与问题，各种想法会在不经意间源源不断地冒出来。教师不断采撷儿童的兴趣与需要，在判断、取舍、加工的过程中，给予儿童适宜的支持、帮助和引导，生成了一个个精彩而又独特的主题活动，展现并记录着儿童对于世界的观察与理解、感受与表达。

　　主题活动是由教师和儿童一起编织而成的。它犹如一抹阳光，照亮了每个儿童的存在与特别，滋养着每个儿童的持续生长；它犹如一缕清新的空气，唤醒教师的认知与观念，为教师的成长注入新的力量。

　　在主题活动中，我们关注儿童发展的独特需要，在了解和尊重儿童的基础上，以展示与提升生命智慧为前提，在融入生活的过程中，放大儿童发展中特有的魅力，突出儿童和教师在主题活动中的相互作用和彼此成就。

　　在开展主题活动的过程中，教师们常常会有这样一些困惑：什么样的主题活动才是儿童喜欢的、符合他们兴趣和需要的？什么样的主题环境才能真正起到帮助儿童学习的作用？什么样的材料提供更能激发儿童在主题活动中的探索与发现？什么样的支持引导方式能最大限度地促进儿童的多元表达和经验提升？对此，我们一直在实践、反思、寻找答案，在和儿童共同成长的道路上不断积累经验。

　　我们从幼儿园诸多主题活动中，截取一些儿童的活动故事的片段，从环境创设、材料使用、回应引导等方面呈现我们在实践中的一些具体的策略。

案例一　一个柚子（小班）

　　秋天悄悄地来了，柚子成了大家常吃的一种水果。一天，保育老师端来的圆滚滚的、没剥皮的柚子引起了孩子们的注意。好多只稚嫩的小手在柚子身上戳来戳去，大伙儿好奇地问："老师，这就是没剥皮的柚子吗？""它长得好大啊，像一个大皮球一样！""天哪，这么大，我们怎么才咬得动……"

听到孩子们七嘴八舌的议论，教师找来了更多的柚子，把它们陈列在班级里，让孩子们自由地观察、触碰。

一、柚子的变化

时间在悄悄地流逝，自然角里的柚子和柚子皮也在悄悄地发生变化。

> 策略：生活中那些常见的事物是最好的活动和探究素材，放在适宜儿童观察、探究的地方便于儿童充分调动感官去体验。

鸣鸣说："你看，柚子皮变得越来越干了。"

小葵说："它好像没有那么黄了。"

源梦说："柚子蔫了。"

晓煜说："上面有好多黑点点呦。"

阳阳说："这样也好看。"

小佑说："它摸起来硬硬的。"

教师问："为什么它会变成这样呢？"

柚柚问："它们是不是生病了？"

喆喆说："我觉得它可能老了。"

团团说："应该是被风吹的。"

森森说："时间长了，它就这样了。"

……

> 策略：教师顺着儿童的思考提问能让儿童感到自己的想法被尊重，同时教师的提问也能引发儿童进一步的思考。

二、柚子还能这样吃

　　吃，对于小班孩子来说充满了诱惑。柚子除了可以剥开直接吃，还有什么吃法可以让孩子们在享受吃的乐趣的同时收获意义呢？何不把柚子变成蜂蜜柚子茶？这是一个让孩子们在动手操作中感受和收获甜蜜的好机会。于是，教师和孩子们挽起袖子，跃跃欲试。

　　首先是洗柚子，孩子们把柚子放进清水里，在教师的提示下用盐在柚子身上搓来搓去，在一番小心翼翼的清洗后，柚子变得干干净净。接下来是刮柚子皮，这个操作有难度，由教师完成。开始撕柚子皮了，孩子们用自己不太灵活的小手一点一点地把皮撕下来，动作虽然慢，但我们有足够的耐心来等待。

　　在孩子们的努力下柚子果肉终于剥完了，保育老师帮大家准备好炉子和锅，孩子们把果肉一点一点地放进锅里，再放入一点点糖，就开始熬煮起来。

> 策略：小班儿童总是喜欢和吃有关的活动。

> 策略：小班儿童适宜在简单的操作体验中感受趣味，满足好奇心，在玩耍中丰富经验。

> 策略：凡是儿童能做的就让他们自己去做，能让儿童自己动手完成的，就让儿童自己动手。

　　什么时候柚子才能变成柚子茶呢？大伙儿守在锅的四周静静地等待着、观察着。"看，柚子在水里跳舞。""看，水的颜色变得黄黄的了。""咦，水好像变得越来越少了。""快看，柚子变得好软哦。"孩子们时不时地分享着自己的发现。

> 生活中的现象是培养儿童观察习惯和观察能力，引发好奇心的最好机会。

　　经过教师和孩子们的不懈努力，蜂蜜柚子茶终于熬好了。大家迫不及待地端来了自己的水杯，教师早就准备好了勺子，每个孩子都给自己舀了满满一大勺蜂蜜柚子酱。加上热水，再搅拌一下，每个孩子都喝上了自己熬制的美味蜂蜜柚子茶。

策略：有直接成果的活动，最能吸引孩子。

　　剩下的柚子皮也派上了大用场，孩子们把柚子皮切成小块，在教师的帮助下做成了美味的柚子糖。想不到，被丢弃的柚子皮，也能变成甜蜜的味道，**孩子们把这份甜蜜送给了幼儿园里的每一个人。**

策略：能够让儿童走出班级，就要让儿童走出班级。

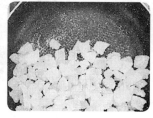

　　一个柚子的不同吃法，让孩子们化身劳动小能手，在愉快的情绪驱动下锻炼了动手能力和观察能力，也让孩子们体验到了分享劳动果实的快乐。

　　三、柚子大变样
　　柚子和柚子皮也是激发孩子们艺术创作灵感的好材料。树叶、树枝、毛根、夹子……，当各种自然材料、废旧材料和柚子相遇，也会带来奇妙的组合。一个个柚子、一块块柚子皮在孩子们的创意加工下变了模样：小花猫、天线宝宝、毛毛虫……。**孩子们用柚子、柚子皮做出来的作品，被教师用心地装饰在了班级的自然角里。**

> 策略：在儿童的环境中，儿童的作品应该占到绝大多数，因此倡导用儿童的作品布置环境。

此后的每天，当孩子们从自然角经过，都会驻足停留，静静地观察着自然角的美景和柚子的变化。"看，这是我做的小狮子哟！""好漂亮呀！""今天柚子的颜色更深了……"班级的自然角，变成了孩子们真正愿意停留、可以触碰的一角。

> 策略：环境创设的高度要适宜、空间要开放，确保儿童能够充分地与之互动，在环境中更多地发现和表达。

案例二　船（中班）

弟弟从家里带来了乐高船，中三班的孩子们对船的造型、结构产生了好奇与惊讶，纷纷凑上围观。

教师发现了孩子们的兴趣点，于是与他们展开了一次讨论。

教师问："关于船，你知道些什么？"

孩子们说："船可以浮在水面上。""船还有潜水艇。""船可以载人、载货物，我也坐过船。""有的船有船帆，还有船舱。""有木头船，还有铁船。"

教师："关于船，你感兴趣的是什么？你还想知道

> 策略：通过"你知道什么""你还想知道什么"的提问，能帮助教师了解儿童已有的经验，并判断他们的兴趣在哪里，为开展活动奠定基础。

什么？"

　　孩子们说："怎么样让船浮起来？""每艘船都能运货物吗？""哪种船航行得最快？""世界上最大的船是什么样的？""货轮长什么样？"……

环境创设

　　船的图文馆：家园和师幼合作，收集了世界上关于船的图片、新闻以及家长和孩子做的关于船的自制书，建设了船的图文馆，丰富孩子们关于船的知识与见闻，也方便孩子们随时翻阅。

策略：建立起主题博物馆，陈列与主题内容相关的图片、书籍、实物、模型等，帮助儿童丰富、拓展关于主题经验的同时，也能为他们解答疑惑或寻找思路提供帮助。

　　"坐船的经验"照片墙：收集孩子坐船经历的照片。

策略：让班级内的环境创设充满主题活动的信息。

　　船的模型馆：收集并展示关于各种船的模型，包括成品模型，师幼共同搭建的、家长和孩子共同搭建的各种船的模型。

策略：环境的高度要适宜儿童，应该是方便儿童触碰。

第一阶段：造船

　　孩子们发挥自己的想象力和创造力，画出设计图，找来所需材料，开始第一次造船，由于个体发展和生活经验的差异，孩子们遇到了各种各样的问题。针对这些问题，大家想办法进行解决。

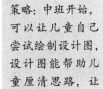

　　小宝找来四个易拉罐，用透明胶并排粘好，作为船的身体。接着，他又找来一根木棍，捣鼓着想要立在易拉罐上。他尝试着用双面胶连接木棍与船身，可木棍刚立起来，马上又倒下了。几番尝试后，小宝拿着木棍，有一些手足无措。他环顾四周，突然，他眼睛一亮，一溜烟儿跑到了教室的一角，拿来一个桌面玩具。他先用透明胶将桌面玩具粘在船上，再把木棍插进桌面玩具中间的洞洞里，旗杆稳稳地立了起来。事后我才了解到，原来小宝四处观察后，发现菲菲用这个方法立起了纸棒，于是他也学习模仿这个方法，成功解决了双面胶粘不稳的问题。

策略：中班开始，可以让儿童自己尝试绘制设计图，设计图能帮助儿童厘清思路，让做事更有条理。

策略：随时鼓励儿童用自己的方式解决自己的问题。

策略：每个班级都应该有一个材料柜，里面放收集到的各种物品，便于支持儿童的即兴创作。

　　熙熙选择了用小木板与海洋球来造船。他想要把海洋球粘在木板下，一边尝试一边说："这样船就能更好地浮起来啦！"可整个大的海洋球，一直滚来滚去，根本粘不住。熙熙想了想，到美工区拿来一把剪刀，戳开海洋球，就开始剪，把海洋球分解成了两半。分成两半的海洋球再也不滚来滚去，熙熙很好地把海洋球粘上了。

　　第二阶段：下水

　　孩子们第一次造船后，他们迫切地想要把船放进水中，让船真正地航行。孩子们兴奋地来到水池边，放下自己的小船。有的小船浮了起来，有的小船进水了，有的小船直接沉入了水里。

策略：充分利用幼儿园的环境，给儿童提供验证操作的条件，激发他们的后续探究。

　　多多的3006号船又大又重，可是它在水上稳稳地航行着。多多开心地对其他小伙伴喊道："耶，我成功啦，我成功啦！"

　　旁边的小丁有些不开心了，到底是怎么回事呢？小丁的船刚进入水中的时候，也像多多的船一样，稳稳地航行。可是随着时间的推移，船竟然慢慢地往下沉，并且越来越往下沉。小丁见状赶紧捞起了自己的船说："啊，船怎么变得这么重了？"小丁拿起船晃了晃，咕噜咕噜从船身（易拉罐）里倒出来好多水。原来小丁的船身用的是易拉罐，易拉罐的口子在水里不断进水，导致船慢慢沉了下去。

　　船的第一次下水让孩子们各有所思。自己的船浮起来的孩子，开始寻思着在船上加入自己的新想法，而航行失败的孩子焦急地想要解决这个问题，让自己的船很好地浮起来。面对不同的两种情况，孩子们开始进行第三阶段——改造船。

策略：及时关注儿童不同的想法，在活动步伐上，不要强求一致，而要予以不同的支持。

　　第三阶段：改造船

　　这一次，孩子们都找到了各自要完成的任务，成功的孩子想要美化自己的船，一部分孩子在想办法让自己的船不再进水。

　　浩浩的黑珍珠号第一次下水航行就非常平稳。这次造船，他想在自己的船上加一面旗帜。于是他找来A4纸，尝试粘在旗杆上，可粘好后他才发现纸太大了，跟船不合适。于是浩浩对旗子进行了分解，用剪刀把它剪小了，变小后的旗子刚合适！

　　小丁的船在上次下水的时候进了很多水，小丁想要改造它。他说："那我用泡沫把洞洞堵住，不让它进水就好了。"说着，他找来泡沫，用透明胶粘了上去，堵住了洞洞。可洞洞没有被完全堵住，还有些小缝。小丁接着用透明胶堵这些小缝，直到全部堵上为止。

　　菡菡的船两次下水都倒了，她有一些着急、气馁。教师走近她，问道："菡菡，你觉得自己的船为什么会倒呢？"菡菡不开心地说："因为塑料瓶太高了，一放进水里就倒了。"教师说："塑料瓶是船的什么地方呢？"菡菡说："是船的仓库啊，可以运货物。"菡菡接着说："咦，可以直接改成躺下的仓库，也是一样的。"说着菡菡转变思路，让塑料瓶躺着，船终于浮起来了。

> 策略：当儿童陷入困境无法自主解决时，教师可以通过启发式的提问帮助儿童找到探究的方向。

第四阶段：载物

　　孩子们的船都浮起来了，教师问："接下来，你们想做什么呢？"孩子们说想把船用起来，用来载货物。于是，跟随孩子们的兴趣，我们"船之载物"的活动就开始了。

> 策略：当活动进行到一个阶段，在没有明确思路的情况下，教师适时地追问，会激发儿童产生新的想法，引发新一轮的思考和探索，活动自然也有了延伸的方向。

玩具、弹珠、乐器……孩子们选择了生活中各种各样的物品来当货物。

巧巧选择了很多磁铁，弟弟选择了弹珠。在载物的过程中，两个孩子开始争执起来，巧巧说自己的货物更重，而弟弟坚信自己的货物更重。于是两个孩子拿来天平比较谁的货物更重。

潞潞的船运送易拉罐，他在长条形的船的两端，一端摆上一个，船稳稳地前行着；**而悦悦的船，不载货物的时候很平稳，载了货物就倒了。教师问："你的货物是怎么摆放的？放了多少？"悦悦数了数，说："我左边摆了一些，右边摆了一些，呀，右边太多了，太重了。"悦悦随后调整了货物的摆放，左右两边都是同样数量的弹珠，船又稳稳的了。**

策略：当儿童不断尝试仍然无法成功时，教师可以适时介入，启发儿童找到问题的关键所在；当儿童找到问题所在时，教师就可以退出活动，给儿童独立解决问题的空间。

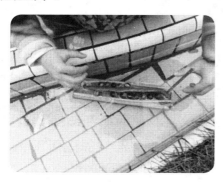

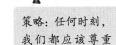

案例三 秘密花园（大班）

今年负责菜园的大一班孩子不想种菜，想种花。他们的想法得到了教师的支持，于是，菜地变成了花地。在种植花苗的过程中，发生了许多有趣的事，也发展出了"秘密花园"这个主题活动。

一、环境创设

1. 种植区环境

在种植区，孩子们根据自己的兴趣选择花种，分别是：满天星、太阳花、风雨兰、蒲公英、高牵牛、垂钓牵牛、混合花。教师再根据孩子们的选择进行小组划分，每组孩子负责一块花地，他们以小组合作的方式进行观察照顾。为了让自己更加清楚地辨析每片花地里的花，孩子们自己设计制作了每块花地的标牌。花地标牌是孩子们自发的需要，它的出现，让花地变得生动起来，它更是孩子们的劳动成果和自身价值的体现。

> 策略：任何时刻，我们都应该尊重儿童的想法。

> 策略：教师要尊重儿童的意愿，给儿童实现自己想法的机会，让他们有做决定的权利。

> 策略：让儿童参与环境布置，只要有"动手做"，学习就在发生，同时，儿童的参与，能让他们获得成就感，激发他们的主人翁意识。

按兴趣分小组种植

孩子们自制的花地标牌

2. 与花相关的班级区域

（1）花茶区

"花可以吃吗？"是很多孩子关注的话题，为了满足他们的探究愿望，我们在班级创设了花茶区，提供了精美的茶具，收集来各种各样的花茶，让孩子们体验泡花茶、品花茶的乐趣。

品茶桌　　　　　　　　各类花茶

策略：让班级的环境充满与主题相关的信息，儿童随时浸润在主题当中，通过各种与主题相关的游戏和操作，加深儿童对主题的兴趣，提高儿童的参与度，同时引发儿童关于主题更多的思考或问题，从而找到活动的突破口。

（2）花店

班级美工区结合主题打造成花店，利用藤条和花朵做成区域的隔断，将孩子们制作的花朵标本用于布置墙面，收集各种干花布置窗台，给孩子们提供彩纸、纸杯、吸管、毛根、胶泥、纸盘、花瓶、干花等材料用于制作手工花、练习插花，并用孩子们的作品进行装饰，孩子们在动手制作跟主题相关的创作中发展自己欣赏美、表现美、创造美的能力。

花店布置　　　　　　　　用孩子们制作的手工花布置的展示栏

孩子制作的花

3. 多肉观赏区

很多孩子说："家里种了很多多肉，希望幼儿园也可以种多肉。"于是在班级植物观赏区，我们用多肉盆栽进行布置，形成了专门的多肉区供孩子们观赏。

策略：将儿童的想法展现在环境中，让儿童感受到自己被重视的同时可以引发他们更多的思考和学习。

我们注重用孩子们在活动和生活中创作的作品装饰班级环境，让他们成为环境的主人，参与环境的创设。

二、关于花的活动故事

故事一：野草该不该拔

一天上午，教师带着孩子们在幼儿园里散步，路过操场边的花坛时，伊祎发现了新大陆："啊，我发现了三叶草，它居然会开花！"

"我看看，我看看，哇，我觉得三叶草的花真好看呀！"

"就是，想不到这种杂草还会开花！"孩子们开始七

策略：倾听是组织活动的灵感来源。

嘴八舌地聊开了。

　　这时，淘淘接了一句："我们花地里面也有好多这样的三叶草，既然它会开这么好看的花，那我们到底要不要拔掉它们呢？"

　　花地里的杂草该不该拔呢？ 孩子们从他们的视角提出了这样的疑问。我们决定听听孩子们的意见，大家开始争论起来。

　　芯语说："杂草会吸收花的养分，如果保留，我们种的花就长不好"。

　　淘淘说："杂草也有生命，不应破坏。"

　　小小说："杂草开出的漂亮小花会让花地变得更加漂亮。"

　　伊祎说："杂草始终是杂草，我们要养好自己的花而不是杂草。"

　　晨伊说："花地里有野猫出入，如果保留杂草，野猫就会去吃杂草而不会破坏花苗。"

　　在大家僵持不下的情况下，我们决定用投票的方式来决定拔不拔花地里的杂草，最后，有六块地的孩子决定拔掉花地里的杂草，而混合花组的孩子则决定保留花地里的杂草。

策略：教师不直接给出自己的观点，而是通过反问的方式，让更多的儿童抒发自己的观点和意见，让他们有机会进行思维的碰撞，学会从不同角度思考问题并主动发表观点。

策略：当儿童的意见无法统一时，投票是一种解决冲突的办法。

该拔：

不该拔：

　　孩子们的争论，其实是他们在思考问题的体现，也是他们坚持自己观点的一种表现；让孩子们畅所欲言，其实是让他们进行思维碰撞的同时去表达自己的观点。教师不给出判定而是尊重孩子们意见，更是给予了他们充分的自由和探索的空间。

故事二：下了一夜的暴雨

初夏，一场下了一夜的暴雨引发了系列活动。

1. 大暴雨后该浇水吗

一天早上，孩子们按照惯例来到花地浇水，杨医生却提出了质疑："昨晚下了大暴雨，今天还来浇水，花不会被淹死吗？"

这个问题引起了孩子们的争论，淘淘说："昨天是昨天的雨，今天我们给花浇今天的水！"可是石头不同意了："昨天雨下得那么大，本来就有很多水了，今天我们再浇，水就多了！""就是，水多了花会被淹死！""难道我们今天就不浇水了吗？"经过一番激烈的争论，孩子们的意见还是没有办法统一，他们希望教师来"主持公道"。

策略：幼儿园里除了班级教师以外的其他人，也会成为影响活动发展方向的重要因素，只要善于捕捉并加以利用，就会有更多超出意料的惊喜。

我们从争论中看到了孩子们对自己观点的坚持，对问题答案的渴望，**这是一次让他们观点碰撞、主动寻找答案的机会。他们想出了各种办法去寻找答案：有的孩子决定马上去询问花工爷爷，有的决定请爸爸妈妈帮忙查资料，有的决定观察花地如果浇太多水会怎么样……。孩子们根据自己的方法进行了求证，最后得出结论：大暴雨过后不能浇水。**

策略：鼓励儿童借助身边人的帮助寻求答案，既能培养儿童自主解决问题的能力，也能锻炼儿童的交往能力。

经过这次小事，孩子们不仅知道了下雨过后不该给花浇水，还学会了坚持自己的观点，并有针对性地去求证，在发现问题、质疑、提出观点、求证的过程中，孩子们学会了如何应对问题，同时运用发散性思维去发现更多的新问题。

2. 什么时候该浇水

后来，孩子们开始思考，除却简单的每日浇水，还有哪些类似于下雨天这种特殊情况不能给花浇水呢？又有哪些时候应该给花多浇水呢？同样是经过讨论和观点

策略：活动的组织并不是跟随一成不变的教学计划或思路来执行，当儿童在活动的启发下产生新问题时，教师要及时把握并支持儿童展开探究。

求证，孩子们商量出了"该浇水"和"不该浇水"的时间点，比如，中午最热的时候不能给花浇水，因为花会被高温烧死；早上来幼儿园就该给花浇水，因为中午最热的时候不能浇；放学之前也该给花地浇一次水，因为晚上小朋友都在家，时间又那么长，放学了就没人照顾它们了。

3. 浇水浇多少

在了解了浇水时机之后，新的问题又产生了：有时候浇得太少，怕花不够喝，有时候浇得太多，又怕把花淹死，**地里浇多少水才合适呢？我们适时地进行了一次科学实验活动**，先用浇水装置让孩子们感知一个花盆的需水量，随后画出跟花盆大小一样的圆片，用这些圆片把花地铺满，数出圆片的数量，最后就可以计算出一块花地的需水量。虽然这个问题很难，但孩子们有着饱满的热情和兴趣去解决这个问题，在实物操作的过程中他们得出了结论，我们也通过这样的方式启发他们学习用数学的思维和方法去解决问题。

> 策略：活动并不是片面地追随儿童，教师在把握儿童认知水平的基础上，可以提出更有难度的，需要他们"跳一跳才能摘到桃子"的问题。

策略：当儿童面临共性的问题无法解决时，教师可以通过集体教学活动的形式，传递给儿童一些经验，帮助他们找到思路和办法。

案例四 为什么发芽少？

在研究花地里为什么发芽少的问题时，孩子们认为最主要的原因是有野猫破坏和大家从来没有施过肥，**根据孩子们的问题倾向，研究为什么发芽少的孩子又自然分成了两个小组，着力研究怎样避免野猫破坏和如何制作肥料。**

策略：小组探究是大班开展主题活动的一种方式。同一个现象，可以引发儿童不同的思考和观点，我们将持有相同问题或兴趣的儿童集合成一个小组，便于儿童进行后续的探究。

1. 野猫破坏

花种播下去已有一段时间，孩子们发现，有些地里的花苗长得很好，而有些地里的花苗则只有零星几棵。明显的差异引起了孩子们的思考，几个孩子拿起放大镜开始在花地里展开细致的调查。他们发现花地里有脚印，是谁的脚印呢？经过跟踪，发现有野猫出入。原来是野猫在搞破坏，大家一致认为应该做出一些行动来保卫花地。

（1）问题讨论：怎样赶走野猫

孩子们想出了自己的办法，例如"做个栅栏，野猫就进不来了""做鬼，做吃猫鼠吓跑野猫""做一只假的猫给野猫当玩具，有了玩具它就不会来破坏花了"等。可以看到，孩子们的办法大致分为三种：一种是防御型的，做栅栏；一种是主动攻击型的，吓跑它；最后一个是主动但更友善的，给野猫找朋友。

策略：小组探究中要持续关注儿童的兴趣是否发生分化或转移，支持儿童围绕自己的兴趣形成新的探究小组持续探究。

于是我们追随孩子们的想法，提供机会，帮助他们实现自己的想法。

（2）个别支持与指导

不同小组的孩子在实际操作中会遇到不同的问题，我们会对他们进行有针对性的指导，帮助他们提升经验，例如，**独自制作栅栏的孩子就遇到了自己的困难。**

小雨在做了一两次栅栏后，表现得不是特别积极主动，每一次都是教师提醒了才去做。小雨的表现引起了教师的注意："她会不会是遇到困难了？"教师决定到花地查看小雨的制作进程。

只见小雨将一根木棍插进地里，可是木棍倒了，她又继续这个操作，木棍依然倒下，这样重复了几次后，小雨依然没有成功，这块地的土太硬了，棍子插不进去，原来是这个问题一直困扰着她。小雨尝试的方式比较单一，她不知道该怎么办了。

教师提示她："我们在木工房，是用什么把钉子敲进去的呢？"小雨答道："锤子呀，我知道了，我可以去找个锤子，把木棍敲进去。"她连忙到木工房找来一把锤子，木棍终于稳稳地敲进了土里。过了一段时间，插在地里的木棍松动了，小雨决定维护一下自己的栅栏，得把木棍再敲进土里，这一次，小雨没有跑向木工房，她环顾四周，在花地旁边找到一块大石头，自言自语道："我就用这块大石头来敲！"说着她一手拿木棍，一手拿石头当锤子将木棍敲进了地里。我们可以看到，小雨的经验发生了迁移，她会辨别物体的特征然后寻找代替物，能够轻松地借助工具为自己服务。

> 策略：当个别儿童有自己独特的想法时，我们应该加以尊重，鼓励并支持儿童进行自己的探究，而不是强制让儿童参与其他小组的活动。

> 策略：启发儿童巧妙地运用身边的材料和工具解决问题，让儿童意识到周围的各种材料都是自己可以随时取用的。

　　其他组的孩子在操作过程中，也会遇到自己的问题，教师在个别指导的过程中，让每个孩子都针对自己的具体情况学会了新的解决问题的办法。

　　鬼脸组的孩子在制作过程中遇到了一个难题，就是怎样让自己的"鬼"站立起来，**最开始他们找来一根细长的木棍做支架，可是他们发现细木棍根本无法站立起来，于是找来一根比较粗的圆木棍，圆木棍放在地上可以站立起来，可是把"鬼"的身体粘上去之后，又无法保持平衡，怎么办呢？孩子们从小木屋搬来方形积木围在木棍四周，"鬼"终于可以站立起来了。**

　　吃猫鼠组的孩子们觉得，吃猫鼠最与众不同的地方在于它会发光，于是在完成吃猫鼠身体的制作后，让吃猫鼠发光成了一个他们需要解决的难题，他们找来彩色毛根，剪成一节一节的粘在吃猫鼠背上，这样，吃猫鼠看起来就有了发光的感觉，可这还不够，怎样才能让吃猫鼠真正发光呢？禾禾决定用电灯泡、电池试一试，于是，他们开始探索怎样连接电池和灯泡，才能让灯泡发光。孩子们从家中带来了《幼儿科学大全》，吃猫鼠组的孩子们开始向书籍学习，区分电池的正负极，尝试连接电池和灯泡，并找方法固定电池和灯泡，最后，发光的吃猫鼠终于做成了。在小组孩子们的共同努力下，大家将自己的想法变成了现实，获得了成功的体验。

策略：小组成立后，教师要敏锐地发现每个小组学习的难点在哪里，避免活动成为儿童简单的动作重复。

策略：幼儿园是一个开放的材料库，不管是材料区的各类半成品材料，还是其他游戏区的材料，儿童都可以自由取用。儿童通过自己的想象将材料进行创造或作为工具加以利用，以此提升儿童发现材料、利用材料的能力。

2. 没有施肥

关于花苗长不好的问题，浩浩提出了自己的看法：大家从来没有施过肥。**孩子们从收集到的资料中发现，各种化肥、生活材料都可以用作肥料，他们最感兴趣的是用生活材料做花肥。**

（1）寻找生活肥料

在分享调查结果的过程中，娃娃说："妈妈告诉我喝剩的牛奶调稀后可以做肥料。"丁丁说："淘米水也可以当花肥。"原来，生活中的很多废弃食材都可以当作肥料。

（2）收集材料制作肥料

大家开始根据自己的兴趣收集自己在日常生活中的废弃食材，如吃剩的果皮、牛奶盒里残留的牛奶、厨房丢弃的烂菜叶、家里的淘米水、小动物的便便等。

> 策略：发现问题后，鼓励儿童自己查找资料，这看似一个简单的活动，实际上包含着向成人发出问题，掌握查阅资料的方法等学习的过程。

> 策略：鼓励儿童就地取材，让活动来源于生活也为儿童的生活服务。

（3）观察变化

所有的原材料被装进透明瓶子里发酵，供孩子们观察它们的变化。从左到右依次是烂菜叶、淘米水、便便、果皮、残余牛奶。随着时间的推移，肥料组的孩子们发现，自己的肥料发生了变化：牛奶组的孩子们发现牛奶下面一层水变清了，上面则起了一层白色泡沫，凑过去轻轻闻一闻，气味特别刺鼻；烂菜叶组和果皮组的孩子们发现，他们的肥料都在腐烂变黑，而且果皮黑得更多，蔫得也更多，得出的结论是树叶的发酵速度比果皮慢很多。通过这样的观察记录，让孩子们对肥料的发展变化有了进一步的了解，观察记录的能力也增强了，运用自制的肥料给花施肥，也增添了很多的乐趣。

> **策略：**需要持续一段时间才能看到变化的探究对象，教师可以提供相应的观察记录，让儿童持续进行观察记录，既可以培养儿童坚持的品质、观察的习惯和能力，又能提醒儿童对探究对象的持续关注。

各组肥料桶

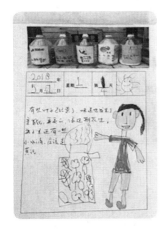

叶子变黄了，里面还有水汽

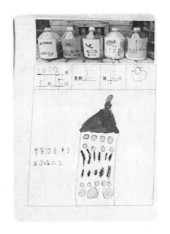

香蕉皮变黑了，果皮缩小了

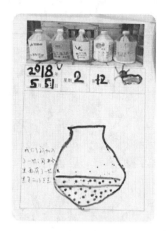

淘米水里有了黑点点

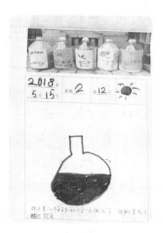

便便溶解了

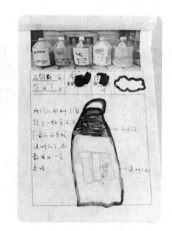

牛奶上面起了一些白色泡沫，下面的水变清了，味道好难闻

　　利用生活中的废弃材料做肥料，让孩子们意识到生活中的废弃物品也可以变废为宝。生活这个课堂，教给孩子们很多常识和本领。

　　主题活动与孩子们的生活紧密联系，他们在自然的、常态的生活中选取材料、积极探索，给自己带来全新的体验和感受。

第四节　节日中的活动案例及策略

节日是人们生活的重要组成部分，我们按节日与儿童生活的相关度将它们分为三大类型：中华传统文化节日、其他重要节日和对儿童有特殊意义的日子。

传统节日根植于中华传统文化，与人们的生活密切相关。中华传统文化节日顺应时令节气，以文化为脉络串联起一年四季，开展与中华传统文化相关的节日活动是帮助儿童感知季节变化、风土人情、积累生活经验的重要途径，包括上学期的中秋节、重阳节、春节，下学期的清明节、端午节。这类节日链接儿童的真实生活，使儿童成为中华传统文化的传播者与传承者。

其他重要节日一般是指现代社会生活中衍生出的节日，包括上学期的教师节、国庆节、元旦，下学期的妇女节、植树节、劳动节和儿童节。这类节日与人们当前的生活息息相关，让儿童感受到社会生活的丰富性与创造性。中华传统文化节日和其他重要节日都有很强的社会属性，当这些节日到来时，大街小巷都充满了浓浓的节日氛围，人们用不同的方式表达着对节日的情感，儿童在其中观察、聆听、体验和感受着。

然而，在这两类节日活动的设计和组织中，儿童通常只是被动接受者，被节日的热闹气氛裹挟着度过节日时光。当以儿童的哲学建构儿童的活动的思路和理念延伸到节日活动的设计与组织中时，我们开始思考如何将节日生活的权利交还给儿童，构建属于儿童自己的节日活动，让儿童能够在活动中获得自己独特的节日体验，享受身体、精神、情感的共同参与，与节日的内涵产生情感上的链接，在节日中表达自我，获取新经验。

与上述两类节日活动不同的是，我们还发展了一类特殊的节日活动，这类节日活动是对儿童有特殊意义的日子，如毕业活动，儿童自己创造的"蘑菇节""玩具节"等，这些节日因为外部环境或内部需求等原因，对儿童的生活产生着实实在在的影响，必然带来儿童新的认识、感受和创造。

本节在中华传统节日类活动中选取端午节为例，讲述如何"设计"儿童的传统节日活动；在其他重要节日类活动中选取六一儿童节为例，讲述师生如何共构重要的节日；在对儿童有特殊意义类的活动中选取毕业这个重要事件，讲述如何让活动回归儿童。

案例一　一场身心投入的端午之旅（中、大班）

又到了一年一度的端午节，在成人的眼里端午节是我国的传统节日，有着悠久的历史文化背景，俗话说：一岁一端午，一岁一安康。**可是，在孩子们的眼里端午节是什么样的，和其他日子有什么不一样呢，不妨听听他们的答案吧！**

姝沫说："端午节就是向神仙祈福的日子，那天他会保佑你的愿望实现。"

子彧说："端午节还会有很多草药，就像我们小班的时候用草药做驱蚊的香包一样。"

泽祎说："端午节要划龙舟，我在电视上看过划龙舟。"

瑞麟说："端午节就是要吃粽子。"

捷锐说："端午节爸爸妈妈会给我煮粽子吃，粽子有很多种味道。"

端午节有粽子、草药、龙舟……，这些都是他们眼中的端午节。以往孩子们更多的是通过吃粽子、听习俗、看视频来过端午节，今年的端午节我们跳出"吃、看、听"的端午节活动套路，从孩子们对端午节的好奇与需求出发，在幼儿园大操场上给孩子们创设了一个开放、可以让人沉浸其中的端午节环境，这个环境是孩子们熟悉的、信任的，更是充满端午节气息的。这样的环境引

> 策略：通过与儿童的对话，了解他们对节日的认识和理解，儿童前期的共同经验是活动设计的起点。

领着孩子们打开感官，投入身心，亲身参与，去感受端午节。**端午独特的味道有什么？粽子的黏、鸭蛋的咸、艾草菖蒲的香、大枣的甜……**。其实味道不单单只能用鼻子闻、嘴巴尝，还能用更多的感官去感受！

> 策略：教师要提前梳理传统节日的独特之处，将这些独特之处作为设计活动的重点。

区域一：包粽子

在孩子们的眼中，粽子是端午节的代名词，但孩子们日常接触的粽子都是包得严严实实的，煮熟后就可以吃，粽子里面到底放了些什么食材呢？粽叶又是什么样子的呢？粽子是怎样包成的？**孩子们有太多太多的疑问，不如就在端午节这一天，让孩子们自己去寻找答案吧**。

> 策略：吃是儿童生活的重要内容，是能够调动每一个儿童兴趣和感官的切入点。

1. 关于粽子的多种可能

当孩子们知道可以自己包粽子时，他们的想象力和创造力被激发了起来，粽子也不再是成人认为的那种样子了，而是拥有了多种可能。

● 对叶子的猜想

泽如问："为什么粽子要用粽叶包？为什么不用其他叶子呢？"

哲涵说："因为粽叶大，才包得下呀！"

谨瑜说："可是荷叶更大，我觉得可以用荷叶来包。"

云飞说："我觉得还可以用树叶包。"

> 策略：重要的环节听听孩子的想法，总会有创意出现。

● 对馅儿的疑惑

奕坤问："为什么要包大米？可不可以包其他的东西？"

瑾瑜问："世界上有那么多的米，为什么要用糯米呢？"

● 对包裹方式的畅想

哲涵问："粽子为什么要用粽叶包很多层？"

书胤问："为什么粽子只有三角形和长方形？"

洋嘉说："我们可以把叶子垫在米下面。"

筱妍说："我觉得那种长条的叶子可以用来绑粽子。"

既然粽子有了多种变化的可能，接下来就是孩子们自由探索的时间了，**在和教师、炊事员叔叔探讨之后，**孩子们就地取材找到了枇杷叶、棕榈树叶，教师们为孩子们提供了柚子叶、玉米叶、芭蕉叶、荷叶。**接下来就是对这些叶子进行清理了，不论是摘、剪、洗都包含了孩子们对粽子的无限热情。**

> 策略：幼儿园中所有人都是儿童节日活动共同体中的一员，大家都要在活动中调动资源、贡献智慧。

> 策略：能让儿童做的就让他们自己做。

2. 叶子与大米的美妙碰撞

所有食材准备就绪，教师们在操场上布置了六个制作点位，孩子们可以根据自己的兴趣，选择制作自己喜欢的美食，或者六种都可以去尝试。在这自由的空间里，孩子们充分地感受着叶子裹大米的多种变化。**为了帮助孩子们在每个点位自由地包粽子，且可在不同点位流动，教师准备了重要步骤的示意图展板，孩子可以在点位上自主学习包粽子的方法。**

> 策略：示意图能帮助儿童了解操作的过程，读图示是儿童自主学习的重要方式。

3. 共同品尝别样粽子

制作完成后，大家要一起来品尝自己的劳动果实了，孩子们按照自己的食量和口味选择自己喜欢的各种样子和馅儿的粽子。孩子们一边吃一边分享着自己的包粽子心得和对粽子味道的感受。

佳蕊说："第一次这样包排骨，我觉得很有趣，今天吃的全部都很好吃。"

振恒说："非常的美味，那个排骨是我吃过的最好吃的排骨了，因为是我自己包的。"

晓默说："和小朋友一起吃自己包的玉米粑粑，好香啊！"

皓天说："端午节的饭非常好吃，我以后还想吃五遍。"

芮溪说："我觉得都很好吃，这次端午节是我最难忘的一天。"

区域二：奇妙的药草

端午节里香香的草药是什么？以往孩子们会在香包里闻到艾草的味道，也会在爸爸妈妈准备的菖蒲洗澡水里泡澡，艾草、菖蒲这些与端午节密切相关的植物在成为香包、洗澡水之前，到底是什么样的呢？教师为孩子们提供了新鲜的艾草、菖蒲，孩子们用小手抚摸着艾草、菖蒲，还蹲下来闻闻它们的味道。**看到孩子们探索艾草的兴趣愈加浓厚，教师索性将艾草全部铺在地上，并鼓励孩子们脱掉鞋袜，再用小脚去感受。**

> 策略：想方设法调动儿童的多感官参与。

子业说："用脚踩草药和用手完全不一样，我感觉有点硌，可是很好玩。"

沫儿说："我跳起来再踩在草药上面，软软的，感觉滑溜溜的，这种感觉好奇怪，可是我很喜欢！"

孩子们脱掉鞋子，在艾草上行走奔跑，可是还不觉过瘾，他们提出："老师，我们想泡脚。"教师及时回应了他们的需求，鼓励他们去寻找可以泡脚的容器，把香包和剪碎的草药放进去，保育老师为他们打来一壶暖暖的水，在操场上玩起了泡脚游戏，这种体验是前所未有的。

> 策略：除了提前设计的环节，当儿童真正投入活动中，他们会生成新的需求，教师要注意倾听，抓住需求点，满足儿童体验和探索的新需求。

欣怡说："艾草泡脚暖暖的，我觉得我的脚肯定也会变得香香的。"

新桐说："水温刚刚好，舒舒服服，就是不知道这个草药泡脚会不会让我脚变成一样的香味。"

牧心说："这些草药不仅香香的，还像小鱼一样在我脚边漂来漂去，我感觉又舒服又有趣。"

区域三：流觞曲水

在端午节的习俗中，孩子们对划龙舟、放龙舟特别好奇，虽然幼儿园里既没有河也没有湖，但是外在环境的局限不应成为孩子们学习和探索的阻碍，教师开始思考如何"创变"。**中班游戏区里大量空心积木给教师带来了灵感，经过尝试，教师用空心积木和油脂布在操场中央为孩子们造了个水池，把孩子们对龙舟的想象变为现实。**

策略：挖掘并创造性地使用身边的材料，为儿童创造探索和游戏的环境。

孩子们可以装饰自己的龙舟，也可以把任何想装的物品放进龙舟里，好似装上了端午节的祝福。在这样一个开放的、自然的环境里，孩子们想怎么做龙舟，想放什么东西进去，就可以在预先准备的材料中选择，也可以在其他地方寻找，他们做出来的龙舟都是独一无二的。孩子们把自己那个独一无二的龙舟放进去，构成了这一幅流觞曲水的图景。

罪怡说："我要把糯米和枣装进小船里，带着端午节的祝福慢慢漂。"

梓涵说："我在小船里放了花生，这样我的船就会甜甜地漂走。"

子旸说："我在小船里放了包粽子的叶子，这样它就像古代的竹筏一样，漂在水上永远也不会沉下去。"

区域四：文化堂

传统节日具有特定的文化内涵，凝聚着人类的智慧，传承着人类的文化。虽然其纪念、庆祝的形式不断变化，但总有一些植根于人们心灵深处的情感、意义和精神是代代相传的。**为了让孩子们通过亲身体验了解端午节的礼仪和习俗，我们创设了端午文化堂**，在五豆园的桃花树下，创设了整体的文化堂环境。在入口处，教师制作了一面镂空的屏风，屏风上是教师收集整理的各种端午文化礼仪，并根据礼仪学习的需求准备了相应的材料，如笔墨纸砚、跪坐蒲团、祈福彩带等。通过操作材料，孩子们可以在这里体验鞠躬之礼、跪坐之礼、递物之礼、

策略：传统节日中，除了可以让儿童玩的部分以外，还有一部分是需要儿童了解的，这时可以通过环境的创设，巧妙地传递给儿童。

用笔之礼等端午礼仪文化。

此时，教师成为环境中最为重要的元素，教师不再作为单纯的指导者，而是和孩子们一样穿上汉服，成为活动的共构者。首先，教师自身的行为，成为孩子们模仿和学习的榜样；其次，在端午文化氛围的渲染下，师幼互动都充满了端午的意味，使孩子们的体验更加沉浸和立体。

策略：教师自身也沉浸其中，对于儿童来说非常重要。

这一次，我们把听过的、看到的，统统创设成真的，在这个真实的环境里，孩子们真切地感受中华传统文化和礼仪，在潜移默化中自然而然地学习着。

案例二　六一儿童节活动纪实

六一是唯一以儿童命名的节日，也是幼儿园最重要的节日之一，其存在的本质意义是呼吁社会回归儿童本身，去关注儿童、保护儿童，聆听儿童的心声，回应儿童的期盼。六一儿童节我们更强调以儿童为核心，注重儿童自身的体验、感受和表达，让他们通过六一儿童节感受自己的力量和成长。

家长和教师作为孩子生活中的重要他人，在六一儿童节这个特殊的日子里当然也不能缺席。我们始终认为成人能够送给孩子最好的礼物，其实就是尊重和关注。

策略：用有仪式的活动表达对儿童的爱与尊重。

以前每年六一儿童节前，我们都会有一台由爸爸、妈妈和教师准备的节目，为即将到来的六一儿童节预热。这一天，成人会拿出各自的"看家本领"，现场有歌舞、魔术、童话剧等，孩子们在台下为成人鼓掌喝彩。

在六一儿童节的当天，是我园传统的童话节活动，这一天孩子们也会回报给爸爸、妈妈一台精彩的童话剧表演，下午是儿童坝坝宴活动，让孩子们在这一天充分展现着自我，感受着自己的成长。

童话剧的诞生

儿童的生活需要仪式感，特别是在六一儿童节这样特别的日子里，他们值得成为全场的焦点，需要展示自己的舞台。**因此，我们以与儿童最为贴近的童话剧为载体，让儿童在童话剧中充分地放飞想象、表达自我。**可千万不要小看这 15 分钟的表演，孩子不是成人的提线木偶，而是真正主导着自己的节日，童话剧中的每一个角色、场景、道具都蕴含着孩子们的思考。

属于孩子们的舞台剧，不仅仅是在演出的 15 分钟，更在于他们为了这场演出而学习和探索的每一分钟。教师会在剧本选择上做总体的计划和选择，但在剧目的具体实施上，主要环节的主动权都在孩子们手中。

> 策略：童话剧具有的幻想、多角色、可变性等特点能够更大程度地释放儿童的个性，是一种很好的表演形式。

1. 自己选择角色

当童话剧的剧目确定下来之后，选角色就是很重要的第一步，教师从来不会给孩子们指定角色，而是充分尊重他们的兴趣和意愿，给他们充足的时间去思考自己对不同角色的理解和喜爱程度，讨论热门角色的归属，甚至自创角色。

大一班六一儿童节的表演剧目是《八仙过海》，孩子们一起商量出故事里需要哪些角色，然后根据自己的兴趣选择角色。大部分的角色都已经选择完毕后，还有几个孩子没有选择角色，**于是教师询问他们是否有自己的想法**，皓轩表示自己想演"船"，雯雯和凯瑞表示刚刚他们已经商量好要一起演"海浪"。

策略：在通常情况下，不从众的儿童的想法都需要教师去询问和关心。

"船"和"海浪"这两个角色在讨论之初是没有的，从三个孩子坚定的眼神中可以看出他们对这两个角色的喜爱，这其实也展现了孩子们在选择角色的过程中对剧本的再思考，他们在用创作角色的方式丰富这个剧本，也在用创作角色的方式表现自己的思考结果。

2. 自己制作道具

在孩子们的儿童剧中，除了部分背景是采用喷绘的KT板以外，角色需要使用的道具全部由他们自己制作，此时整个幼儿园都是他们寻找材料的素材库，他们会根据自己对角色的理解和认识，制作适合自己的道具。

一开始，饰演海浪的雯雯和凯瑞选择了班级美工区的蓝色布条作为角色的道具，两人面对面跪坐，双手抓住布的两端，使劲上下挥舞着布来制造出海浪汹涌的效果，然而挥舞了几下就手臂酸疼，大口喘气。用蓝色布条的表演效果他们并不满意，雯雯说："我们去布艺坊看看，那里有更多的布。"**于是两个孩子在布艺坊找到了浅蓝色纱巾，纱巾更为轻便，果然挥舞起来更加轻盈飘逸。**

策略：评价的重点不在于道具像不像，而是儿童自己制作、创造的过程以及其中的思考。

3. 自己创编情节

剧本是在不断的排练中打磨和完善的，这个过程就是孩子们的奇思妙想迸发的时候。**扮演八仙的孩子们对于如何过河也有着自己的想法，大家都认为只是从舞台一边跑向另一边很无趣，不能体现神仙的神通广大，于是八个孩子讨论决定用自己最强的本领来当自己的名字，于是前所未有的神仙诞生了。**

策略：当儿童出现不同声音时，要听一听他们的想法。

秋天说："我是青蛙神仙，我蛙跳过海。"

芃芃说："我是木梯神仙，我踩着木梯过海。"

可乐说："我是单杠神仙，我吊单杠过海。"

阳阳说："我是喷射器神仙，我背着喷射器飞过海。"

云博说："我是泡沫板神仙，我踩着泡沫板过海。"

小满说："我是坐轿子神仙，我坐着轿子过海。"

茉莉、佳蕊说："我们是交叉跳神仙，我们合作交叉跳过海。"

教师作为支持者、陪伴者，给孩子们充分的自主权，选择角色和道具，修改剧情、调整角色，与孩子们共同参与其中。**在孩子们寻求帮助时给予积极回应；记录他们排练过程中的重要事件，帮助他们梳理经验；做好后勤保障工作等**。孩子们对剧本从陌生到熟悉再到创造出自己个性化的表达，最终站上舞台，实现了自我挑战。

策略：表演节目是一种庆祝六一儿童节的普遍形式，教师需要思考的是在这种形式下如何与儿童相处，如何支持他们恰当的自我展现与发展。

盛大的儿童坝坝宴

结束了上午的儿童剧表演，六一儿童节的时光才刚刚过半，上午的表演孩子们精神高度集中，全力以赴。下午，应该是一个放松、欢乐和享受的时刻，一场属于孩子们的六一坝坝宴就再合适不过了。坝坝宴是五豆园的传统，在重要的节日里，**十个班的孩子们会抬着桌椅来到幼儿园的大操场上，根据年龄段和孩子们的兴趣制**

作具有节日气息的不同食物，然后在大操场上自由分享各种美食，用自己的双手来犒劳自己。

全园参与的坝坝宴，怎样才能保证既不撞菜，又给大家提供丰富的菜品？这么多孩子参加，做多少才够吃？需要准备哪些食材，制作食物的步骤是什么……。各班的孩子们在教师的协助下，需要完成一系列的前期工作，特别是菜品的选择，既要满足吃的需求，又要综合考虑制作难度，能够胜任等。六一儿童节当天，厨房的叔叔阿姨们为孩子们准备好各自所需的食材（注意不是食品），儿童坝坝宴就这样拉开了帷幕。

1. 场地布置

晴朗的天空，斑驳的光影，**大、中、小班的教师在坝坝宴开始之前就集中在一起，进行场地的选择和规划，根据离教室的远近和孩子们的想法，规划出各个班级和年级的位置，有效地利用起幼儿园的每一个角落。**抬上桌子，带上小椅子，小班的孩子们选择了他们最喜欢的梧桐树下，这里树荫凉爽，场地开阔；中班的孩子们围绕圆楼户外，选择了他们最常去玩的树屋、木工坊和滑滑梯旁边；原本计划把桌椅摆在圆操场和方操场上的大班哥哥姐姐们，**因为当天日照强烈，大家临时调整计划，搬到了圆楼中庭，**这里是三个大班经常一起游戏、玩耍的地方，摆着这里倒也十分亲切、热闹。

2. 制作美食

场地、食材都已准备就绪，小小厨师们在自己的摊位前忙碌开来。小班的孩子们以水果为主要食材，制作水果沙拉、水果冰粉、奶油水果奶昔、五彩酸甜汁。他们的主要操作是削果皮、切水果，这些事可难不倒他们，因为在日常的区域游戏"小厨房"中，教师就为他们提供了丰富的真实蔬菜、水果，在游戏情境中他们已经掌

策略：经常性的全园混合活动，能让儿童进入更为复杂的关系之中。

策略：规划需要从方便、安全等方面进行全盘考虑。

策略：计划可以根据当下的情况进行调整。

握了相关的技能，只见他们熟练地削皮、切丁，一步一步地将食材变成美味的食物。中班的孩子们本次挑战了具有难度的四川特色小吃——甜水面、糍粑、醪糟粉子。

中二班选择制作糍粑，孩子们已经了解了做糍粑的基本流程：加水到蒸熟的糯米里，然后不停地捶打，直至糯米和水充分融合在一起。于是各个小组拿着一盆糯米就开始行动了，捶打了一段时间后，各个组都出现了同一个问题——糯米被锤成了"稀泥"，甚至把木槌给粘住了。这时，**保育员蔡老师发现了孩子们的问题，她引导孩子们发现是水加太多的原因，并示范怎样一边洒水一边捶打，蔡老师的亲身示范，帮助孩子们解决了这个问题**，孩子们在加水的时候不再直接倒水，而是采用洒水的方式，控制水和糯米的比例，然后再反复捶打，终于做出了美味的糍粑。

> 策略：保育员常常比教师有更加丰富的生活经验，在节日活动中要充分挖掘和激发保育员的教育主动性。

圆楼中庭的大班孩子们选择制作龙抄手、钟水饺和卡通三明治。大一班的孩子在制作龙抄手时好像遇到了困难，抄手需要在对折的基础上再进行翻转，可是他们

尝试很多次后不是将皮子弄破就是将肉馅挤了出来。云博主动向教师求助，先多次观察教师的动作，再自己模仿，在教师一步步的示范和手把手的指导下，龙抄手总算制作成功了。但是一个人包真的太慢了，眼看对面的饺子已经下锅，**于是云博又当起小老师指导起小伙伴，**大家逐渐形成了包抄手的流水线：多多每次放的馅料最合适，他就带着男孩们专门负责舀馅料，熙熙最会包抄手，她就带着女孩们一起包抄手，孩子们找到了最适合自己的工作，在互相配合中包完了所有的馅料。

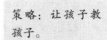
策略：让孩子教孩子。

坝坝宴的制作过程，不仅是孩子们学习的过程，更是大家齐心协力，共同向目标迈进的过程，每个人都在其中付出了自己的劳动和智慧，每个班的孩子组成一个班级摊位，一个个摊位组成了充满烟火气息的五豆园坝坝宴。

3. 自由分享

伴随着美食的上桌，各个区域逐渐传来了食物的香味，孩子们也终于空出手来，准备品尝美食了。厨房为每个孩子准备了小餐盘，**他们带上餐盘，邀约上三两好友开始寻找和品尝各种美食。**"这边有甜水面！""梧桐树那边有冰粉和奶昔！"孩子们一边吃一边向同伴们传

策略：创造出的自由时光。

递着关于美食的坐标信息。这时一个小班的女孩走到了大班教学楼前，顺着楼梯向里张望，迟迟不敢进来，大三班的云朵主动走过去牵起妹妹的手带她走到大班的美食摊前介绍道："妹妹，这是龙抄手，你吃吗？我帮你舀。"妹妹将盘子递给了云朵，云朵用大勺子给妹妹舀了抄手还加上了调料。孩子们一边吃，一边开始主动邀请其他班级的小朋友来品尝自己班级制作的美食。

无论是在舞台上，还是在斑驳的树影下；无论是围坐在同一张桌子旁，还是蹲在美食摊位前；孩子走到了户外，走到了大自然中，聊着天，吃着好吃的食物，享受着由自己的双手创造的节日的快乐。

策略：支持儿童的自由感，就是在哪里都不会受到约束。

心理学家皮亚杰认为："智慧的鲜花是开放在指尖上的。"在属于自己的节日里，品尝着自己的劳动成果，孩子们也有很多心里话。

妍妍说："每个班都做了不同的食物，我们可以吃到很多种不同的美食。"

然然说："六一节我学会了做三明治很高兴。"

心心说："今天吃了坝坝宴很高兴，我最喜欢的是钟水饺，里面的肉馅很香！"

轩轩说："我自己做了糍粑，糍粑是甜甜的，我很喜欢。"

浩浩说："我包饺子的时候感觉很有趣，我包了各种各样的，下次我还想包给爸爸妈妈吃。"

钊钊说："我品尝了很多的美食，感觉每个班的小朋友都很厉害，做了这么多美食。"

纾纾说："做美食是一件很开心的事，自己做的东西吃起来很香，我都吃出汗了！"

宇宇说："今天的坝坝宴我们可以在幼儿园各个地方吃，还可以选择自己喜欢的，我又学会了一个新本领。"

坝坝宴象征着美好、团聚，也承载着丰富的心意。每一种食物都是人们文化和智慧的传承，最好的生活就是最好的教育。一场自己制作的筵席，是孩子们在节日里对自己的犒劳，也是幼儿园送给每一个孩子的祝福。

案例三　毕业了，我们在幼儿园埋下"时光胶囊"

离孩子们毕业还剩最后一个月时间了，这天孩子们的绘画内容是"幼儿园里难忘的一件事"，大家一边相互欣赏作品，一边谈论起来。

萱萱说："我最难忘的是在小木屋和绎如一起用木头搭机场、高架桥。"

玥辰说："我最难忘的是上幼儿园第一天，予桐主动和我交朋友。"

梓翔说："我最难忘和美好的事情是中班的时候和祥熙、子楷、哲涵在沙区用树枝、塑料模具造了一个大大的森林，里面有各种小动物在做游戏。"

这些事情虽小，确能让孩子们记忆深刻，教师听了很感动，于是就对孩子们说："你们想留住这些美好的回忆吗？如果想就要把这些画保存好哟！"

瑾瑜说："我要把画拿回家贴在墙上。"

策略： 进入五月，就可以开启"毕业"的话题了，以"难忘的一件事""最不舍的地方""最想感谢的人"等话题，将抽象的回忆和情感，具体到人、事、物上，为儿童搭建完整回顾三年幼儿园生活的支架。

婉瑜说："我要把它装在盒子里保存起来。"

哲涵说："我要把画放在时光胶囊里，然后埋起来保存好。"

其他孩子听见了很好奇地问："什么时光胶囊呀？"

哲涵继续说："就是《小猪佩奇》书里的时光胶囊，猪爸爸把它想要保存的东西装进时光胶囊，然后从土里挖出来。"孩子们都觉得很有趣很新奇，于是大家纷纷表示也想自己动手做一个时光胶囊。

玥辰："我最难忘的是上幼儿园第一天，予桐主动和我交朋友。"

梓翔："难忘中二班时与好朋友玩沙。"

1. 孩子们关于时光胶囊的疑问和想法

（1）什么是时光

每个人都有自己最想珍藏的美好时光，那对于孩子们

策略：让儿童解释一些"名称"，这些释意能帮助我们了解儿童的想法。

来说，时光又是什么呢？每个孩子都有自己的认识。

瀚宇说："时光是美好的记忆。"

彦婷说："时光是快乐的玩耍。"

右右说："时光可以是一天，一天就是一个时光。"

瑾瑜说："时光代表经历。"

紫瑞说："时光代表一件美好的事情。"

家豪说："时光可以是你不高兴的时候。"

绎如说："我觉得时光是最快乐的事情。"

（2）保存什么在时光胶囊里

既然决定要做时光胶囊，那应该把什么东西放进时光胶囊里面呢？这成为孩子们讨论最为激烈的事情。**通过讨论我们发现：每个孩子想要保存的东西都不一样。**

> 策略：出现不一样时教师要让儿童表达出来，这是尊重儿童个体差异的重要方法。

哲涵说："我想保存幼儿园的一日时光"。

教师问："你要怎样将一日时光放进时光胶囊呢？"

哲涵说："我可以把幼儿园一日生活流程图画出来，这样就可以放进时光胶囊了，当我看到这个图就会记起幼儿园的一日生活是怎么样的了。"

婉瑜说："我想将我的牙齿保存到时光胶囊里面，因为这是我很珍贵的东西，证明我长大了，我想保存起来。"

谨瑜说："我想将小朋友们的签名保存起来，这样以后我看到这些签名就能想起伙伴们的名字，我还想给未来的自己写一封信，问问她你还能记起三位老师的样子吗？"

绵绵说："我想将幼儿园沙区的沙保存在时光胶囊里面，因为我最喜欢去沙区玩儿，在那里有很多美好的回忆。"

妹妹说："我想把我的游戏计划本保存起来，这样以后取出来就能够看到我在幼儿园玩了哪些游戏。还要保存我和伙伴们的照片，长大后可以看看我们和小时候一不一样。"

　　祥熙想把自己绣的十字绣保存起来，因为这是在幼儿园学到的本领。

　　这一份份画作背后是一个个动人的故事，或是对幼儿园生活学习的回忆，或是对未来的美好期待。

哲涵："我想保存幼儿园的一日时光。"

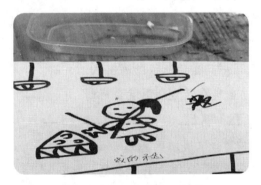

婉瑜："我想保存我的牙齿。"

瑾瑜："我想保存小朋友们的签名。"

（3）时光胶囊有多大

时光胶囊到底有多大呢？孩子们谁也没见过，于是开启了新一轮的讨论。

众涵说："根据画纸的大小，要跟它一样大。"

婉瑜说："比画纸大一点，一样大不好拿出来。"

书胤问："如果装的是其他东西呢？"

瑾瑜说："我觉得要做大一点。"

玥辰说："可以根据装的东西的大小做一个时光胶囊……"

2. 设计和制作时光胶囊

孩子们开始设计属于自己的时光胶囊了。书胤想用两个椰子壳和一条拉链把它们连接起来。子楷想用六张硬纸板做一个方形的时光胶囊。祥熙想用废旧塑料桶做一个塑料的时光胶囊。大家各自画了自己的时光胶囊设计图以及需要准备的材料清单，然后开始制作时光胶囊。

> 策略：设计图和材料清单能让儿童的活动更有序。

绎如设计的是用纸壳做一个圆柱体时光胶囊。她拿出一个红色长方体纸盒，从纸盒的侧面剪下一个长条形，然后用双面胶连接起来，接着又剪了两个圆形，作为连接刚才长条形的两个平面。可是剪下的圆形与长条形围成的圆形大小不合适，于是绎如就调整中间长条形围成的圆形的大小，最后使之匹配，这样一个圆柱体时光胶囊就做好了。

制作圆柱体时光胶囊

　　婉瑜想要制作一个"三角形"的时光胶囊，她选择的材料也是纸盒，第一步，她先把纸盒每个平面都拆剪下来；第二步，她比画着要装进时光胶囊里的东西的大小剪出两个同样大的三角形；第三步，她围绕着三角形三条边的长短分别又剪了三个长条形；第四步，当所有该剪的形状都剪好以后，她使用胶枪在同伴的协助下完成了粘贴定型；第五步，她在三角形时光胶囊的盒盖上用黏合扣当开关。

制作"三角形"的时光胶囊

时光胶囊设计图

　　雨煊设计的是一个布袋时光胶囊，她把一块布剪成一个很长的长方形，然后对折就成了一个口袋，再把口袋缝上背带。她的针线手艺还真了得，每一次穿针打结，每一个面的缝合，以及布袋上每一朵花的装饰都是她一针一线缝制上去，最后效果也很不错。

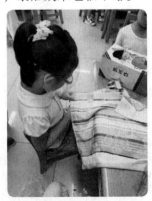

手工缝制布袋时光胶囊

3. 怎样保存时光胶囊

时光胶囊做好了，怎样保存时光胶囊呢？孩子们又热烈讨论起来，一部分孩子希望把时光胶囊埋在幼儿园里，一部分孩子希望找一个地方把时光胶囊陈列起来。**最后 15 个孩子组成了填埋小组，7 个孩子组成了陈列小组。**

> 策略：设计图和材料清单能让儿童的活动更有序。

（1）填埋小组

选择填埋时光胶囊的孩子们在讨论：那到底埋在哪里呢？有的孩子说埋在土里，有的孩子说埋在沙池里，有的孩子说埋在石头区下面。

婷婷说："沙区有很多小朋友玩，万一以为是垃圾把它给扔了呢？"

梓祥说："不能埋在有砖有石头的地方，那样铲不动。"

众涵说："要土很深很多的地方。"

> 策略：让小组成员表达自己的想法，能起到经验共享的作用。

通过讨论他们一致同意要选土多、土深、土软以及人少的地方填埋。

紧接着孩子们又想到了新的问题：万一不记得埋的地方怎么办？

绵绵说："可以做一个牌子在那里。"

哲涵问："万一扫地的人把它扫走怎么办？"

瀚宇说："可以写上'时光胶囊埋护地'几个字。"

子楷说："做一个地图一看就知道埋在哪里了。"

绎如说："可以在埋的地方做记号，在地图上画埋的记号。"

书胤说："画藏宝图，把每个区域写出来，画箭头。"

士杰说："地图出发点画绿色（表示可以走），终点画红色（表示停了）。"

这时，哲涵忽然站起来提了一个问题："纸盒做的时光胶囊，埋在土里，下雨了会浸湿怎么办？"这个问题让孩子们又激烈地讨论起来。

洋浩说："可以用雨伞遮雨。"

众涵说："用两层塑料袋包裹时光胶囊。"

玥辰说："众涵的办法不行，雷电天气，闪电会把土里的塑料袋劈烂。"

子祥说："雷电不会劈到土里，只会劈到高大的树。"

瑾瑜说："用防水油纸来保护时光胶囊。"

士杰说："用封口胶把时光胶囊缠上，不仅不会被打开还可以防雷电。"

紫瑞说："用文件袋保护时光胶囊里面的东西。"

孩子们有的选择埋在小山坡上，有的选择埋在秋千下，还有的选择埋在鸟笼下面的土里和美工区里。他们或独自或合作绘制出了将要埋时光胶囊的地图，并且每个孩子都做了一个标志牌。他们还通过讨论决定用封口胶把时光胶囊保护起来，这样就不会被雨水打湿。

（2）陈列小组

这一组有5个女孩、2个男孩，他们围坐在一起商量陈列的地方。一开始他们想把时光胶囊陈列在班上由教师看管，可是他们发现马上要放假了，教师不可能一直在学校，而且下学期中班的弟弟妹妹还会换到这个教室，万一他们不知道是大班的哥哥姐姐的时光胶囊怎么办。放班上的计划不可行。接着他们又想到要把时光胶囊放到材料保管室，可是教师们拿材料时弄掉了或者认为是垃圾扔了怎么办？好像也不可行。

瑾瑜说："给时光胶囊做一个家吧！"

婷婷问："到哪里去找那么大的纸板做家啊？"

瑾瑜说："可以找一个现成的呀！她用手指了指寝室外面一个蓝色的帐篷。"

大家都同意把这个蓝色帐篷改造成时光胶囊陈列馆。为了区分时光胶囊陈列馆和幼儿园的其他帐篷，孩子们提出将蓝色帐篷装饰起来并贴上"大二时光胶囊"的标记和警示牌，然后把时光胶囊放进帐篷，最后封口，时光胶囊陈列馆就完成了。

装饰时光胶囊陈列馆

当看到埋在土里和陈列起来的时光胶囊，孩子们非常激动，他们欢呼雀跃，忽然又想到一个问题：我们什么时候把时光胶囊取出来呢？有的孩子说："一年级的时候。"可是有孩子反驳道："一年级马上就到了，时光胶囊应该存放时间久一点，那样我们取出来更有意思。"孩子们又说："既然我们的时光胶囊保存了幼儿园三年的美好时光，那我们三年后来取吧！"大家觉得三年时间刚刚好，于是约定三年后回到幼儿园取出自己的时光胶囊。

时光胶囊珍藏着孩子们的童年，寄存了孩子当下的心情和对未来的憧憬，时光胶囊将在幼儿园里，静静等待着小主人们的归来。

第五章

培育支持儿童的哲学的教师

儿童的哲学与生俱来，但读懂儿童的哲学，支持儿童按照自己的节律发展，却是教师需要习得的能力。教师与专家、学者相比，优势在于教师工作在最真实的教育场景中，面对着最鲜活的儿童，可以获得丰富的实践经验。作为教师，要珍视实践经验的可贵，不断地研究儿童、研究教学行为，研究的行动越深入，教师专业成长的根基就越牢固，也就越能体会到作为教师的职业幸福感与成就感。

但真正的研究仅凭热情与直觉是不够的，不是用眼睛盯着儿童就能发现儿童的哲学，也不是凭借直觉冲动就能生成儿童的活动。在捕捉儿童的哲学、生成儿童的活动的背后，教师需要具备三个层次的基本能力：理解儿童、行动反思，以及活动决策。每一种能力的获得都需要在真实的教育情境中去练习与验证，培育支持儿童的哲学的教师没有捷径可走，唯有沿着儿童的哲学的轨迹，不断地尝试、调整、优化教师的行为。

　　在玩游戏的时间，大部分男孩都会去玩吊车和多米诺，而我在和佳美一起打毛线，为什么男孩不能打毛线呢？我觉得是可以的。女孩做的事情男孩也可以做，男孩做的事情女孩也可以做。

——大一班　知安（男）

　　儿童对自身哲学的价值是无意识的，需要教师在其中搭建桥梁，识别儿童的哲学并将其转化为能够支持儿童发展的活动，以此实现对儿童的哲学的支持。支持儿童的哲学需要教师具备三种关键能力：理解儿童的能力、行动反思的能力和活动决策的能力。理解儿童是教师所有能力的基础，只有深刻理解儿童才能构建适宜的活动。行动与反思伴随教师与儿童共构活动的全过程，它决定了教师怎样接过儿童抛过来的球，再用儿童的方式抛回去，和儿童实现有效的互动。通过理解儿童和行动反思能力的培养，能够帮助教师积累起活动决策的能力，敏感而又果断的活动决策能力是教育过程中相机而行的教育智慧。

第一节　培养教师理解儿童的能力

　　教师与儿童共同经历幼儿园生活，每天都在接收很多来自儿童的信息，这些信息里有许多是盲目、无效的，但儿童深层次的兴趣和需求也蕴含其中。美国学者约翰·卢布克（John Lubbock）说"我们看到什么很大程度上取决于我们追求什么"，以儿童的哲学来构建儿童的活动是我们的追求，教师需要具备从众多信息中看到有价值的信息的能力，也就是发现儿童的哲学的能力。儿童的哲学首先是儿童的，因此怎样理解儿童尤为重要，它是培养教师理解儿童的能力的第一步，也是最重要的一步。

　　陶行知先生说，忘了你们的年纪，变个十足的小孩子，加入在小孩子的队伍里去吧！你若变成小孩子，便有惊人的奇迹出现：师生立刻成为朋友，学校立刻成为乐园。你立刻觉得是和小孩子一般儿大，一块儿玩，一处儿做工，谁也不觉得你是先生，你便成了真正的先生。你立刻会发现小孩子的能力大得很：他能做许多你不能做的事，也能做许多你以为他不能做的事。等到你重新生为一个小孩子，你会发现别的小孩子是和从前所想的小孩子不同了。我们必得会变成小孩子，才配做小孩子的先生。

陶行知先生这段话启示我们，要真正理解儿童就要变成儿童，如他们一般去游戏、去探索、去交往，去经历他们的挑战、体验他们的感受，才能理解儿童每一个行为背后的原因，发现儿童的闪光之处，寻找到更贴近儿童需求的活动路径，支持儿童的自主发展。"像小孩子一般去体验"成为我们培养教师理解儿童的能力的主要思路，我们创新了一系列形式多样的体验式教研活动，让教师在活动中理解儿童的感受，在环境中理解儿童的学习，在关系中理解儿童的经历，这些丰富的体验使教师对儿童的理解更加深入和完整。

一、在活动中理解儿童的行为

儿童在活动中学习，在以儿童的哲学建构起来的活动中，儿童大多数时候都是以一种自主的状态在展开行动，儿童行为的自主性、个体性、多元性特征决定了每个儿童在活动中的感受以及行为背后的意义都是不同的，因此，教师要去关注、体验和理解活动中的每个儿童。通过体验，教师才能发现儿童做了什么，为什么这样做，过程中的感受是怎样的。

当我们发现教师在组织某一类活动的过程中，由于对儿童的年龄特点把握不清晰或对儿童个性化行为解读不准确，或是教师的行为值得探讨时，就会以活动式体验教研的方式，让教师通过自己的玩耍和体验，进入真实的活动情境，在儿童不在场的情况下，以儿童的方式开展活动，去体会儿童在活动中的行为、感受，再与自身的判断和指导行为进行对比分析，产生对儿童更深层次的理解，从而发现问题，改进行为。

例如，在一个小时晨间自由锻炼时我们看到一些现象。

现象一：小雍在整个游戏时间段都在不断重复玩跳箱，教师多次对他的游戏进行干预："小雍，你为什么一直玩跳箱呢？去玩玩其他项目吧。"

现象二：玩木梯的孩子特别多，经常排起长队，其中有的孩子玩过很多次，仍然要排队玩。教师在整理活动后说："为什么有些小朋友只喜欢玩木梯呢？我发现多多、小丁，还有仔仔一直在反复玩木梯，明天你们去挑战一下攀爬架好吗？"

　　面对儿童始终在一个区域玩耍的现象，在年级组教研活动中我们向教师抛出了问题：你认可这样的行为吗？有的教师说"孩子应该掌握每个游戏项目的技巧，只在个别区域挑战，不能获得全面的身体锻炼，因此应该鼓励他们去其他区域玩"，有的教师指出"孩子在个别区域挑战可能是因为喜爱这个区域，在不断的玩耍中他能体会到成功带来的快乐"，有的教师说"如果孩子一直反复玩一个游戏，不去尝试新的游戏，他就不会知道其他游戏可能有更大的趣味，少了获得更加丰富的经验的机会"……

　　到底要不要引导儿童转移兴趣呢？面对教师的争论，我们需要站在儿童的角度，用儿童的感受进行判断。于是，我们开展了一次关于晨间活动的活动式体验教研。让教师像儿童一样在真实的情景中去经历和体验锻炼的过程，理解儿童游戏中的行为，发现他们坚持玩一个区域的原因，以他们的感受作为判断是否应该介入指导的依据，从而反思自身的指导是否有效。活动流程如下。

　　教师像儿童平时做的那样，搭建起了晨间运动场，在游戏场景中自由玩耍起来，只见她们一个人或几人结对开始尝试不同的游戏项目。初次体验（15分钟）后，我们聚集在一起，进行了简单的经验和感受分享。然后进行再次体验，此时有的教师依然选择之前的游戏内容，有的开始尝试新的项目。

　　体验之后我们开始了集中研讨：本环节讨论了三个问题"教师选择游戏项目的初衷是什么？为什么选择这个游戏区域而不是其他的？""体验前后有什么不一样的感受和变化？""对于只在个别区域挑战的儿童，应该如何指导？"

　　在研讨中，教师首先表达了体验带给他们认知的巨大改变。

　　袁老师说："我没有体验之前，觉得这些项目对孩子们来说好像很简单，玩起来很轻松，但是体验之后我发现这些项目其实包含了很多技巧。我也更加佩服孩子们了，特别是跳箱、单杠、翻树这些难度较大的项目，其实我在挑战的时候心里是直打鼓的，孩子们却能那么从容地去挑战，他们比我更棒。"

　　刘老师说："因为我的体育不太好，所以我就选择了相对比较容易的项目，攀爬架。但是当我爬上去之后，我发现它并没有我想象的那么简单，爬完之后感觉汗都要出来了，我想起自己在指导游戏的时候，总是催促攀爬架上的孩子走快一点，其实我自己上去都做不到。"

接着，针对儿童只玩个别区域的游戏的现象，教师该不该干预，如何指导更为有效，教师们提出了新的看法。

代老师说："原来我认为一定要鼓励孩子玩不同的区域，但通过今天的体验我发现仅仅口头上的鼓励是不够的，当孩子重复玩某个区域的时候可能是他的能力还不够完成挑战，因此教师要给他技能的辅助或更多的挑战选择，如提供高低不同的单杠，满足不同能力孩子的需求。"

彭老师说："原来我认为要多鼓励孩子参加不同的游戏，但今天我自己在体验时没有马上去玩，而是先观察其他人是怎么玩的，然后评估自己能不能行，这段时间其实是思考和学习的过程，那么在孩子的活动中，他们其实也需要这样的观察、评估和思考，这是他们的学习过程。孩子只玩个别区域，可能是他对这个区域的学习还在持续，不应粗暴地打断。"

针对晨间运动场游戏的活动式体验教研结束后，教师对儿童的行为有了全新的认识，对于儿童反复挑战一个区域到底该如何指导有了更深入的认识，不仅如此，本次体验活动还让教师对儿童的学习有了新的认识，实现了儿童观的更新与转变。

活动式体验教研以活动为载体，以体验为基本方式，教师将自身玩耍和尝试的感受迁移到儿童的游戏表现中，也使教师从情感上接纳了每个儿童的不同表现。基于儿童学习的灵活性和多样性，体验的环节可以有多种组织形式和多重的体验层次，以达到充分理解儿童的目的，如集体体验、小组体验、个别体验等。

研讨部分可以结合体验谈感受，谈谈体验对原有认知的冲击，这样可以实现教师对儿童认识的转变；聚焦现象谈观点，回到教育实际反思教师行为，迁移体验经验，再次理解儿童的行为；拓展经验谈支持，基于体验感受寻找更为适切的指导方式。

活动式体验教研让教师发现自身的指导与儿童真实需求之间的差距，这个差距就是教师反思与改进指导行为的空间，教研管理者要引导教师体悟、"我的指导"和"儿童的需求"之间的距离，为下一步改进问题找到方向。

二、在环境中理解儿童的学习

儿童通过环境学习，其学习的过程是通过自己特有的方式与周围环境互动的过程，是儿童主动地探索周围的社会环境、自然环境和物质世界的过程。学前儿童的认知发展特点决定了他们对于可见可感可触的东西会产生探究的欲望。环境启发和吸引着儿童去探究和发现，环境中所有的物品都能成为儿童探究和学习的源泉，是支持儿童学习的重要手段。

环境的创设和改进仅仅靠日常观察是不够的，更需要教师在环境中体验儿童的学习过程，材料如何运用，还缺少什么支持。因此，每学期我们都会组织教师围绕环境进行体验式教研活动，我们称为"研玩会"。"研玩会"让教师从环境的创造者转变为环境的使用者，通过直接操作和亲身体验，感受环境对儿童的学习是否适宜，反思能为儿童的学习提供怎样的帮助。

"研玩会"在幼儿园的各个游戏区域进行，是针对游戏区域环境和材料的研究。在儿童不参与的情况下，教师进入游戏区域进行玩耍，自由玩耍30—40分钟后进行交流研讨，根据自己与环境和材料的互动，反思环境、材料对儿童的学习是否真正起到了支持的作用，还可以如何优化和改进。"研玩会"教研活动组织流程通常包括确定研玩区域、自由玩耍探索、展开讨论三个环节，研玩的区域可以来自教研管理者发现的环境中存在问题的区域，也可以来自教师组织活动过程中主动发现问题的区域。

以一次布艺坊的研玩为例。

1. 确定研玩区域

研玩区域的确定来自教师在教育教学实践中遇到的现实困难或困惑，并由教师自主提出，以问题吸引其他教师的参与。

由于家长赠送了大量丰富的布料，幼儿园稍加增添了一些布艺工具和辅助材料，开设了一个新的游戏区域布艺坊。

指导布艺坊的何老师在教研中提出一个问题：来布艺坊游戏的孩子特别少，每次只有固定的 2—3 个，其他孩子来了转一圈，很快就离开了。为何环境优美、材料丰富的布艺坊不吸引孩子们？布艺坊的问题出在哪里呢？我们决定开展布艺坊的"研玩会"体验教研活动。

2. 自由玩耍探索

为了最大限度地贴近儿童的学习方式，教师玩的方式和时间都模拟真实的儿童活动。教师来到游戏区域后可以结伴玩，也可以独自玩，想好计划后就开始玩耍。

一进入布艺坊，就听到新教师李老师说："我从小到大就不会用针，这可怎么玩呀？"一句玩笑话引起了大家的注意，王老师马上指出："我认为布艺坊环境中缺少了可以帮助孩子们掌握基本技能的内容，如穿针示意图。"

有教师提出，面对这么的多布和各种工具、材料，感觉眼花缭乱，不知道从何下手，于是教研组织者鼓励大家在接下来的 20 分钟里运用布艺坊所有的材料来一次自由创作，用实际行动帮助教师打开思路，丰富实践。

这时，毛老师把好几层布裁得方方正正，并装订在一起做成了一本布书，然后用布加上其他辅助材料，在书上拼拼贴贴，玩起了布贴书游戏；杨老师拿着各种粗细的绳子，正在尝试编中国结；刘老师用一根绳子和一块粉色的布，做了一个蝴蝶结头花……

3. 展开讨论

自由玩耍探索环节在教师们个性化的作品分享中结束了，本次体验打开了教师们的思路，原来布艺可以有这么多玩法，对于布艺坊的环境和材料应该如何改进来支持儿童的学习，教师们有了更多的启发和思考想要表达，于是我们在布艺坊内对本次体验教研展开了深入讨论。

李老师说："原来我觉得只要给孩子们提供足够的材料，他们自然就能玩起来，但其实是不够的，孩子们在环境中的自主学习需要教师提供适宜的支架。比如我自己就完全不会穿针，可想孩子们来到布艺坊，他们不会穿针，也不知道怎么学会，就没有玩下去的勇气和兴趣了。我们可以像王老师刚刚提议的，在布艺坊增加穿针的步骤图，这样孩子们就可以照着学了。"

杨老师说："我觉得我们还需要在环境中给孩子们提供学习的启发，比如在环境中提供中国结和其他绳结作品，让他们知道绳子打结可以有这么多玩法，启发和鼓励他们也来尝试。"

本次研玩体验活动帮助教师理解到儿童在环境中的学习不是凭空发生的，环境要既能激发他们的探索愿望，也能支持他们的学习行动。教师们为布艺坊环境的改进提出了许多好的建议，如增加穿针、缝绣等布艺基本技能步骤图，提供半成品陈列区鼓励儿童持续创作等。体验教研还能打破教师个人认知的局限，相互启发，玩出创意，我们认为会玩的教师才能带出会玩的儿童。

有了亲身的体验，教师对环境和材料的研究变得更加深入，在幼儿园里，到处都是儿童学习的环境，到处都能成为教师研玩的对象。教师们期待着研玩体验活动，因为大家聚在一起，不仅可以玩，而且可以增加对儿童的认识与理解，为儿童的发展提供更为适切的支持。

三、在关系中理解儿童的经历

儿童每天都在关系中生活，与教师、同伴密切互动着，每个班由于教师不同，师幼关系、班级氛围都显现出不同的样子，每个班都有其优势和不足，然而教师每天都在组织儿童的一日生活，长期的重复会形成惯性，教师不容易自知。儿童处于这样的关系中会产生怎样的感受，是否感到自由，是否有主动表达的机会，是否有选择的权利，我们会通过第三者介入的方式，体会儿童在关系氛围中的感受，体会不一样的教学风格和班级关系对于儿童的影响。

影子学生让教师成为儿童的影子，让教师真正进入教育现场，与儿童共同经历生活。成为影子学生的教师和组织活动的教师是相互促进的关系，作为影子学生的教师像儿童一样体验该班的教学风格、班级氛围，用自己的观察和体验说话，可以学习组织活动的教师做得好的地方，同时也对教师的活动组织提出意见和建议。影子学生教研活动流程如下。

1. 影子学生进入儿童生活

成为影子学生的教师进入其他班级，成为其他班级的一员，进入儿童的一日生活，和儿童坐在一起，学在一起，玩在一起。他们一边聆听该班教师的要求，遵守班级的作息规律，和儿童一起进行相同的活动，同时也在一日生活中倾听儿童的"一百种语言"，体会儿童在一日生活中的各种感觉。成为儿童的影子，让我们看到有时候教师自认为有趣或有挑战的活动并不能吸引儿童，而那些被教师忽略的角落却让儿童兴致盎然，这些都可以帮助教师反思自身的教育行为。

在小班年级组内进行的互为影子学生的活动中，小二班的徐老师在跟随小一班孩子生活的一周时间里，与小一班的孩子成了朋友，徐老师发现，个别孩子在活动室里不爱说话也不交流，但在教师关注度较低的盥洗室里，他喜欢哼着歌解便洗手，还主动帮助不会穿裤子的孩子……。在教师没有高度关注的地方孩子更能表现出放松、自由的状态，于是小班教师开始有意识地为孩子创造更多自由自主的空间和时间。

2. 向组织活动的教师反馈信息

影子学生体验结束后，要及时将自己作为"儿童"与儿童互动的感受以及参与活动的感悟反馈给组织活动的教师，以帮助教师反思自己的活动组织是否存在问题。

例如，我园大班的主题活动多以小组合作的形式开展，儿童根据自己的兴趣形成不同的探究小组，在整个幼儿园中进行探究和学习。分散自由的小组探究形式对组织活动的教师提出了很高的要求，于是我们组织开展了影子学生体验教研活动。小中班的教师作为影子学生参与了大二班"泥土"主题的探究小组活动。影子学生刘老师选择跟随泥土实验组的儿童，他们今天的研究内容是测试幼儿园里不同泥土的硬度，组织活动的杨老师在班级三个探究小组中间来回指导。

影子学生刘老师体验之后分享如下。

今天我和孩子们一起做比较泥土软硬的实验，他们在幼儿园里三个不同地点分别取了三盆泥土进行对比实验，刚开始，孩子们都选择用木板压的方法，如果木板压进泥土较深说明泥土较软，反之则较硬。但依依找不到木板，她就找来一根树枝，她告诉我如果树枝能够插进泥土很深，就说明土很软，如果插不进去就说明土很硬。她用树枝的尝试吸引了另外两个孩子，于是这组孩子就自然分成木板压和树枝插两个探究小组，但是他们对三种泥土的软硬测试结果发生了分歧。

中途杨老师过来看他们，说："你们测试的时候木板要压平，倾斜度不同也会影响实验结果的。"

最后分享环节，杨老师请孩子们说一说自己发现的问题，依依站起来说："我们测试的结果是不一样的。"杨老师说："不同小组的测试结果肯定不一样啊！"说完又去邀请其他孩子了。

我的发现：杨老师没有理解依依问题的含义，依依是说用树枝和用木板的测试结果不一样，而杨老师以为她说的是各小组的结果不一样。

我的分析：杨老师没有全程参与这个小组的活动，因此她不知道孩子们是因为找不到木板而采用了插树枝的方法，分享环节也没有给孩子们充足的时间表达自己的发现和观点。发生上述情况的原因是杨老师在三个组之间来回指导，每个组都没有深入地观察和解读，导致她对孩子们的学习情况不了解，在分享环节的提问就无法聚焦，没有很好地帮助孩子们提炼出学习经验。

最后，教师们针对刘老师提出的教师指导环节出现的问题进行了集中研讨，向杨老师提出了许多有意义的建议，例如，有效小组活动指导的前提是教师深入观察儿童的活动，来回的巡视性指导是低效甚至无效的，只能提出一些浅表的建议。通过影子学生的体验，教师发现儿童在面对问题时，会想很多办法尝试，这些不断尝试的过程是很有价值的，需要教师帮助儿童从中提炼经验。如果教师定点观察指导一个小组，其他小组请保育员和配班教师以拍照、录像的方式帮助记录儿童的学习过程，也可以给儿童提供大画板，请他们一边做实验一边把自己的学习过程记录下来，在分享环节，借助自己的记录向大家分享自己的学习过程，教师就能有针对性地帮助他们提炼经验。

影子学生成为一种纽带，连接了活动中的儿童与组织活动的教师，一方面，影子学生是儿童的同伴，通过共同参与活动，体验儿童真实的经历，加深对儿童的理解；另一方面，影子学生是组织活动教师的镜子，将教师在活动中存在的问题显现出来，促进他们对问题的觉察和改进。

长期的实践告诉我们，如果理解儿童仅仅停留在认识层面，那它只能成为一句无力的口号，不具有任何力量，产生的活动也只能是披着儿童外衣的教师的活动，因此，我们必须培养教师理解儿童的实践行动能力。无论是活动式体验、研玩会，还是影子学生都是为了通过体验的方式走近儿童，理解他们的行为、学习和经历。它们代表着这样一种方向，但并非唯一的路径。需要明确的是理解儿童并非一个片段式的动作，它不可能是完成时，而是一直处在进行时中，因为伴随着教研的不断深入，教师的觉察也在不断深入和细化，对儿童的认识和理解也越来越深刻。

第二节　支持教师行动反思的能力

行动是教师的基本职业行为，每一天每一位在岗的幼儿园教师都会通过自己的行动对儿童产生影响。反思是指经常性地回顾自己的教育教学，判断自身的教育行为是否适宜当前儿童的需求，如果有不适宜的地方，及时进行调整和改进。行动与反思通常相伴而行，行动是反思的起点，反思影响着行动的发生。反思需要教师付出额外的时间和精力，可是教师会反思吗？反思的效果如何？反思是否带来行动的改变？改变得如何？可以说行动反思的质量与教师的专业成长息息相关，优秀教师和一般教师的区别往往就体现在行动反思的能力上。

　　陶行知先生"教学做合一"的思想同样适用于教师的成长与发展，在教师的实践工作中培养教师行动反思的能力，为教师提供适宜的支架，提升教师行动反思的能力尤为重要。我们既需要教师形成全面思考和重点思考相结合的意识，有序地规划和开展工作；又需要提升教师解决教学现场问题的能力，根据基于教育现场的共性问题、突出问题展开集体研究；还需要根据教师的个别问题进行及时跟进、及时交流。

　　教研管理者进入教育现场，根据教师的实际情况及时、灵活地开展教研，不断调整教学行为，使其更为适合儿童。各种表格计划、灵活多样的教研形式作为支持教师行动反思的支架将伴随教师学期工作的全过程，支持教师更为有序、深入地开展活动。

一、用表格计划支持教师有序地规划与思考

　　计划是为了实现决策所确定的目标预先进行的行动安排。为教师提供具有明确指向、内在逻辑的各个层次的表格计划，帮助教师对活动进行全面的思考，推进活动。建构属于儿童的活动，需要教师在活动的不同阶段以完成表格计划的形式，规划活动的方向，使其始终追随儿童的学习需要。从活动的生成到推进，教师需要完成活动预设与生成表、月计划表、周计划表、逐日计划表等，教师通过表格计划的书写将活动开展的思路转换为可行的教育行为。

　　活动预设与生成表是规划整个学期活动开展的可能性和方向；月计划表追随儿童的学习进程，实施动态支持；周计划表是将活动内容分解到一日生活之中；逐日计划表是教师开展活动的具体做法。这些表格计划共同构成了活动的图景，有远景目标规划，也有每一天的具体实施。

（一）活动生成与预设表

活动内容的选择关系着师幼很长一段时间的生活重心是什么，因此，主题活动的确定是教师一学期最为重要的规划。确定活动之前，教师已经形成对儿童兴趣的初步把握和判断，并形成了一个活动的主题，这时就需要与儿童展开充分的讨论。

1. 关于这个主题你知道些什么

知道什么指向儿童对这一主题的已有经验水平。如果一个主题内容大多数儿童都有相关经验，就可以帮助少数儿童通过个别交流、集体教育活动、相互学习获得经验，这个内容就不具备生成班级活动的条件；如果一个主题内容大多数儿童都缺乏经验，而已有经验儿童所提供的信息又引起大多数儿童的兴趣，那么该主题就具备了深入开展的条件。

2. 你还想知道什么

还想知道的内容就是儿童经验缺失的地方，也代表着活动开展的方向，挖掘儿童"还想知道什么"能够帮助教师把握儿童的最近发展区，使活动真正贴近儿童的发展需求。

活动生成表帮助教师进一步梳理儿童对活动核心内容的已有经验、进一步的探究兴趣，以及可能生成的具体活动。

_____ 活动生成表

活动来源：		
已经知道	还想知道	可能生成的活动
现有环境条件		
其他资源盘点		

图 5-1　活动生成表

儿童是在关系、环境中学习的，教师要将思维发散到幼儿园环境中，发散到以儿童为中心形成的关系网中。因此，在主题活动生成表中，教师在对儿童兴趣点的把握和判断上要进一步思考"行为的表象之下儿童究竟在关注什么？""对于活动核心内容哪些是已知的？"，这些可以形成儿童经验的基础；"哪些是儿童还想知道的？"代表着活动探究的方向；"可能生成的活动"是教师对幼儿园整个环境、资源，对活动的支持性评估之后，罗列出的可以开展的具体活动内容。

教师在完成活动生成表的同时，还要填写一个活动预设表，预设表主要包含五大领域中可开展的活动和创设的环境，确保儿童全面发展的基本要求。学期前的活动预设，帮助教师检索和梳理与儿童兴趣相关的所有可能的活动，借此帮助教师判断这个主题是否适宜儿童长期探究。通常，教师在填此表时，如果预设的活动与所选择的主题关联度较大，则说明这个主题涉及的经验很丰富，值得探究；反之，预设的活动与所选择的主题关联度较少，则说明选择的主题可能只能以点状或线状的形式开展范围相对较小的活动。

活动生成表和预设表是同步思考和呈现的，因为预设与生成对儿童具有同样重要的价值，教师既要为儿童设计有意义的、富有挑战性的、全面性的学习活动，使他们获得充分的感性经验，也要运用儿童的哲学，让儿童在日常生活和偶发、非预设的活动中获取经验；既让儿童有机会参加成人设计的活动，也让儿童有机会投入与环境交互作用的自发活动之中。预设和生成是不可能截然分开的，它们是相互依存、相互转化的。

（二）月计划表

学期活动的目标需要落实到每月实现，活动月计划是对学期主题活动的具体转化。活动月计划开始之前需要对儿童上月活动情况进行分析，如果上月儿童发展目标还未达到，本月活动计划就需要适当放缓，对缺失的部分进行补充；如果儿童发展目标已经达到且已生成新的探究点和发展需求，本月的活动目标就要适当提高，以适应儿童发展的需要。同时，教师还需要根据儿童在活动中不断生发的问题，对可能生成的活动进行预想。

_____ 活动月计划表

_____ 月

上月情况分析	
儿童的问题	可能生成的活动

图 5-2　月计划表

以儿童的哲学建构起来的活动，始终追随着儿童的问题展开，儿童的好奇和疑问是活动的起点。在活动的开展中，教师要主动收集儿童问题，随听随记，这些问题就是儿童兴趣所在，也是活动的方向。制订月计划表格时，教师要把儿童的问题罗列出来，进行梳理，形成活动方向的脉络，并以此生成具体活动。

（三）周计划表

周计划是把一个月的活动分解到每周的具体安排，是教师对主题活动如何落实到儿童一日生活中的全面思考，涵盖了教师一周的常规工作内容，其中与活动直接相关的有环境、资源、家园配合、领域活动。周计划中的"上周情况分析"帮助教师反思活动中儿童的表现，并以此规划本周的活动安排；"环境新增"包括本周新增的可以支持儿童探究的环境、材料和儿童活动作品两方面；"家园配合"是需要家长支持儿童在社会生活和家庭生活中扩展主题经验的相关活动安排；"活动安排"是每天的活动内容，其中包括儿童小组探究活动、五大领域活动等。

（四）逐日计划表

逐日计划是每一天活动开展的具体内容，主要包括活动目标、准备、指导重点。在逐日计划表中，我们特别设计了"效果"一栏，让教师对已经完成的活动进行效果分析。教师可以计划活动内容，但无法预设儿童在活动中的真实表现，对活动效果的分析让教师将教学中的不足之处与计划进行对比，回过头再看自己预设的活动，问题就会浮现，对活动计划的反思会帮助教师发现教学中的问题，思考如何在下一次的活动中避免出现类似的问题。

填写计划表格能帮助教师厘清思路，为主题活动的开展把握方向，教师制订计划，开展行动的原点始终是儿童，计划的制订是基于对儿童当前发展状况与需求的反思，而行动的目的是确保儿童在主题活动中获得全面的发展。学期主题计划追随儿童兴趣生成主题活动，月计划根据儿童的问题将主题推向深入，周计划是主题活动的具体实施，不同层次、阶段的计划表格让教师有序地思考和行动，同时通过反思使活动更加适合儿童的需要。

二、基于现场的研究支持教师及时反思

有些教师认为学过儿童心理学知识，了解了儿童的年龄特点，掌握了儿童的身心发展规律，就能够认识、了解儿童，其实不然。只有真正深入幼儿园的教育现场，真正去追随儿童开展活动，才能体会儿童心理学知识作为一般性规律并不完全适用于每个儿童，也才能真正体会儿童心理学中所谓的儿童发展的差异性到底意味着什么。在教育现场中，儿童的表现真实而丰富，教师行为中的问题或现象都会自然显现，它可能是每位教师在日常的教学过程中都会经历的。因此，基于教育现场的研究，能够给教师带来很强的代入感和共鸣，在共同研究和相互碰撞中，不仅能够帮助提出问题的教师及时解决教育教学中的真实问题，还能借助问题发现、思考、分析、讨论的过程，使每一位教师获得反思体验，逐渐走上反思性教学之路。

基于教育现场的研究，我们通常以问诊的方式来开展，问诊是贯穿现场研究的核心线索，问诊的问题从教育现场中来，诊断是将教师带到教育现场中去的过程，教师将来源于活动中的典型问题通过观察、解读、分析和共同讨论找出解决措施，并在新的实践中检验效果。活动中的典型问题可能来自

教师自己主动提出的问题和困惑，也可能来自教研管理者从班级活动、儿童表现或教师行为中发现的普遍问题。

在一次大班晨间区域游戏的观摩中，业务园长发现三个大班的科学区都存在材料提供不合理的情况，于是业务园长牵头对大班科学区的问题加以会诊。这是一个集思广益的过程，通过对科学区的会诊，教师们对科学区材料提供不合理的现象进行了诊断，给出了药方：针对材料投放本身的问题，教师认为需要将材料进行归类；投放的每一种材料都应充分考虑材料的用途，备齐配套材料；针对孩子们不会操作的问题，教师认为应教给孩子基本的器械操作的方法；实验应有一定的图示，每周应有一个总结和介绍新材料的时间，每一种材料教师都应事先操作，避免材料出现问题，或根本做不出实验；针对材料无法支持孩子记录的问题，教师认为记录表的设计要符合孩子的特点，标识要明显，记录要方便。这种研讨将教师引入教学实践的真实情景中，带动教师主动思考问题和策略，解决了教师自身遇到的、日常的、具体的教学问题。

基于教育现场的研究促使教师在寻求问题解决的过程中，反思教学内容是否适宜、教学方法是否得当、教学是否支持儿童完整经验的获得和个性化的发展。

三、及时跟进的支持促进反思深入

长期的研究经验告诉我们，真正属于儿童的活动不会完全按照教师预设的方向发展，因此，除了针对难点问题、普遍问题的集体教研，教研管理者还需要针对教师个人和班级活动进行及时跟进，发现问题及时与教师交流沟通，帮助他们从现象中提炼问题。

及时跟进的教研可能是管理者走进班级与班级教师的一次交流，也可能是针对一些探究点生成的临时性教研，还可能是一些好的经验的分享活动。这样的教研帮助教师遇事都能产生"更进一步"的思考，从"我能做什么"

到"我还能做什么",帮助教师自主发现教学中的问题,养成自主反思的习惯,让教师真正发生持久的变化,从经验型教师走向研究型教师。

跟进式教研中的教研管理者是一个促进者而非评价者的角色,管理者需要像教师对待儿童一样,将观察和评价整合起来运用到教师培训中,反思自己在教育情景中看到的情况,问自己怎样才能更好地帮助教师,不仅能够发现教师的问题,还能及时发现教师的闪光点,发现他们在教学中由深刻的反思带来的教学行为的改进,这样的经验值得在教师群体中分享和传播。

(一)针对个别教师的及时跟进

针对个别教师的跟进需要教研管理者善于发现、理解每位教师的能力优势和个性特征,就像儿童一样,教师在学习和成长中处于不同的阶段,在开展活动的风格和尝试新事物的意愿上也各有不同,我们要尊重教师的个体差异性。个别化的跟进教研针对某位教师的个性化问题和感受更能激起他的思考热情,反思更具实效性。

在美国学者舒尔曼(Lee S. Shulman)提出的"教学推理"模式中,我们发现,一个教育工作者必须具备的能力有三项:关于教学方法的知识、关于儿童的知识、关于教学内容的知识。每位教师在这三项能力上的发展速度和发展水平都不一样,如果针对某个问题开展集体性的教研,很难帮助每位教师在原有水平上获得适宜的发展。针对教师个人的跟进式教研关注教师的成长背景、教学风格、个性特征,通过教研组织者的个别指导和个别交流,帮助教师发现问题、总结经验、提升能力。

个别指导案例

记录者:幼儿园保教主任

我在收集教师每周反思时,发现中二班龙老师对种植活动中如何指导孩子们观察存在一些误区,从她写的反思中可以看出,孩子们的观察仅仅停留在"看到了什么"这样浅表的观察上,如"菜苗苗又长高了一点""它的叶子有一点点变黄了",对孩子们进一步学习的意义不大。于是我找到了龙老师,了解她对于观察这件事的认识。

龙老师说："我认为中班孩子只要能将自己看到的东西画下来就是记录"。龙老师的认识显然是非常片面的，她最大的问题是将"看"和"观察"等同起来，窄化了孩子们认识事物的方式，对孩子们的学习特点认识不清晰。于是，我通过问题引发她思考："当你在面对一个想要了解的事物时，除了看还会怎么做？"鼓励龙老师在活动中试试让孩子们用多重感官去观察。

三天之后，龙老师主动找到我，说她和孩子们一起进行了酵素堆肥实验，这次她没有像往常那样发给孩子们一张纸，让他们记录"看"到了什么，而是引导他们去发现"瓶盖扭开时，你听到了什么？""把鼻子凑近一点，你闻到了什么？"多重感官的观察让孩子们对事物的认识更为深刻。孩子们兴奋地发现："瓶子里的气体像可乐，打开盖子能听到哧哧的声音。""瓶子里有气，闻起来像马克笔的气味。"

龙老师发现原来打开感官之后，孩子们的发现是如此丰富，远远不光是"看"这么简单。她还进一步表达了自己对观察和记录之后如何帮助孩子们进一步探究的思考。

看到龙老师的学习积极性被调动起来了，我向她推荐了《聚焦式观察：儿童观察、评价与课程设计》这本书，希望她在专业书籍的帮助下，对儿童的观察思考更为深入。

（二）针对班级活动的及时跟进

针对班级活动的跟进教研主要以主题沙龙的形式开展，每月一次，在主题沙龙中，以一个或者两个班级的主题活动为中心话题，组织活动的教师介绍活动开展的现状、遇到的困惑和困难、希望得到的帮助。然后全体参与人员贡献自己的智慧，可以是分享与主题相关的具体知识经验，也可以是普遍适用的教学方法的传授等，总之大家打开脑洞，自由畅谈，以集体的头脑风暴将执教教师的思考引向深入。

针对班级活动的跟进还有一种重要的方式是业务管理者随时走进班级，观察儿童活动和教师组织活动的状态，以旁观者的角度帮助教师发现活动中可能存在的问题，进行及时的交流和探讨。

（三）及时推广经验

善于反思的教师总是能从普遍的行事经验中发现问题，并开展创新实践。教研管理者要善于发现教师好的做法，并及时在集体中进行分享和传播。苏格拉底说："教育不是灌输，而是点燃，一万次的灌输，不如一次真正的唤醒。"教师好的反思经验，可能成为点燃其他教师思考的火种。

小组探究是我园大班活动的主要形式，孩子们根据兴趣组成不同的探究小组，在幼儿园中进行自主探究学习，但教师在指导中一直无法同时跟踪观察多个小组的活动，从而给予有针对性的指导和帮助。本学期大三班的李老师在班级小组探究活动中主动尝试了新方法：为孩子们提供及时记录画板。画板上的内容包含活动前孩子们做的小组计划、活动中发现的问题、解决方法。画板的提供不仅解决了观察的问题，还在分享环节为孩子们提供了直接的辅助，让他们可以通过自己的小组记录回顾当天的学习，从而更加有效地提炼经验，实现小组间的相互学习。

李老师的做法，从被动的教师观察到孩子们的主动记录，有效地解决了教师观察不深入的问题，还在分享环节为孩子们提供了有效的支架。我们组织了一次大三班的小组活动观摩教研，及时向大家分享李老师的经验，为其他大班提供了支持孩子们小组学习的好思路和做法。

"行动—反思"能力的提升能够帮助教师在面对生动、变化的教育对象与特定的教育情境时，更好地关注儿童在活动中的表现和反应的细节，为研究儿童的学习特点和互动行为，重新认识活动中的儿童，把握儿童的内在需求，挖掘相应的支持策略提供了事实依据。支持教师开展行动与反思的方式很多，其原则是以教师为主体，将反思根植于教育教学的现场，渗透到教师的每一个教学行为中。

第三节　赋予教师活动决策的权利

教学决策是为了解决教学问题和实现教学目标，教师在多个教学方案之间进行抉择的过程是教师自我管理的一部分，其意义在于不断寻求教学创新。以儿童的哲学构建的活动始终追随儿童的想法和需求展开，这样的活动极具不确定性和灵活性，如果教师没有与之匹配的活动决策权利，万事只能按规定计划或向上级询问，可能导致许多儿童闪光的想法因为没有得到及时的支持而白白流失。因此，赋予教师活动决策的权利是活动的需求，也是儿童发展的需求。

教师的认知、价值取向无形中影响着活动的选择与活动的推进，不同的教师与儿童共构的活动走向一定不会是完全相同的。例如，当儿童发现种植的蔬菜被虫虫吃出许多窟窿时，有的教师顺应儿童"把虫虫捉住进行饲养，既保护了虫虫又保护了植物"的想法开展活动，有的教师则主动开展教学活动，以虫虫的独白"天气太冷了，我好饿呀……"引发儿童从虫虫的角度去思考，并开展讨论，在一定程度上唤醒了儿童的同理心和移情的体验。教师是活动开发和进行的主要责任人和核心推动力，活动因教师的不同而不同，赋予教师活动决策权，就是尊重教师的个体能动性，尊重教师对儿童的理解和支持。

赋予教师活动决策的权利，最为关键的是要建立起教师的专业自信。其中最为重要的是管理者需要从权威者变成对话者、参与者、促进者。首先，管理者要认同教师是富有创造性的群体。其次，管理者在每一次与教师交流或活动研讨中，要鼓励教师充分发表观点，说出自己的想法，尊重他们的想法和做法，注重在参与研讨的过程中向教师学习；同时，管理者要与教师开展平等对话，以共同切磋、分享经验的态度表达自己的观点和想法，在没有原则性问题的情况下，允许教师试误。在这个过程中不断地鼓励、肯定教师的思考和做法，让教师从不敢决策到敢于决策。

教师的活动决策权是伴随活动全程的，从活动生成开始，教师就有充分的自主权决定和儿童一起共构什么活动。在活动过程中，教师也能根据儿童真实的活动状态，灵活调整活动内容。教师同时享有对活动自主评价的权利，以此支持教师从活动中梳理经验，促进自身的教学改进。

一、活动生成的决策权

教师是儿童在幼儿园中最亲密的陪伴者，教师与儿童共同经历生活，形成了班级特有的信任感和默契度。儿童在被什么吸引着？他们想学习什么？以什么样的方式学习？班级教师是最有发言权的。儿童在教师面前是自由、开放的，向教师传递着丰富的儿童的哲学信号，这些信号就是活动生成的契机，信息收集、筛选、分析都由班级教师完成，因此，教师可以自主决定班级开展什么活动或不开展什么活动。

教师对于班级活动生成的决策不是一个片段的行为，而是一个反复思考、综合判断的过程。教师要对儿童的兴趣进行收集和筛选，儿童在同一时期的兴趣有很多，但并非每一个兴趣都值得生成具有长期探究价值的活动，教师与儿童以个别、小组、集体的方式进行多次互动，收集的信息越丰富完善越好。信息收集之后，教师可以自主对信息进行筛选，如果是短期兴趣或浅层兴趣，教师可以自主决定将其转化为集体教育活动或个别探究活动。

活动生成的决策权是教师教育理性的表现，而非盲目的行动，因为教师深知活动的生成对儿童一学期的学习、生活意义重大，适宜的活动支持儿童的全面发展，不适宜的活动将阻碍儿童的发展。

我们为教师提供的支持是组织主题讨论会，把每个班级的教师聚集在一起，对教师提出的活动构想进行多角度论证，再次判断是否生成活动。主题讨论会也是学期伊始最为重要的教研活动，在学期初的第一周完成，此时是教师进行活动生成决策的关键时期。

主题讨论会中，教师介绍班级活动备选方案，大家集思广益，提出问题建议、分享经验等。例如，一个班级想开展种植主题活动，那么有开展种植主题活动经验的教师就会介绍自己班级开展活动的经验和教训，为想要开展的教师提供更多的思路。最终，班级教师结合班级儿童的实际需求和自己多方面的判断，最终形成班级主题活动。

二、计划调整权

活动的计划帮助教师把握活动的方向，梳理活动的脉络，我们都知道，儿童的学习总是在发现问题和解决问题的循环中进行的，但儿童发现问题和解决问题的节奏并不总是按照教师的计划去发展的，因此，当原有计划无法支持儿童当下的学习时，教师需要及时把握机会，调整活动以适应儿童。计划调整的权利就体现在教师可以根据现实情况，相机而行。

儿童学习的规律与特点，决定了我们必须赋予教师更改和调整计划的权利。计划调整的依据是儿童当下的兴趣及在活动中表现出的状态。儿童当下的兴趣决定了我们是继续开展当前活动还是更换活动内容；儿童在活动中表现出的状态决定了活动开展时间的长短。

情况一：顺延/取消计划。生活中一些突发事件可能会打破教师原本的计划安排，儿童对这些突发事件表现出强烈的兴趣，教师会顺应儿童的需求，给予他们时间和空间去探索，而不执行原有计划。那么原有的活动计划怎么办呢？教师可以根据自己的思考和判断，将活动顺延，或直接取消。

情况二：插入突发计划。在进行预设活动时，儿童的探究兴趣与预设目标发生了背离，而聚焦到一些突然事件上，并且该事件成为儿童研究的焦点，探究持续了一定的时间、具有一定的深度，教师就需要以补充表格的方式对活动进行说明，并放入当时的计划文件夹中。

情况三：批注超时活动。活动开展时间的长短是基于对儿童活动状态的解读，当儿童非常投入当前的活动，影响到进入下一活动环节的时间时，教师不会按照原定计划直接打断儿童的活动，而是顺应儿童的学习节奏，延长儿童当前活动的时间，对计划进行调整，并在活动后在原有计划中批注清楚。

三、效果评价权

教师与儿童在一段很长的时间里，共同建构学习的意义，教师作为儿童学习的陪伴者、见证者、共构者，有权利对活动进行全方位的反思与评价。活动的评价不是判定对错，而是给予教师机会进行自我反思，教师的内省和自查非常重要，这是教师总结经验、改进教学的基础。

给予教师评价活动的权利让他们能够对活动进行过程性梳理，有助于教师把握活动的方向，思考活动是否在追随和满足儿童的需求。教师对活动效果的评价是伴随活动全程的，评价的主要形式是每周书写活动案例反思和期末分享主题案例书。

（一）每周案例反思

其实教师对活动的评价一直伴随着活动开展的过程，我们可以从教师每周完成的案例反思中看到他们对活动的即时评价，有做得好的地方，更有值得改进之处——可以改进的点，就是活动持续深入的源泉。教师的案例反思会记录活动中的关键事件，为什么这些事件成了教师关注的焦点呢？可能是这些事件展现了儿童独特、闪光的观点，也可能是这些事件成了活动生发或转折的契机，还有可能教师从这些事件中得到了启发。

（二）活动案例书分享

活动案例书是在班级活动结束之后，教师对整个活动开展的全过程的梳理与呈现，包含活动是如何生成的、儿童有意义的学习过程、教师的反思提炼等，以图文并茂的方式呈现，早期我们都是以书的方式呈现，因此一直称为活动案例书。活动案例书是教师对活动进行自我评价最为主要的方式，其内容囊括了整个活动的起点、过程、结尾以及教师对活动的反思。

活动案例书的制作过程充分体现了教师的自主评价，是教师对整个活动的价值、内容进行筛选和判断的过程。整个班级活动由许多事件构成，哪些事件对儿童的学习有重要意义？哪些事件对教师的教学有重要意义？教师进行自主选择的过程就体现了教师对活动的认识、对儿童的认识、对教学的认识。

活动案例书的分享方式也体现着教师的自主评价，教师可以完整呈现主题活动，也可以提取主题关键点进行专题分享，还可以从自己的角度来谈开展主题活动带来的教育观念的更新等。

除了好的经验分享，在开展主题活动的过程中可能还会出现一些不适宜的经验，我们知道儿童的学习是在试错中进行的，在解读儿童的哲学的时候，教师也难免出现误读，我们允许和理解教师在活动中走的少许弯路和由此形成的不适宜的经验。这些不适宜的经验也很宝贵，认真梳理出来，可以提醒自己和帮助其他教师，避免再次出现类似的问题。

本学期大二班开展了关于"人体的秘密"的主题活动，两位教师都是第一次带大班，也是第一次开展小组探究的主题活动，虽然教师从认识上都知道分组对小组探究活动的重要性，但是在分组环节教师遇到了极大的困难，前后经历了三次分组，最终才从孩子们的兴趣出发，找到了适合他们需要的分组方式。她们在案例书中记录了三次分组的经历以及改进的心路历程。

第一次分组：教师依据人体本身的框架，将人体分为大脑、骨骼、消化、血液等若干系统，让孩子们选择一个系统进行研究。孩子们在选择小组时非常纠结和困难，因为很多孩子是对人体整体感兴趣，而不是某个系统。可见，此时教师对孩子的解读不够深入，浮于表面，就"身体"而研究"身体"，甚至将孩子们的研究兴趣进行人为割裂，导致分组不成功。

第二次分组：教师将人体视为一个整体，并再次与孩子们展开讨论，将他们的兴趣指向划分为生命起源、身体结构、健康的身体三方面，并形成相应分组。孩子们在进行选择时，又出现了问题，好多孩子不知道怎么选。教师发现"健康的身体"对孩子们而言是一个抽象的概念，他们不知道在这样的学习小组中到底可以做什么。小组学习是大班开展主题活动的主要形式，分组形式影响着孩子们的学习进程。教师应时刻注意，避免给孩子们的学习设置各种限制和阻碍，发现问题应及时调整策略。

第三次分组：经历了两次分组的失败，教师感到非常挫败，自己与孩子们朝夕相处，时时刻刻关注他们的言行，怎么会不能理解和透析、把握和支持他们的真实想法呢？在这件事情上教师不想放弃，不断倾听孩子们的声音，终于找到了他们真正的兴趣。一部分孩子关注生命起源其实是对彭老师肚子里的孩子感兴趣；一部分孩子关注身体的构造其实是对身体内部的血液循环、吃的东西哪儿去了这些比较神秘的现象感兴趣；还有一部分孩子关注的其实是身体的独特性，关注的是每一个人都是不一样的。这样的分组才是真正贴近孩子们的兴趣和研究方向所在。

大二班的教师在分享活动案例书时，讲述了三次分组的过程，让大家印象深刻，因为教师没有从活动起源以及如何开展的常规角度进行分享，而是借助自身在活动开展中出现的突出问题，直接从反思的角度切入，给大家带来了极大的冲击和思考。

大二班分享的看似是一个"不成功"的活动案例，但这恰恰证明了真正追随儿童的活动不存在理所当然的一帆风顺，教师对儿童和活动的解读与研究也是在不断试错的过程中越来越丰富和完善的。

当教师捕捉到儿童的哲学时也就开启了师幼共构的活动之门，儿童的哲学决定了活动是动态变化的，而非依据教师的预设进行，因此，教师在捕捉到儿童的哲学时，必须要能够根据儿童的兴趣需要和教师的价值判断，采取相应的行动，这决定了教师应该发现、追随、支持儿童的思想，但儿童的身心、年龄特点决定了他们对教师的"服从性"，因此，我们不得不承认，很多时候教师对儿童的活动起着决定性的作用。因此，赋予教师活动决策的权利是直面当前教育情境，正视师幼实际关系的做法。但同时，教师的活动决策权并不是高高在上的权威，而是追随儿童的哲学，在活动的重要节点做出符合儿童发展需求的决策。

第四节 形成研究共同体

共同体是一个社会学概念，滕尼斯在《共同体与社会》中将其界定为基于协作关系的"有机组织形式"，是一种具有共同归属感的社会团体。佩里指出，教师专业共同体是在教师发展过程中建立起来的，具有相同的目标，共同参与专业发展的计划、实施和反思的智力团体，在此共同体中，学习发生于行动中，专业智慧被广泛散布，知识通过社会性的途径建构出来。

研究共同体能够突破个人认知的局限性，团体中不同观点的碰撞，能够帮助教师在更高的经验水平上进行研究，达成教育共识。儿童的哲学内涵丰富，充满儿童的个性化表征，基于儿童的哲学构建儿童的活动需要从不同层面开展。因此，教师群体中需要形成不同的研究共同体，使他们能够在不同的层面发挥所长，补齐短板，实现对儿童的哲学更为全面、清晰的解读。基于儿童的哲学建构儿童的活动是我园的创新探索，幼儿园中每个人都在摸索和探寻着，不同层面的研究共同体将教师围绕在儿童的哲学周围，从每一个真实的行动中开展研究。

一、全园研究共同体

全园研究共同体是全体教师在园长的直接带领下，对如何以儿童的哲学建构儿童的活动开展实践研究所形成的研究团体。全园研究共同体首先针对幼儿园在研究实施过程中出现的普遍性问题，如如何理解儿童、如何创设儿童的哲学场域、如何建构活动开展研究；其次，管理团队通过各种方式指导教师进行研究；再次，及时将研究的成果在全园推广，使幼儿园整体研究水平向前推进。因此，我们开展了各个层面、各种形式的教研活动，使教师工作的重心始终保持在研究儿童，促进儿童发展上。

以园长为中心的教研管理团队在全园研究共同体中扮演着重要角色，始终走在教师的前列，引领教师在实践中反思，在行动中研究。"老师不是不愿意去做，而是不知道该怎么去做"是我们开展教研管理的核心思想，教研管理者要随时反思自己在儿童和教师的活动中的所见所闻，问自己怎样才能更好地帮助教师；要随时走入班级，走到活动现场，针对问题，引领教师及时反思，从问题出发，寻找更多探究的可能。

二、年级组研究共同体

年级组在年级组长的带领下，以儿童年龄特征与身心发展规律为基础，研究本年龄段活动开展的路径。活动的开展在同年龄段中具有很强的共通性，年级组长要做到对各个班级的活动心中有数，带领教师针对班级活动开展共性问题的研究。

一般来说，年级组的教研更聚焦于具有年级组特点的活动，例如，大班的"大区域活动"就是从大班年级组教师提出的"为什么教师辛辛苦苦创设的游戏区域孩子们不喜欢，只喜欢玩书包"这个问题开始的。大班年级组教师认真分析班级区域游戏存在的问题，发现各自为营的班级游戏从空间、场地、材料上都不能满足儿童的需求，大班年级组教师经过反复思考和推敲，进行了三个层次的创新尝试，首先是开放空间，开放班级和幼儿园的大环境空间，让三个班级的儿童一起游戏；其次是重新梳理材料，按材质进行分类，大大提升了材料的多种表征作用；再次是整合时间，重新调整三个班级的一日生活作息，保证儿童能够有 50—60 分钟的充足游戏时间。三个层次的不断尝试调整，逐渐建立起幼儿园大班的大区域游戏样态。

在长期的实践中，进入大班的年级组都会展开对大区域游戏活动的深化研究，如关于提升导入和回顾环节的有效性、儿童游戏计划的变革等都是基于年级组共同的研究开展起来的。

三、班级研究共同体

班级是幼儿园中最小的研究体单位，但也是最为重要的。班级活动内容来源于本班儿童的实际情况，围绕儿童的兴趣、问题展开，反映的是教师、儿童之间真实的学习、探索的过程。班级教研是幼儿园中最小的教研，也是最实的教研，它解决的是班级活动中最细节的问题，是教师对儿童活动最直接、最及时的回应。

　　我们都认同，不同年龄段儿童的发展水平存在差异，但我们很少注意到即使是相同年龄段的儿童，由于成长经历、班级氛围的不同，儿童在成长需求上存在客观差异。因此，每个班级的活动都带有明显的班级风格，班级研究共同体的落脚点是班级中的每一名儿童。班级研究共同体最能在实践中发现问题，也最能灵活调整活动解决问题，其最终目标是尊重儿童的个体差异和个性化学习需求，使活动更为适合班级中的每一名儿童。

四、教师研究工作坊

　　教师研究工作坊由教师根据自己的意愿自由组合，并自主选择研究内容，是教师们为着共同的意愿（即要达到的共同研究目标），自愿组合在一起的合作研究团队。我园教师研究工作坊在活动内容和时间上都十分灵活，能对研究中生成的问题进行及时的沟通交流和处理。在活动中，面对有着共同问题的亲密伙伴，没有领导的参与和怕说错的压力，教师可以敞开心扉，尽情表达自己的观点与意见，因此，在其中研究的问题是最自然、最真实的。同时，研究工作坊在运行机制上实行完全的自我管理、自我发展，无须外界指令而能自行组织、自行创生、自行演化，是一个具有生命力的系统。

　　教师研究工作坊是教师因为相同的研究意愿而聚集在一起的。学期初，每位教师都可以提出一个研究问题，这样就会产生近 20 个研究议题，然后由教师自主选择最想研究的一个议题，自然组成研究团队，开展研究。例如，教师工作坊研究的议题有"儿童的哲学仅仅只是虚无缥缈的口头议论，只能上成语言活动吗？""儿童谈天说地时的儿童的哲学""美工坊材料对儿童活动的支持"等。

　　在工作坊中，每位教师的观点和想法都能得到重视，同时在团队中教师能够发挥各自所长，为集体贡献力量。工作坊坊主作为工作坊的负责人，是工作坊活动的灵魂人物。由于工作坊的活动均为自主开展，活动能否有效进行，坊主对研究内容的计划与把控是关键。坊主应具备以下条件：一要热爱教研究工作，有工作激情；二要有较高的专业素养，对工作坊研究的问题有自己的想法和见解；三要能合理安排时间和大家一起学习、探讨，并带动大家一起研究。同时，幼儿园赋予坊主一定的权利，如坊主有权利对活动进行安排和修改，教师研究工作坊极大地激活了广大教师参与教研的主体意识。

随着教育改革的不断深化，我们发现很多教育实践中的问题仅靠教师个人的智慧和努力是远远不够的，我们需要更多智慧的碰撞与交流，需要更丰富资源的补充和支持，因此，我们需要建立立体、有层次的研究共同体。教师的学习需求是不同的，即使是对同一问题的研究，教师也在不断注入自己的经验，从而使其变得复杂起来。不同研究共同体的形成，让每一个人既成为独立的研究者，又成为研究团队中的一员，因为研究儿童、研究教学的兴趣而凝聚在一起，共同推动幼儿园研究的向前迈进。

第五节　透过案例看研培

以儿童的哲学构建活动需要教师具有理解儿童的能力、行动反思的能力和活动决策的能力，这些能力的养成并非单纯凭借理论知识或者经验就能获得，而需要借助过程性的观察、分析工具、团体研究等方式的结合，在活动中去操作和调整，最终达到理解儿童、决策活动的目的。在本节中，我们将从自下而上的角度，透过一个完整的班级活动案例，展现在活动开展的整体进程中，各种研究活动如何帮助教师梳理活动思路，支持活动持续深入，以及教师如何在研究中提升认识，更新儿童观、活动观。活动开展及研究支持简图如图 5-3 所示。

主题活动：小小树王国

班级：大一班

时间：2018.9—2018.12

活动开展	研究支持
8 月底	
兴趣来源：对爬树的兴趣 住树屋的经验 对幼儿园里各种树的讨论 价值判断：幼儿园本身丰富的树资源 树可以生成的探究点多 与树相关的领域活动丰富 形成活动生成表与预设表	1. 主动交流：与管理团队沟通班级活动的设想，听取建议、寻求帮助 2. 全园活动生成讨论会：分享班级活动内容 全园教师共同提意见、建议
9 月底	
生成班级活动"小小树王国" 探究幼儿园的树：统计树的种类、树龄、特征等 进行树皮实验 探索爬树方法	1. 体验式教研：青苔微景观制作 2. 及时跟进：发现班级树枝存放混乱 引导教师把解决问题的权利交给儿童
10 月底	
儿童的问题：可以用树枝给沙区野猫搭树屋吗？ 可以用树枝给小朋友搭游乐场吗？ 小蚂蚁也需要树屋吗？ 形成探究小组：1. 野猫树屋组 2. 游乐园组 3. 蚂蚁休息站	影子学生：小组探究游戏活动的组织 1. 小组探究活动中是否需要教师介入 2. 如何组织导入、分享环节更有效
11 月底	
小组探究持续深入 各小组问题聚焦： 1. 怎样连接树枝？ 2. 如何保持树屋稳固？ 3. 怎样吸引野猫、小朋友、小蚂蚁？	年级组问诊： 小组探究活动中如何兼顾每个小组的观察指导？

图 5-3　主题活动"小小树王国"开展及研究支持图

续表

活动开展	研究支持
12月底	
成果分享会 　　1. 野猫组、蚂蚁组：向弟弟妹妹 　　来介绍搭树屋的经验 　　2. 游乐园组：邀请全园小朋友体验	1. 活动案例书分享 2. 教师活动沙龙

图 5-3　续图

由此可见，在班级活动开展中，教师的实践行动和幼儿园各层级研究共同体的支持是相伴而行的，下面我们呈现过程中几个典型的研究形式的案例。

一、班级活动生成讨论会

在班级活动生成讨论会中，各个班级抛出主题备选方案，所有教师都要针对该方案发表自己的看法。大一班教师介绍了他们对"小小树王国"主题的相关设想，教师们畅所欲言，提出了自己的想法。

刘老师说："我觉得树是一个很好的主题，因为幼儿园里有很多种树，这就为孩子们的探索提供了丰富的素材。"

张老师说："但是树的主题也有很多幼儿园做过，我们会发现这种老的主题很容易走进死胡同，就是把树的各个部分拿来研究，比如'树的全身都是宝''树的分类''树的习性'等，如果大一班要做树的主题，我觉得还要深入挖掘孩子们对树的兴趣到底集中在什么地方，要去深挖才行。"

李老师说："我觉得树的主题很有意思，因为树是活的，从秋到冬，会有很多变化，教师应该引导孩子去观察树的变化，比如掉树叶、修剪树枝、给树涂保暖层，这些变化都可能生成探究点。"

……

　　最后，大一班教师在综合了自身的思考和活动生成讨论会上教师们给的建议之后，确定了主题内容，完善了班级活动生成表和预设表，大一班师生共构的主题活动"小小树王国"正式开展起来了。

二、及时跟进的教研

　　大一班在开展"小小树王国"主题活动的过程中，随着对树的探究逐渐深入，儿童对幼儿园里的每一棵树都更关注了。9 月末，花工在为幼儿园的树修枝时，剪掉了大量树枝，儿童看到后非常开心，长长直直的梧桐树枝、扇形的芭蕉树枝、形态各异的香樟树枝都被他们捡了起来，教师认为这些树枝可能成为他们开展探究的很好素材，于是决定保留树枝，并堆放在教室门口。

　　园长在巡班时看到了大一班门口的树枝，得知是儿童收集的，和教师开展了如下对话。

　　　园长问："你们打算怎么整理这些树枝？"
　　　班级郑老师说："我们正在苦恼呢，不知道哪里可以放得下这么多树枝。"
　　　园长问："为什么你们要自己在这里苦恼呢？这是孩子们自己收集的，如何存放的问题，你们有没有问过孩子们？"
　　　班级杨老师说："我们都没有想好怎么存放，孩子们可能更想不到了。"
　　　园长说："你们又没有尝试过，就对孩子们下了不行的判断，这一次你们试一试再说。"

　　与园长的对话，启发了大一班的教师，他们马上开始行动，将存放树枝的问题抛给儿童：你们想怎么存放和保护树枝？教师的放权大大激发了儿童的探究欲，他们在整个幼儿园大环境中寻找合适的地方，最后选择了教室外的石头区，这里空间足够大，为了保护树枝，他们还在石头区用丝带拉起了围栏，上面挂上铃铛、贴上告示牌等。

　　园长的一次随机跟进，点醒了教师，不仅帮助活动更进一步开展，促使教师反思自己的行为：当出现问题时，教师首先想到的是"我如何解决"，这其实是对儿童的不信任，进而剥夺了儿童发现问题、解决问题的机会，也让教师心中儿童作为主动学习者的形象更为清晰。

三、年级组问诊

儿童的兴趣逐渐聚焦到树屋搭建上，于是教师支持儿童用收集的大量树枝开始搭建，但是在搭建的时候儿童的兴趣又出现了分化，有的想在沙池给野猫搭树屋，有的想在石头区给小朋友搭树屋游乐园，有的想在梧桐树下给小蚂蚁搭树屋休息站。兴趣的分化使儿童自发地形成三个探究小组，他们选择的搭建地点分散在幼儿园相隔很远的三个地方。这样的状况导致教师指导遇到极大困难，班级两位教师，如何兼顾三个探究小组的观察和指导呢？

大一班教师在年级组会中提出问题，马上引起了其他两个大班教师的共鸣，小组探究是大班活动开展的主要形式，教师如何兼顾每个小组的指导成为大家共同的问题。于是年级组长组织大班教师针对大一班的活动开展了一次问诊。

教师们经过激烈的讨论，结合自己班级的做法和经验，共同为大一班的教师出谋划策，形成了许多具体可行的策略。

策略一：将保育员吸纳进来。请保育员负责一个小组，多拍照、录视频，为教师分析儿童提供依据，再由教师提出支持的具体行为，保育员执行。

策略二：请儿童自主记录学习过程。为儿童准备《树屋搭建日志》，每天活动结束回到班级，以绘画的方式记录自己的学习，并讲给教师听，教师以文字批注的方式记录到日志本上，使教师了解每名儿童学习的过程、遇到的困难，开展有针对性的指导。

策略三：为儿童提供小组活动记录表，用于现场记录小组活动的过程，记录表内容包含本次活动计划、遇到的困难、解决方法。小组活动记录帮助教师在回顾环节的指导更有实效，即使教师当时不在现场，也能请儿童以讲述的方式梳理当天的活动内容。

本次问诊活动为大一班教师指导小组活动提供了许多宝贵的思路，问诊结束后，教师将梳理出的策略运用到指导三个树屋搭建小组的实践中，他们发现《树屋搭建日志》的投放使教师有机会了解每一名儿童的学习，比一直在旁观察更为有效。

四、活动案例书分享

活动案例书是对整个学期主题活动的复盘，抓取活动的主线，形成儿童在主题活动中成长的脉络，并对活动进行反思，提炼经验。主题案例书将在期末集中时间段进行全园分享，这是一种研究儿童的幼儿园文化场域。教师在梳理主题案例书时，不仅要说出"做了什么"，更要讲清楚"为什么这么做"，要在活动的反思中形成自己的观点，说出自己的做法。

大一班教师在主题案例书中介绍活动生成时，教师提出问题：真的存在一个观点全班都赞同的情况吗？为了达到活动的统一性，教师是否有意识地忽略了那些不一样的声音呢？

接着在案例书中提炼了主题活动生成的三个步骤：①打开通道挖掘兴趣；②对儿童共同经验进行分析；③利用两个表格的填写开启行动。

大一班教师提出的问题引起了其他教师的共鸣，生成活动的实操步骤也为其他班级开展活动提供了思路。

从"小小树王国"从这个案例中，我们看到研究共同体如何帮助教师分析儿童的观点，追随儿童，生成、推动活动，当然，并不一定所有形式都能在一个活动中全部呈现，培养教师重要的是营造研究的氛围，让教师始终处于研究儿童、研究活动的场域中。

要想培养具有儿童的哲学视野，能够支持儿童的哲学的教师，就要了解他们眼中的儿童是什么样子的，这一点十分重要。只有儿童不再是小大人，儿童的身影才会被真正关注，儿童的声音才会被真正倾听。无论是质性研究，还是量化研究，研究者的立场决定其所见、所思、所言、所为，这些都深刻影响着儿童成长的质量。对教师而言，研究儿童是工作职责的要求，也是自我成长永恒的源泉。

　　当教师逐渐具备了儿童的哲学的视野，拥有了运用儿童的哲学开展活动的能力，对儿童的研究就逐渐触及了本质。儿童的哲学犹如落入湖面的水滴，在儿童的生命湖泊中泛起涟漪，汇成儿童成长的图景，教师所有基于儿童的哲学的活动建构、组织和反思，都是为了使儿童成长的图景更加丰满、立体和灵动。

第六章

协同能够发展儿童的哲学的家长

　　向家长渗透儿童的哲学的理念，并不是要求家长要去弄懂儿童的哲学或儿童的哲学教育法，而是让每位家长都认识到"儿童是天生的哲学家"，知道儿童是以自己的方式去探索认识这个世界，发展和成长的。如果每位家长都有这样的认识则能和儿童一起探索，保护好儿童天然的好奇心和质疑精神，同时尊重儿童的世界，尊重儿童的文化，尊重儿童的精神生活，尊重儿童的游戏等，帮助儿童发现自己，实现自我探求智慧的追求并寻觅到自己世界的一种生命力。

　　教育的起点是用儿童的视角看世界，家长只有学会像儿童一样去看待周围的世界，才会懂得儿童的真实需求，才会真正了解儿童，理解他们的想法，理解他们的行为，真正从儿童所需，从儿童的角度去处理一些教育的问题或者是儿童成长中的一些关系。

　　在儿童成长之路上，学校与家庭的关系犹如鸟之两翼、车之两轮，没有谁优于谁，而是平等互助的教育共同体，只有家园形成合力，才能更好地促进儿童的全面发展。

　　天空就是一间房子，太阳和月亮从东边的门出来，从西边的门回去。

——大二班　芊瑾

《纲要》中明确指出："家庭是幼儿园重要的合作伙伴。应本着尊重、平等、合作的原则，争取家长的理解、支持和主动参与，并积极支持、帮助家长提高教育能力。""儿童只有在这样的条件下才能实现和谐、全面的发展：两个教育者——学校和家庭，不仅要一致行动，向儿童提出同样的要求，而且要志同道合，抱着一致的信念，始终从同样的原则出发，无论在教育的目的上、过程上，还是手段上都不要发生分歧。"由此可见，家庭教育和学校教育优势互补并形成合力，可以切实有效地保障儿童获得受教育的权利，促使儿童身心健康、全面和谐地发展，形成乐观向上的个性特征，并引导儿童走向富有个性和创造性的生活。

然而在现实生活中，有太多家庭教育与学校教育脱节的现象。如把学业知识放在首位，忽视对儿童思考习惯的培养；替儿童提前思考好一切，鲜少征集儿童的想法和意见；在儿童遇到困难时，第一时间帮助儿童解决问题，不认为儿童具备独立解决问题的能力等。家长过多的包办代替，使得儿童对成人产生依赖，助长惰性，慢慢地失去自我。严重阻碍儿童自主性、主动性、独立性的发展，挫伤儿童的自信心、自我效能感，进而影响儿童形成健康的自我意识，对其社会性的发展，甚至对其今后健全人格的形成都会带来巨大的、长远的不良影响。

学校作为家庭教育的指导者，我们需要帮助家长树立正确的教育理念，转变家长的儿童观，了解并相信儿童是能够主动建构经验的学习者。特别是在儿童的哲学的问题上，我们需要向家长渗透儿童的哲学的理念，让家长逐渐认识到儿童有自己认识世界的方式，进而帮助家长建构儿童的视角，让家长愿意了解儿童想法背后的思考，并掌握一些能够支持儿童的方法，能够运用这些方法去陪伴儿童的成长。

第一节　向家长渗透儿童的哲学的理念

儿童的哲学是认识儿童、理解儿童的一种新境界，是对儿童作为一个主动学习者的肯定。向家长渗透儿童的哲学的理念，并不是要求家长弄懂儿童的哲学或儿童的哲学教育法，而是让每位家长认识到"儿童是天生的哲学家"，知道儿童是以自己的方式去探索认识这个世界，发展和成长的。如果每位家长都有这样的认识则能和儿童一起探索、保护好儿童天然的好奇心和质疑精神，同时尊重儿童的世界，尊重儿童的文化，尊重儿童的精神生活，尊重儿童的游戏等，帮助儿童发现自己，实现自我探求智慧的追求并寻觅到自己世界的一种生命力。但是，大多数家长并没有一条路径可以帮助他们形成这样的认识，他们大多会对"儿童是天生的哲学家"心存疑问或认为这是教师在夸大其词。这就需要幼儿园为家长提供有力的证据，让家长真实地看到、听到并认识到。我们需要在日积月累中向家长渗透儿童对事物有自己的看法，儿童有自己的哲学的理念。

因此，我们在幼儿园的环境创设中开辟出能够体现儿童的哲学的板块或者给予儿童更多展示独特性的机会，全方位地向家长展示儿童的问题，呈现儿童的思考，让家长只要一走进幼儿园就能在环境中看见儿童，从而学会理解儿童和尊重儿童。

一、问题墙让家长看到儿童的哲学

问题墙主要是向家长展示儿童产生的与主题相关的问题，一般设置在班级教室门口。随着班级主题活动的不断开展，问题墙上儿童的问题也在不断更新，这些让家长看到儿童的问题伴随着他们的思考，伴随着他们的学习进程，让家长了解问题是儿童探索世界的一种方式，儿童有自己对世界的认知，渐渐地，家长就理解了为什么儿童是个哲学家。

在开展"光影主题乐园"的活动中，教师从孩子们那里收集到许多关于光与影的问题："有光就会有影子吗？""影子都是黑色的吗？有彩色的影子吗？""影子可以发出声音吗？""怎样让影子变大变小？""怎样才可以让光变成彩色？"……

当教师把这些问题呈现在问题墙上以后，家长就关注到了孩子的问题，同时家长在与孩子的日常交流中发现他们的兴趣不止于此，于是家长又收集了一些孩子关于光与影的其他问题反馈给教师，教师及时将家长收集的问题补充在问题墙上给大家一些启发："为什么影子的颜色有时候深有时候浅？""照影子的时候只能照出半个头怎么办？""彩色透光房怎么做？""为什么不同时间树的影子出现在不同的地方？""阳光照到菜市场会出现一个很大的影子"……

问题墙就在儿童不断的提问中丰富着、更新着，随着问题的逐步解决，家长从中看到了儿童学习的过程，了解到同一个问题儿童会有不同的想法，而儿童的哲学就是在问题中发生和发展着，这些都在无形中向家长渗透着儿童的哲学的理念。

二、"小小哲学家"栏目引发家长分享儿童的哲学

"小小哲学家"是家园联系栏上的一个版块，这个版块主要呈现儿童在日常生活中对某一件事情的看法，记录儿童的观点与思考，用问题促进家长对儿童的哲学的关注。如果说问题墙是呈现儿童与活动有关的问题，那么"小小哲学家"就是呈现儿童在日常生活中迸发出来的精彩的观点。

有的时候是记录一句话，比如"上楼梯，我长大了楼梯就变矮了""看了医生，痛就留在医院里""城市睡觉了，管子就醒了""我们喝的水到了尿里""我在楼上树变小了，我在楼下树变大了"……

有的时候是记录一个片段，比如"今天小朋友在吃鸡翅的时候，突然讨论起'鸡有没有手'，有的孩子认为鸡有手，它的手就是翅膀，翅膀可以飞；有的孩子则认为鸡没有手，不会用来吃东西"；又如"小朋友在厕所洗手，发现洗手池就像人的嘴巴，张得大大圆圆的在喝我们的洗手水；他们还发现水槽的洞洞下面是一根管子，可是管子却消失在了地板上，那我们洗手的水通

过管子到哪里去了呢？"……

　　当家长看到这个版块上的内容时，纷纷被儿童充满哲学意味的话语吸引了："以往只是认为孩子年龄小，偶尔会说出一些有意思的话，不过也就一笑而过，没有引起过多关注……"在"小小哲学家"栏目中，家长开始与我们畅谈儿童成长过程中那些稀奇古怪、天马行空的话题，通过分享家长才意识到自己在家忽略的儿童的观点和思考是儿童认识世界、探索世界的一种方式，只不过在幼儿园里，这些观点和思考得到了教师的珍视，并进行了记录和展示，让大家看见了儿童闪光的智慧。这样的做法调动了家长的积极性，引发了家长在家也开始记录儿童的想法，教师也把这些想法呈现在"小小哲学家"这个版块上，去分享家长发现的儿童的哲学。比如"这个世界上为什么会有小偷？""我为什么一定要叫你妈妈？""为什么地球是圆的，但我们的路又是平的呢？""为什么任何生物的翅膀都是一对？"……

　　因为这个版块具有话题性与延展性，且真实反映了儿童当下对生活的理解，从而让家长渐渐理解到儿童的哲学无处不在，儿童对世界不仅有自己的问题还有自己的认识。

三、作品展示儿童多元的表达

　　儿童的作品记录了儿童的内心独白和思想投影，体现了儿童内心自我探寻的过程，是儿童思想、学习的成果，是儿童向外界表达自我的一种方式。展示儿童的作品是让家长看见儿童内心世界的一种方式，这种方式既让儿童感到骄傲与自豪，又让家长学会欣赏与尊重儿童的作品。

　　更重要的是，作品不应该随意布置和摆放，我们需要记录作品的名字、创作想法或是制作过程等，让每位儿童的作品内涵都可以被看见。同时向家长介绍儿童作品背后的故事，帮助家长理解儿童的想法，知道在家庭生活中也要重视儿童的作品，对于儿童作品的评价不仅仅是表扬好或者不好，而是要通过追问儿童去了解他们作品背后的想法，让家长透过儿童的作品看到儿童的学习过程，从而认识到更真实更深刻的儿童。

在儿童的哲学的成长道路上，家长要尊重儿童、理解儿童、鼓励儿童、陪伴儿童，我们通过以上不同的路径向家长渗透儿童的哲学理念，让家长在环境中看见他的孩子和不同孩子表现出来的丰富多彩的样貌，也让家长渐渐认识到儿童是个哲学家，他们有自己认识世界和独立表达的方式。

第二节　帮助家长建构儿童的视角

教育的起点是用儿童的视角看世界，家长只有学会像儿童一样去看待周围的世界，才会懂得儿童的真实需求，才会真正了解儿童，理解他们的想法，理解他们的行为，真正从儿童所需，从儿童的角度去处理好一些教育的问题或者儿童成长中的一些关系，家长在陪伴儿童成长时也需要具有儿童的视角。

帮助家长建构儿童的视角，非常重要的是让家长体验到成人和儿童的不同，在鲜明对比中深刻理解成人与儿童的差异。还要注重与家长的个别交流，争取让每位家长都能拥有儿童的视角。我们可以借助不同形式的活动让家长看到儿童的潜力。

一、在体验式家长会中体验成人和儿童的不同

体验式家长会主要是为家长创造一个游戏体验的环境，提供分享交流的机会，让家长在感知体验中发现成人和儿童的不同，理解儿童的想法与行为，认识到儿童是独立的个体，具有独特的表达方式，进而反思自己与儿童的关系，树立起正确的育儿观。

案例 体验式家长会——从一条鱼开始发现儿童

目的：

1. 认识儿童是独立的个体，理解和尊重儿童的自由表达。

2. 尝试站在儿童角度思考问题，发现儿童的视角。

3. 寻找适宜儿童个体的教育方式，支持个性发展。

准备：

1. 白色 A4 纸、笔若干。

2. 会议场地和桌椅摆放。

过程：

1. 教师请家长在纸上画鱼。

教师：请各位家长在纸上画一条鱼，让我们从一条鱼开始走进儿童的世界。

2. 观察、对比儿童作品与家长作品。

教师把家长的画贴在一块黑板上，又把儿童的画贴在另一块黑板上，在对比中发现家长们画的鱼如出一辙，要么是一个椭圆形身体加上一个圆圆的眼睛，要么就是三角形的热带鱼。然而儿童画的鱼，却是形态各异：有方方正正的"大头鱼"，有尖尖扁扁的"木棍鱼"，还有奇形怪状的"怪兽鱼"……

3. 提出问题，引发家长讨论。

教师：对比了孩子的画和你们的画，你们想说什么呢？

家长：小朋友的画真是千姿百态，而我们的画却是形式单一。

家长：小朋友画的鱼充满了想象，让人眼前一亮，而我们画的鱼却是对鱼的死板印象。

……

4. 教师分享观点。

教师：以前我们教孩子画画都是一笔一画，看孩子模仿得像还是不像，孩子的思维是被禁锢的；但是现在我们主张的是让孩子用自己喜欢的方式去自由表达，孩子的个性也就得以充分发展了。因此，我们要支持孩子按照自己的方式去展现自我。

家长们纷纷表示非常赞同这样的观点。

5. 教师讲述家长绘画时自己的观察，邀请家长分享想法。

教师：有的家长拿起笔就画了；有的家长则是先看别人画他再照着画；还有的家长画了又涂，涂了又画。请大家讲讲为什么会有这样的表现呢？

家长：这就是我脑海中鱼的形象，所以就立刻画出来了。

家长：我平时不太会画画，怕画出来的鱼太丑了，所以就模仿着画。

家长：我本来想画个与众不同的鱼，无奈手跟不上脑，脑袋里想到了，手却画不出来。

……

6. 教师小结。

教师：孩子们在绘画中也会出现和家长们一样的行为，有的主动，有的观察，有的模仿，有的思考。其实这些绘画行为也表现出孩子们的个性差异，家长们一定要学会细心观察、用心揣摩，认真研究自己孩子的特点，才能找到适合自己孩子的教育方式，不以一杆标尺来要求孩子。

蒙台梭利说："我听过了，我就忘记了；我看见了，我就记住了；我做过了，我就理解了。"这句话不仅仅只适用于儿童，我们成人也同样适用。通过体验式家长会，家长们尝试从儿童的视角去看待儿童的问题，破除了他们对儿童的错误认知，能够更加深切地感受到儿童的学习特点，从中建构起儿童的视角。

二、在个别交流中启发家长关注儿童的哲学思维

如果体验式家长会是一种利用集体交流向家长渗透儿童的视角的方式，那么个别交流就是在集体渗透基础上的一种补充。尤其是针对习惯用成人视角看待问题的家长，更需要用个别交流的方式帮助他们解决家庭教育的问题，让家长在交流中感悟并重新审视自己对儿童的认知，能够从儿童的角度去看问题。

在以"树的畅想"为主题的美工活动中，酷爱车的小董创作了以汽车为

形象的大树，他对我说："这是车子树，车子树的车轮是树叶变成的，它可以开到任何地方，只要它经过的地方，就会从车轮里掉出树叶，然后长出新的车子树，这样就会有许多的车子树。"

在听了小董的作品介绍以后，我很惊讶，原来在这幅看上去稍显凌乱的作品中，蕴含着小董对汽车和大树的认知，同时通过他自己的认知整合，让两个毫不相干的物体自然产生了联结，有着他对生命的理解。当我把这个作品拿给他的妈妈看时，他妈妈说："哎呀，又乱画些什么。"于是我就慢慢地给妈妈讲小董这幅作品背后的故事，妈妈听了以后，说："原来他是这样想的，以前我经常在家里跟他说'你又乱画'，用语言打击他，现在想来我得好好反思自己，原来作品表达了他的内心，是他对世界的认知，以后，我也要多通过作品问问孩子的想法，多了解他，走进他的世界。"

同一件事，家长与儿童本就有不同的视角，教师通过与家长进行个别交流，帮助家长唤醒儿童的视角，让家长愿意尝试在与儿童的观点出现分歧时，将自己变成儿童，站在儿童的视角重新看待问题，思儿童之所思、想儿童之所想、做儿童之所做，答案自会浮出水面。

三、利用各种形式让家长看到儿童的潜能

儿童是有能力的学习者，他们具有强大的学习潜能，这些能力在幼儿园多彩的活动中表现得尤为充分。我们常常通过各种各样的形式让家长看到儿童的潜能，如班级微信群、主题分享会，以及各种各样的家长开放日、亲子活动等。

（一）班级微信群及时再现儿童的活动

班级微信群的广泛应用让教师与家长的沟通变得更加高效和便捷，教师通过在微信群里发布与儿童有关的活动内容或者照片，及时、真实地向家长展示儿童的思考和表达。家长就能直观地看到儿童的学习方式，也可以及时

地向教师反馈他们的想法和感受。

升入中班，由于疫情的原因，家长不能进入幼儿园，原本每月由家长帮孩子换被子改成了孩子自己提被子。但是一些家长对孩子能力有所顾虑，便找到教师，表达了孩子们提被子不安全，希望由家长志愿者或者教师帮孩子们把被子提上楼的想法。于是，教师在班级里开展了一次"自己提被子"的体验活动，孩子们对自己提被子能力进行了初次猜测，然后进行了实地演练，在演练中有的孩子两两合作，把被子放在竹竿上一起抬；有的孩子双手提被子，身体靠着墙慢慢上楼梯；有的孩子不能一下子把被子提上去，所以先把被子放在一层楼梯上，然后走一步挪一步；还有的孩子发现提被子上楼梯的时候要弯一点腰，这样就不会向后摔倒。最终，孩子们都找到适合自己并且安全的方法来提被子。

教师把整个活动过程以照片和文字说明的形式在微信群里向家长实时播报并讲解孩子们使用的方法。当家长们在群里看到孩子们各种意想不到的方法后，纷纷感叹："原来我的孩子能力这么强。""孩子是有智慧的，是有能力的。"当初有顾虑的家长也再次找到教师交流，他们说："孩子们真的长大了，该放手的是我们。""以后在家也应该让孩子多自己动手，他们完全能做到。"

在上述案例中，家长以主观臆断来判定儿童的能力，总觉得儿童年纪小，很多事情做不到。这时候教师就需要借助微信群的力量，发布生动、鲜活的活动，展示儿童的思考和智慧，让家长看见儿童的能力，看见儿童是如何想，如何做的，帮助家长从儿童的视角出发重新看待儿童的问题，反思自己对儿童的认知，让问题在儿童的能力体现中迎刃而解。

（二）主题分享会看到自信的儿童

主题分享会是一种有趣的亲子活动形式，它是由儿童自主策划和实施的。儿童主动邀请家长，通过向家长介绍学习成果和有趣的互动答疑来展示自己的所思、所获。在主题分享会之前，儿童需要思考向家长分享的内容和展示的形式，并亲身参与分享会的布展。家长通过主题分享会，能够从儿童的发现和表达中看到从儿童身上散发出的源源不断的自信。

大一班的孩子们经过一个学期的辛苦耕耘，发现了许多与种植有关的秘密，他们想把这份收获的喜悦与家人分享。在教师的支持下，孩子们自主策划与实施，一场别开生面的"主题分享会"开始了。

孩子们自信而热情地介绍着自己开展过的活动，听到家长在旁边议论"为什么小菜地的菜在外面，而蘑菇要种在蘑菇房里呢？"，孩子们争先恐后地向家长解释道："因为蘑菇害怕阳光啊，它喜欢阴暗潮湿，在房间里关上门，太阳就照不到了。"当孩子们展示自己的"蘑菇记录本"时，家长们发现每一个孩子的记录方式都不一样，有的孩子记录的是他给蘑菇浇了几滴水；有的孩子记录的是蘑菇每一天的变化；有的孩子记录的是蘑菇是怎么长出来的。于是向孩子们提问："你为什么不用他的这种方式来记录呢？他的这种方式不是更简单吗？"听到家长的质疑，孩子们没有退缩，反而淡定自若地说："才不是呢，我觉得我的这种方式才是最好的，你看嘛，第一天还是小小的，第二天就长大了，是不是很清楚？"

看到孩子们神采飞扬的展示，面对家长们的随机提问，孩子们都是从容不迫，应答如流，浑身散发着由内而外的光芒；看到自信满满的孩子，家长们由衷地感慨："没想到我的小不点儿真的长大了，以前根本不敢在这么多人面前说话，现在还学会跟我们争辩了，真是越来越自信。""我觉得自信对于一个孩子来说特别重要，孩子只有自信，才更容易掌握独立解决问题的能力，也才更容易形成独立的人格。"

在主题分享会上，家长看到了自信的儿童，或许这种自信就是源自每个生动故事背后的亲身实践。儿童在实践中收获成长的能量，也向家长们传递着儿童是有能力的学习者，自信的儿童更能面对各种挑战。

在日常生活中，我们需要为家长提供类似这样的机会和平台，多多益善，帮助家长建构儿童的视角，让家长愿意走到儿童的身边，体验他们的体验，感受他们的感受，让儿童特有的思维和认知方式能够被理解，让儿童的自信和能力能够被看见。

第三节　掌握支持儿童的方法

　　当家长建立了对儿童的新认识后，也需要掌握一些支持儿童的方法以更好地陪伴儿童的成长。这需要我们共同努力，让家长知道儿童学习的方式，学会在这个过程中去记录儿童的成长，看到儿童的长处，参与儿童的生活。

一、理解玩耍是儿童主要的学习方式

　　家长作为幼儿园最重要的教育伙伴，更要了解儿童的学习不是阅读书本上的知识，而是在实践中学习、在玩耍中学习、在活动中学习。为了让家长直观地看到儿童的学习方式，我们需要让家长走进来，走进儿童的活动。例如，我们经常会进行一些家长开放日的活动，让家长和儿童玩在一起，在活动中了解儿童是如何在玩耍中学习的。大班的家长在一次体验"野趣运动会"后曾发出这样的感悟："原来孩子比我想象的更加勇敢和智慧，他可以进行一次次的尝试和挑战，不断调整和改进翻树的方法，直到掌握其中的技巧。"只有当家长走进儿童的活动，才能与儿童站在同样的位置上，以此去寻找支持儿童的方法。

　　教师带动家长走进儿童的活动，让家长从体验中理解儿童的学习方式。或许在某个不经意间，家长就会在自己的实践中获得更加深刻的感悟。例如疫情期间，由于儿童无法到园，出现了长时间看电视或手机的现象。于是前期教师通过预设活动，在线上发布主题的方式，将家长带入儿童的活动中，让家长真实体验和参与儿童的活动。我们鼓励儿童自编故事并拍成小动画或小电影，以此激发儿童的故事创编、语言表达以及动手操作等各方面的能力。活动开展后，一位家长跟我们分享了他在家中与儿童共同参与活动的感悟。

　　案例　一次了不起的"坦克大战"

　　教师在群里发起了一个活动，刚开始我认为这就是个任务，因为疫情耽误了工作，恢复后那段时间其实挺忙的，觉得孩子的这个活动随便带着他完成一下就好了，所以就敷衍地带着他完成了第一次"坦克大战"的故事拍摄。虽然视频拍得不是很理想，但我觉得他应该也无所谓，没想到孩子却主动说要重新拍。看到孩子这么喜欢这个活动，我也开始认真起来，跟他商量怎么能拍好一些。

在这个过程中，我和孩子不断改进材料和方法，最后终于完成了一分半钟的视频。孩子从最初拍摄时候的紧张，到开始制作之后表现出来的热情，到遇到拍摄忘词时能自己主动提出来再来一次。我看到孩子完全沉浸在自己的表演中，乐在其中玩得非常高兴。

我这才终于明白教师说的开展这个活动对孩子的意义。虽然他可能不知道自己从这个活动中学到了遇到困难不放弃，遇到问题要寻找解决方法等大道理，但是作为家长我们完全能看到他在这个活动中的收获和成长。很高兴陪着孩子一起完成了一个满意的作品。

在上述案例中，我们看到了这位家长陪同儿童开展活动的心路历程，从一开始觉得是个任务想敷衍了事，到后来发现这个所谓的任务让儿童产生了浓厚兴趣，从而关注儿童的行为，并且与儿童共同努力。当家长看到这些富有挑战的活动培养了儿童坚持、勇敢、自信等学习品质时，家长终会理解儿童是在探究中学习、在玩耍中学习、在活动中学习的。因此，教师要引导家长转变支持儿童的态度与方式，知道要与儿童平等对话，抛出问题，引发讨论，或是给予儿童材料上的支持，抑或是在制作方法上去启发儿童等，从而在实践中掌握支持儿童的方法。

二、学会记录儿童的学习故事

学习故事来自新西兰，是一种记录儿童成长的方法，故事的主角是儿童，故事的内容是真实还原儿童的"哇"时刻。以"找优势、找亮点"的视角去看待儿童，发现每一个儿童都是自信且有能力的学习者和沟通者。这与我们主张的"儿童是能够主动建构经验的学习者"的教育观不谋而合。取长的思维是学习故事中最为重要的，它是支持儿童的一种方法，始终看到儿童的长处对家庭教育有着积极正向的影响，亲子间彼此建立连接，分享爱与喜悦。学习故事由注意、识别和回应三个部分组成，记录简单易操作，很适合家长操作。

我们通过引导的方式带动家长慢慢地进入学习故事的记录中，通常教师先讲学习故事，让家长感受和知道学习故事，再把记录学习故事的方式教给家长，让家长学会记录儿童的学习故事。

我们向家长推广记录儿童的学习故事的方法，让家长学会关注儿童，发现儿童身上的闪光点，以此思考儿童可能出现的学习有哪些，进而为儿童的学习提供支持与帮助。当我们把这个方法教给家长后，尤其是在疫情期间，很多家长都提起了笔，写下了自己孩子的学习故事。

案例 黄豆豆的摩天轮——疫情期间家庭中孩子的学习故事

一、妈妈看到你做了什么（"哇"时刻）

你花费了大半天时间用乐高积木搭好了摩天轮，本来是稳稳的，可当你一边说"想重新摆个位置"一边动手去移动摩天轮时，它的上半部就突然垮塌倒地了。你沮丧郁闷地大叫："哎呀，怎么会倒了呢？气死我了！"你愣了一会儿，可能在回神、平复心情吧。过了一会儿，你没有急于捡起那些散落的零件重新搭建，而是盯着摩天轮下面没有完全垮塌，但是已经歪歪斜斜的那部分观察了好一会儿，又去找来图纸对比着看，俨然一个建筑工程师，认真专心而严谨的样子真可爱！你又看又摸、又想又检查，弄了好一会儿，对着一直在旁边为你加油打气、但并没有出手帮你的我说："妈妈，我发现了问题，知道它为什么一动就倒了，你看，下面柱子不在板子正中间，有点歪，护锁也没有锁紧，我的摩天轮支架不正所以容易倒，我想重新搭一次，把它修正，把护锁锁紧，再动一动，看它会不会倒。"我给你竖起了大拇指，继续给你加油打气，鼓励支持你重新搭建。这次，你根据刚才发现的问题进行改正和完善，特别注意调整了柱子在底部的位置，并仔细把护锁锁紧，然后重新捡起零件开始再次搭建其他部分。

二、妈妈看到你学习了什么（识别）

儿子，你一直痴迷乐高，在学习和自主玩耍、探究的过程中积累了一定经验，具备了初步的搭建技能，在摩天轮垮塌时，你能运用已有经验和技能去查找原因、发现问题并进行判断分析，通过观察、实验不断改进方法、解决问题。

虽然在摩天轮垮塌时你也有急躁、生气和烦闷的情绪表现，但是你很快就调整好自己，并在妈妈的加油打气下对摩天轮进行了检修。

妈妈还发现在搭建过程中，你并没有完全按照图纸来搭建，而是从自己的想法和认识出发进行搭建。当出现问题时，你会自己先想办法，然后向我们请教并跟我们一起分析问题，发表自己的意见，这一点还是很不错的。

三、妈妈可以为你做什么（回应）

从整个搭建过程来看，摩天轮是整个游乐场中最不好搭的一个作品。一方面你手部力量不够大，有些部件没有按压紧；另一方面你对摩天轮的结构掌握得并不完全清楚。

今后，我还会鼓励你大胆想象和创造，比如引导你思考——搭建了游乐园，还可以增添哪些城市建筑呢？除了摩天轮，还有哪些类似摩天轮这种需要用平衡对称技能来造型的物体呢？

这样的结构游戏能锻炼孩子的动手能力，培养孩子的想象力，以及分析、发现、解决问题的能力。所以，我们家长应该多抽时间陪伴孩子玩这类动脑动手的游戏，支持鼓励孩子从自身经验和视角出发独立想象和创造，不拘一格、不求完美、重在尝试和探究。孩子，我愿意和你一起去搭建更多的梦想王国，创造更广的奇幻世界！

儿童心中有故事、家长笔下有精彩！当看到家长记录的学习故事时，我们很感慨，家长真的能看见儿童的优势与亮点，同时也能很好地识别儿童在建构游戏中的学习，如观察到儿童具有发现与解决问题的能力、情绪调控的能力以及创造性思维的表现等；当家长具备取长思维模式以后，他们便会懂得支持回应儿童的方法，与儿童探讨分析是否有出现问题的其他因素，鼓励儿童大胆想象与创造以及注重儿童学习能力的培养等。

我们发现，当我们把学习故事的接力棒交到家长手中时，不就是"用一朵云去推动另一朵云"吗？家长真正学会并掌握了这个方法，发现出现在儿童身上的寻常时刻的"不寻常"，当我们以取长的思维去发现儿童的优点和优势，再去看待儿童的行为后，便会发现儿童的每一个行为背后都是他们成长的轨迹，每一个儿童都值得被善待——心中有爱，眼中有光，目光所及，皆是美好。

三、学会记录儿童的成长

家长作为儿童最亲密的人，儿童生活中大大小小的事都有家长参与，我们通过每学期一次的制作成长档案册活动，把家长请进来，一起梳理儿童的成长故事，分享儿童的成长经历。

成长档案册记录了儿童在一学期里方方面面的学习与生活，包括儿童的所思、所学、所想。是一本"记录儿童个性化成长的、充满爱和具有生长力的书"、一本"儿童能看得懂并钟爱的书"、一本"让儿童能看一辈子，并能从中获取能量、看见并感受到成长快乐的书"、一本"让家长看见儿童成长的瞬间同时也看见儿童成长背后故事的书"。

每个班级因为活动不同、教师不同，成长档案册的内容也不同，但共同的是"幼儿的活动记录""幼儿的发展与评析""幼儿的学习故事"等与儿童发展有关的内容。我们邀请家长参与成长档案册的制作，在制作中，家长们学会了用不同的方式进行记录，如有的家长用照片的形式记录儿童的成长瞬间，有的家长用表格的形式记录儿童的学习收获，还有的家长用手绘的形式与儿童共同描绘最难忘的时光。家长在参与制作的过程中促进了自己与儿童的成长碰撞。

为了让成长档案册更加生动、真实地呈现出孩子们成长的足迹，教师很用心地记录了孩子们的话语，这样的做法也启发了我有意识地记录孩子在生活中点点滴滴的进步，有可能是某天孩子突然可以连续跳绳10个以上了，有可能是对雨后的蜗牛产生了极大的兴趣。我将这些点滴的记录汇成一封关于成长的信，放进孩子的成长档案册里，相信过些时日读给孩子听，他一定能感受到成长路上的爱与支持。参与制作孩子的成长档案册，不仅给孩子留下了成长中的宝贵财富，也给我们父母放慢节奏的机会，好好感受陪伴孩子成长的过程。

这是一位家长把自己写给孩子关于成长的信放入成长档案册后的感悟，从家长的话语中，我们能够看到这位家长对幼儿园教育的认可，以及对自己孩子思想认识的转变。当家长拿到这本凝聚着自己心血的成长档案册回到家中与儿童共同回味时，我们能够想象一家人温馨地围坐在一起，家长认真地把故事和信讲给儿童听的场景，也许出现不清楚的活动时，儿童又可以及时向家长补充介绍自己开展过的活动。在与儿童相互交流的过程中他们的心贴得更紧密了，和谐的亲子关系自然而然地发生发展促进着。

陶行知先生曾提出："孩童最易受影响人者也，父母之言行举动，子女多于不知不觉中被其激触，效而尤之。"由此可见，家长的行为对儿童的影响之深远，儿童成长的路上需要家长的陪伴、支持与鼓励，而非单方面地全权托付于学校，学校与家庭的关系应该是平等互助的教育共同体，没有谁优于谁，只有家园形成合力，才能更好地促进儿童的全面发展。对儿童的认识贯穿了儿童的整个学习时光，让家长在幼儿期就养成从儿童的视角看待儿童的成长的习惯，在顺应儿童发展的规律中引导儿童身心健康快乐地成长。

第七章

幼儿园活动改进的历程

　　幼儿园活动的改进历时二十年，从研究儿童的自发行为、兴趣需要，到研究儿童的问题困惑、思想观点，再到研究儿童的活动状态、投入程度，进而研究儿童的生活逻辑和生活节奏。每一个阶段对应着不同的活动类型，有重点地进行着改革和突破，从教学活动到游戏活动，再到运动和生活活动。在这个过程中，儿童的哲学成为教师思考和构建活动的核心与原动力，儿童的哲学逐渐渗透在一日生活的各个细节中。

　　研究期间，新旧儿童观、活动观、教育观不断碰撞，投射在教师的教育行为上，是保守与创新、捍卫与突破之间的拉锯与较量、取舍尺度的把握，是迂回而又曲折地前行。科学研究的精神，是观察发现、收集事实、实事求是，二十年在持续发问、持续实践、持续反思、持续调整的过程中，以儿童的哲学构建儿童的活动的教育思想和现实路径慢慢成形，幼儿园活动由此产生着基于生命本真力量的变化与觉醒。

今天做早操时，音乐特别好听，音响里飘出了彩色的音符，被我和悠悠看见了，所以我们都忘记做动作了。

——大一班　逸宸

《纲要》组织与实施部分的第二条指出，"幼儿园的教育活动，是教师以多种形式有目的、有计划地引导幼儿生动、活泼、主动活动的教育过程"。广义的幼儿园教育活动是指在幼儿园内所发生的一切活动，包括游戏、教学、生活和运动；狭义上说，幼儿园教育活动包括教师所组织的游戏活动和教学活动。以儿童的哲学建构儿童的活动指向广义的幼儿园教育活动，包括儿童在园内发生的一切活动。从狭义的活动变革到广义的活动改进，此项研究共分为三个阶段，每个阶段解决一个活动类别的难题，每一次都以课题的方式来推进。

第一阶段主要针对教师组织的教学活动开展研究，包括了两个课题研究，一是 2000—2005 年的"师生共构幼儿园教育活动的实践研究"（以下简称"师生共构"），二是 2006—2010 年"幼儿园儿童哲学教育活动的实践研究"（以下简称"儿童哲学"），共计十年时间。第二阶段 2010—2015 年，在优化教学活动的同时聚焦游戏活动的研究，课题名称为"幼儿活动投入状态解读与发展支持的研究"（以下简称"投入状态"）。第三阶段 2015—2020 年，此阶段将儿童的哲学理念及行为推及至运动活动和生活活动，课题名称为"回归生活的幼儿园一日活动的研究"（以下简称"回归生活"）。研究阶段图如图 6-1 所示。

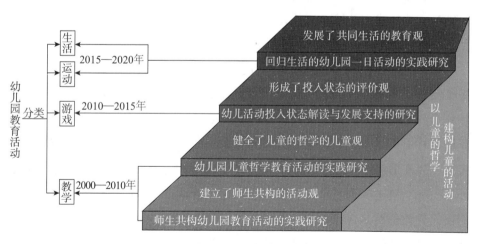

图 6-1　研究阶段

以儿童的哲学构建儿童的活动历时二十年，通过每一阶段有重点的突破和研究，从教学活动到游戏活动，再到运动和生活活动，实现了幼儿园活动从局部到整体的改革。让儿童的哲学渗透于一日生活的各个细节，儿童的活动成为幼儿园一日生活的主旋律，形成了幼儿园教育活动的一种崭新样态。二十年的研究是一个持续发问、持续实践、持续反思、持续调整的过程，也是蓦然回首却在灯火阑珊处的顿悟。

第一节　教学活动的改变——活动观和儿童观相生相长

儿童观决定了活动观，教师有什么样的儿童观就会有什么样的活动观。曾经我们认为儿童什么都不懂，他们无知且缺少能力，因此，对于儿童受教育的活动，教师能够"单方面"地为他们做出正确的安排，对儿童发展的目标及达成这些目标应该遵循的每日活动内容和方式等，做出整齐划一的设定。然而随着研究的开展，我们逐渐认识到儿童成长的秘密远比我们认识到的更为复杂，于是我们开始尝试从儿童的角度重新审视教学活动的问题。儿童观和活动观开始发生转变，二者相互滋养，相生相长。

研究之前，我园一直采用综合性主题活动的课程模式。这种模式与分科教学相比，本质并没有改变，可以说是主题统整下的学科活动拼盘。那时，教师十分重视教学活动，重视教学的完成度、新颖性、自己的教态等。比如我们常在公开活动后听到教师欣喜地总结："今天孩子完全跟着我的思路在走！"抑或是抱怨："今天我问了个问题，孩子们完全就是乱答，打乱了我的计划……"从这些语言中可以看到，儿童在教师心目中远没有活动重要，他们仅仅是教师展示自己教学能力的工具。又如我们还会在实践中看到这样的现象：当儿童想要做出一点和大家不一样的行动时，他们总会去瞟一眼教师的表情，如果教师是赞许的，他们就会继续往下做，而当教师的表情或体态传递出"禁止"的意思时，儿童就不会再继续下去。这些现象让我们思考其背后的原因，首先，在以知识传授为主要目的的活动中，教师的重点是活动不是儿童；其次，儿童长期按照教师的要求和思路进行活动，儿童在活动中的学习权利得不到保障，更缺少自主性，主动学习的能力被抹杀。

由此，我们萌发了变革活动的想法，并满怀热情地从活动的发起者入手进行改革。我们设想，以往的活动都是教师发起的，那么是否有的活动可以由儿童发起或者师幼共同发起呢？基于这样的想法，开始了第一阶段的研究。我们在一边研究一边实践、一边实践一边反思、一边反思一边推广的过程中开始了对教师组织的教学活动的改革。

一、典型事件推动着研究的进程

典型事件是教育实践中那些突破常规的活动方式、活动内容或对活动的独特思考，通常融合了教师的思与行，这里所说的典型事件，是对教育活动改革具有价值和意义的事件。

一线教师并不善于用理论来说明自己的做法正确与否，但却擅长从儿童的表现、状态和发展去解释这样的活动好或不好，擅长从怎么做的角度去思考问题。因此，我们特别重视实践中出现的一个个典型事件，对其进行及时的研讨，把教师闪光的思考和做法进行及时的分享、推广和印证。

在主题活动"石头"中，教师组织了一次"煮石头汤"的活动。通过孩子们的记录，教师发现同样是煮石头汤，但每个孩子的关注点并不一样，并反映在他们的记录中。比如有的孩子记录的是煮石头汤的环节：烧水、烤石头、把石头放进锅里、放入蔬菜、喝汤；有的孩子记录的是自己的发现：被火烤红的石头有的变成红色，有的变成褐色，有的变成黑色……。而且儿童记录的方式也不同，有的孩子用符号记录，有的孩子用简笔画记录。

这是我园改革初期的一个典型案例，由于以前儿童的美术作品全都是一样的，所以当教师们看到儿童的记录各不相同时，产生了极大的惊讶。面对儿童精彩而又不同的记录，教师开始懂得什么是儿童多元的表达，同时也感悟到每一个儿童是不一样的，即使面对同样的事情，每一个儿童都有自己的看法和表达，教师应该尽可能地支持儿童多元的表达。这个典型事件带来的变化是教师开始放手，让儿童按照自己的方式去记录，去绘画，去表达。

在主题活动"唐装"中，朋朋在选用石头、石片制作盔甲都失败后，终于用肯德基盒做成了盔甲，他高兴地说："老师，我从来没有想过我会做得这么好。"

儿童的话让教师反思：是儿童不会做得很好？还是我们从来没有给过机会，让儿童做得很好？这件事给大家带来的启迪是，活动中我们应该尽量给儿童提供自我表现的机会，在活动设计中要把重点放在给每个儿童自我表现的机会上。教师的反思作为一个典型事件被研讨，也在以后的教学实践中被重温。

教师节时，幼儿园一般都会开展给教师们制作小礼物并送给教师的活动。而这一年，大三班的教师向孩子们提出了问题："幼儿园里有多少教师，我们应该做多少份礼物？"根据教师的问题，孩子们决定开展一个教师大调查，他们制定了不同的调查方案并行动起来。在调查过程中，孩子们的问题并不只是计数，他们还会问教师诸如"你是怎么当上老师的呢？""大二班的杨老师怀了宝宝，不知道我们幼儿园有多少老师有宝宝？"等问题。由于每个小组调查的结果不同，孩子们还开展了"园长妈妈算不算教师？""医生阿姨要不要算进来"的辩论。

这个活动是教师们对一个习以为常的活动的改进和再思考。原来单一的手工活动经过改进，更多的学习开始发生，比如制定调查方案、分工与协作、调查时的提问、与不同教师的互动等。活动的设计可以从为儿童搭建多关系平台的角度出发，一旦儿童与复杂的关系产生互动，他们就能吸收到更多更丰富的经验。

教师反思：教师应为孩子提供更为自主的机会，把更多的时间和机会留给孩子，自己慢慢退到后台，为孩子创设一个观察的环境，一个相互交流的环境，让孩子们在其中自主选择、自由探索、自主讨论，而不是直接教给孩子一些经验。

由上述案例可以看出，典型事件是真实的教育情景中出现的教师的新做法、新思考，这些做法和思考很容易得到其他教师的认同并产生共鸣。当自己在面对同样或相似的教育情景时，就会进行积极的模仿或尝试，这就带动了所有教师的进步，带动了教师儿童观和活动观的逐步转变。

二、问题引领让研究走向深入

问题产生于教师的教育实践，很多也很繁杂。一般来说，幼儿园层面更适宜解决大一点的问题，这些问题通常需要花费较长的时间进行研究和实践，通常会呈现出阶段性和连续性的特点，这就需要我们对研究的具体情况进行筛选和判断，选择那些最有共性的，也最有价值的问题进行研究。

（一）通过调研发现问题

来自教师的问题更容易引起教师研究的兴趣和愿望，科研通过调研的方式了解教师们在实际工作中的问题。

当师生共构的研究告一段落时，我们进行了一次调研，调查教师在此研究阶段中最大的收获和问题是什么。排在第一位的收获是：看到了儿童，看到了和原有教学模式下不一样的儿童，他们有巨大的潜能和学习的能力，教师们常常为自己看到儿童的精彩表现感到欣喜和惊讶。排在第二位的收获是：教师能够将其中一部分儿童的对话或者行为表现转换为项目通过动手做的方式促进孩子的发展。最大的问题是：面对很大一部分孩子呈现出来的非常精彩的想法和思考，教师感到无能为力，不知道该怎么办。如孩子们说"我大了楼梯就矮了，我小楼梯就高""鱼倒了，我把它立起来""如果地球是圆的，我们掉下去怎么办？"等，教师除了感叹孩子们的思考，将这些语言记录下来，缺少回应的方法与策略。

此时，教师已经认识到：儿童的这些精彩想法和思考是儿童特有的财富，如果我们能及时回应儿童的所需，并付诸行动给予适合他们的支持，那将给儿童的发展带来更大的利益。

恰逢此时，鄢超云老师给我们带来了儿童的哲学这个崭新的理念，虽然懵懂，但我们已然觉察到儿童的哲学与儿童精彩想法之间千丝万缕的联系，也许这就是帮我们解开问题的钥匙，于是针对上述问题，我们展开了儿童的哲学的研究。

儿童的哲学是一个外来的名词和理念，教师们首先需要面对的是"儿童真的有自己的哲学吗？"这个问题。带着这个问题，教师们用心观察，用心倾听，面对儿童不断涌现出的哲学，发自内心地叹服：儿童是天生的哲学家。由此，教师看待儿童的角度也发生了很大的变化，从最早的俯视到师生共构研究时的平视，此时又多了一个仰视的角度，儿童的形象真正确立起来了，教师的儿童观也真正完善和稳定下来。

接下来的问题是面对儿童的哲学我们可以怎么办？我们一方面延续师生共构阶段的做法，将儿童自发的行为和热点话题作为共构活动的起点，引发了活动后，注重儿童在活动中的参与比例、参与度和参与时间，鼓励儿童自己去查找资料、记录、讨论、探索、发现；另一方面也针对儿童的思想，形成了对话交流、共享思维的活动方式，支持儿童的思考和想法，让与儿童共构的方法也随之丰富起来。

（二）从应然中寻找问题

应然是教育应该怎么做？实然是实际工作中的样子。应然是优质教育的方向，也是我们对优质教育不懈追求的态度。应然和实然之间的距离就是问题，这些问题的解决需要教研组的引领。

例如，关于环境创设中主题墙的改革，我们原来只是把主题墙饰当作美化环境、儿童化环境的手段，后来在各个不同的研究阶段，我们提出不同的问题，逐一进行攻克，让主题墙真正成了能与儿童发生互动、产生链接，并能推动儿童学习的环境。每个阶段呈现的问题如下。

第一阶段的问题：墙饰能让儿童获得什么？

在教研中，我们通过学习让教师理解"墙饰应该支持儿童的学习"的理念。主题墙开始有了本质的改变，问题墙、信息分享墙出现了。问题墙主要展示儿童现阶段的问题和困惑。信息分享墙则展示对应问题，收集到的资料，方便儿童查阅。虽然只是小小的转变，但这样的发展让墙饰和儿童的生活、学习结合起来。

第二阶段的问题：墙饰怎样体现儿童的学习过程？

如何实现儿童真正的、深度的参与而不是流于形式？在这一阶段，教师们意识到，儿童的学习过程是一个发展的过程，墙面不能一来就铺满，而应该有留白，为活动的动态发展留出空间。此阶段，教师们有了一个深刻的领悟：环境创设的好坏并不由教师的美术基础决定，而是取决于活动质量。主题探究墙成为这个阶段最为明显的标志。儿童的兴趣需要决定着活动的生成，决定着活动的发展，也决定着环境的变化。

第三阶段的问题：墙饰里能不能出现教师记录儿童的语言？

对于这个问题，大家争论得很厉害。绝大多数教师都持赞成的观点，他们认为："孩子的观点应该收集。"同时还质疑"不用记的方式又用什么方式呢？"为数很少的反对方只有一个观点"孩子看不懂"。在研究中，我们尝试先讨论："墙饰到底为谁服务？"这个问题很好解决，大家一致认为：应为儿童的学习服务。解决了这个问题自然就解决了刚才的问题。于是我们继续讨论："怎样才能体现为儿童服务？"我们得出了这样的结论：①墙饰的设计应注意儿童的高度，尤其是其中需要有儿童参与的部分，要放低到儿童手很方便的位置；②墙饰应主要以图画的形式来呈现，教师的记录可以有，但不能喧宾夺主，图画能让每个儿童回忆起学习的过程，记录能让教师了解每个儿童的学习。以上两点大家很快达成了一致，可是，怎么呈现儿童的这些语言呢？文字记录毕竟是一种方便快捷的方式。于是大家又热烈地讨论起来，最后形成了这样的观点：教师要注意上墙内容的筛选，不是每一个活动都必须上墙，值得上墙。而应选择能促进活动继续生成、延续的内容；展示那些能看到儿童一百种语言的内容和有不同观点的内容。通过问题的研究，我园的环境发生了巨大的变化，真正实现了每一地方都有用，每一处墙面都会说话的景象。

问题可以是一个方向，也可以是一个具体的教育细节，它伴随着研究的整个过程，当一个又一个问题被解决，研究就得到了推进和发展。

三、儿童观与活动观的相互促进

经过师生共构和儿童的哲学研究，儿童从一个被教育者的角色变为一个有能力、能够主动建构经验的学习者的角色，对儿童的认识促进了活动的转变。具体表现在以下三个方面。

（一）求知的天性是儿童学习的原始动力

对于学前期的儿童来讲，他们对世界有着天然的好奇心，周围的一切甚至他们自己都是那样的陌生、新奇、不可思议。儿童这种天生的好奇心让他们好问、好模仿、好探究，是儿童主动建构意义、内化经验的力量所在，是儿童学习的原始内在动力。儿童与生俱来的好奇心、刨根问底的探究精神、天马行空的想象创造是儿童学习的潜能和内在动力，而好奇、探究、创造也恰是一个人重要的学习品质。活动最为重要的不是塑造而是呵护，利用这些天性中积极的态度和良好行为的倾向，在活动中提供土壤，呵护并促进它，使其最终成长为一个人终身学习与发展所必需的宝贵品质。

这一认识对活动的启示在于：教育活动的重点是呵护，活动中教师需要退位。教师需要在活动的背后"用力"而不是在活动的现场"使劲"，应从环境创设、材料协助、时间支持等方面想方设法地做出努力，而儿童却全然感觉不到自己被引导着、支持着。在与儿童的互动中，教师需要在适宜的时机引导儿童说出他们的想法，做他们想做的事情，支持他们按自己的意愿进行多元的表达。

（二）体验和提问是儿童认识世界的两种典型方式

一方面感觉的投入、动作的参与、身体的直接体验是儿童链接自我与外部世界的基本方式，另一方面提出问题、陈述问题、思考问题是儿童对周围世界或自我的积极思考、认识和解释，也是儿童理解世界并对周围世界进行理性重构的最好方式。儿童的成长是从感性的、直接的经验积累再到理性的、间接的经验学习的过渡，这两种典型的认识世界的方式伴随着儿童成长的整个过程。

这一认识对活动的启示在于：活动应遵循儿童的学习特点和学习方式，帮助儿童在活动中主动建构。其目的不是让儿童获取知识，而是帮助儿童整合经验与知识，形成自己的思考，进而走向深度学习，让活动不只是儿童偶尔的灵光闪现，更是儿童有证据的思考与实践，不只是单一的想或做，更是知行合一，相互促进。

（三）儿童有自己的哲学且各自不同

来自不同家庭背景的儿童，他们的经验水平也各自不同，即使对待同样的事物，想法、观点也都不同。儿童有自己的哲学，每一个儿童的哲学都不同。

这一认识对活动的启示在于：活动应减少集体式的大一统的做法，应多开展更有针对性的小组的、个别的探究。同时，儿童的独特性和差异性也应作为积极的教育资源，在活动中加以运用。

对儿童的认识促进着活动的转变，活动的转变又带来对儿童更深刻的认识，过程中二者相互促进，相生相长，呈现出良性循环和持续变化的状态。

第二节 游戏活动的改变——支持儿童的自由感

师生共构和儿童的哲学为持续的研究定下了儿童和活动的基调。儿童的形象被确立起来，儿童不仅是一个独立的个体，更是一个有着无限潜力的人。活动是师生共同建构意义的过程，教师通过了解儿童的兴趣与困惑，为儿童提供环境与机会，让儿童在活动中充分探究、试错、对话、交流。与此同时，我们捕捉到一个与活动质量密切相关的重要指标，即儿童在活动中投入的状态，该状态不仅指向儿童也与活动的质量正相关。一般来说，教师对儿童的哲学理解越充分，设计的活动越好，儿童在活动中投入的程度越高，活动的质量越好。于是我们抓住这一关键指标，一方面转变教师的评价观，把活动评价的目光从教师教得怎样转移到儿童学得怎样上；另一方面，也将其运用到游戏活动的观察解读与支持中。

儿童活动投入状态是指儿童在参与各项活动中通过神态、动作、语言等外显出来的注意状态、情绪状态、思维状态、行为状态，它区别于儿童一味顺应教师的积极表现，呈现出多样性，是儿童主动融入活动中，真实的、自然的本我的表现。

而本我的表现是儿童完全自我的，没有一点压抑或受到约束的表现。这种表现只有在儿童拥有自由感的时候才会体现出来。这是我们对儿童和活动的又一新认识。基于此，在宏观上我们强调为儿童营造一个充满自由感的环境，让幼儿园的每一处环境都成为儿童可以抚摸可以触碰的，让他们不仅在其中玩，同时也让儿童管理这些环境，让他们心里生出"这是我们的环境""我对这样的环境是可以支配的"等真正只有主人翁才有的感受。

同时面对具体的游戏，我们又尝试利用环境留白为儿童的游戏创造空间。

中班，我们将材料区域外设，根据材料的材质来进行分类，比如金属制品区、塑料制品区、纸制品区等。在活动室内，用格子间的方式支持儿童的自由感，将活动室进行分割，形成区域，里面没有内容的设定也没有放置具体的材料，它在游戏的过程中能成为什么完全由儿童当前的游戏需求来确定，这样就让其具有了无限的可能性。格子间游戏和传统的游戏区的对比如表 6-1 所示。

表6-1　格子间游戏和传统的游戏区对比

	格子间游戏	传统的游戏区
环境创设	创设格子间和丰富的材料区，儿童决定其内容，可变性强	以角色划定区域如娃娃家、医院、小舞台等，材料在各区域内区域固定，无可变性
游戏内容	体现儿童当前的兴趣，每一个格子间都充满无限的可能	教师选定的某几个角色游戏类型：娃娃家、医院、小舞台等

续表

	格子间游戏	传统的游戏区
目标导向	实现儿童的想法及创造； 交往、操作、整理能力的锻炼； 自我反思，学习品质的提升	将教师预设的角色玩得"像"
过程指导	观察与记录，案例的收集与分享，帮助儿童提升经验，鼓励创造性地使用材料，发展新的游戏情节	平行介入，帮助儿童推进游戏

在同一个格子里会发生不一样的游戏，今天可能是娃娃家，明天可能是医院，后天又成了小卖部，完全由儿童当下的兴趣来决定，开放留白的空间，让儿童的自主得以实现。儿童对游戏空间及游戏情节的主导地位，让他们完全沉浸在自己的游戏创造之中。

大班的区域设置也更多以材料为主，如布艺坊、木工坊、美工坊、科探室、道具屋等，相较中班材料更丰富，同样也是玩法不固定，在什么地方玩也不固定，让儿童的游戏精神得到充分的发挥。例如，儿童用材料筐里的地垫搭建小屋，在里面过家家；搭配一套奇装异服到处游荡；拿了捕捉网爬到滑梯上捉蝴蝶等。他们不仅变换出无穷的游戏场景，还在游戏中开启了一次次的学习之旅。又如一次游戏中，几名拿着铲子、耙子、放大镜的孩子商量着要去寻找幼儿园里的宝贝，他们拿着工具到处挖、刨、翻，希望能发现什么。忽然一个孩子发现幼儿园石头区下面有水管，这些水管来自哪里呢？他们饶有兴趣地不断挖掘与探索，发现原来大班的水管是埋藏在石头堆下的。这个寻常的游戏时刻，让一位老教师感慨："以前教师控制下的游戏绝不会有这样的情景发生，它会被制止在儿童探索的初期，现在我们能看到儿童更多的与环境的互动，投入地学习，这一切都源于给了儿童充分的自由。"

给予儿童充分的自由，支持儿童的自由感，是呵护儿童的哲学的重要手段。不仅让游戏回到儿童本身，也让学习回到儿童本身，让每一个儿童的游戏精神和学习过程都因此受到呵护。

第三节　运动和生活的转变——教与不教的智慧

前期的研究形成了理念，丰富了教育的实践。新一轮的研究聚焦在运动和生活这两类活动中。运动活动的重点放在最为模式化的早操活动，这项活动一直是教师创编儿童模仿。而生活活动过于琐碎，教师关注少，在教育行为上呈现出要么包办多、高控制，要么刻板地教，进行枯燥的训练等。这些环节如何有儿童？有儿童的哲学？教师如何在教与不教之间找到与儿童共构的切入点？

一、早操活动的变革——用主动锻炼代替被动练习

早操活动是幼儿园运动活动的重要内容之一，也是教师关注的重点环节，一般会占用半个小时的时间，早操开启了儿童元气满满的一天。早操活动中的音乐选择、动作编排、器械选择、队列队形变化、走跑路线等，都经过教师的精心设计和反复琢磨。整齐划一是传统早操活动重要的评价标准，为了达到整齐，儿童会在活动中不断排练，寻找自己的位置，成为被动的表演者，表演着教师教授的各种动作和队列。然而，运动是儿童天然喜爱的活动，整齐划一的操节动作真正是儿童需要的吗？是否可以改变这种固定模式的早操活动，把主动权交给儿童？早操活动如何从儿童中来？

（一）从教师编早操到与儿童共构早操

原有的早操活动更倾向于规范的集体活动，幼儿园对早操活动的科学性做了许多大量的研究，如，早操队形宜以抛物线（∩）的形式，活动量应从低到高，再从高到低；动作的练习要让身体各部位都活动起来；要达到一定的运动量等。这些经验为早操活动在幼儿园的发展起到了良好的推动作用。

但由于认识上的局限，过分强调结构的科学性和操节创编的新颖性忽略了儿童的兴趣和儿童在早操活动中的主体作用，致使原有的经验在一定程度上成为一种障碍，局限了早操活动的进一步发展。

如何把以教师为中心的创编变为以儿童为主体的创编。我们从尊重儿童的兴趣与需要出发，改变那种以自我为中心的思考方式，走进儿童的生活，细心地观察他们的各种活动，发现什么是儿童感兴趣的方式，他们喜欢玩什么，在怎样玩的。以此来准确把握儿童的兴趣点和需要，然后将所获得的信息与儿童早操活动的科学规律创造性地结合起来，创编出儿童喜爱的，具有锻炼价值的早操活动。

在一次早操前解便的时候，教师听到男孩潇潇对女孩乐乐说："我最烦做操，又要扭屁股了。"此时他的脸上露出一副痛苦的样子。可他话音刚落，乐乐却说："韵律操本来就是要扭屁股，我就喜欢。"儿童无意识的谈话却引起了教师的注意，教师感到由于性别的不同，儿童对早操也有着不同的需求与感受，于是创编了一套男孩女孩分开的早操，男孩以武术操为主线，女孩以艺术韵律操为主线。在这个思路的指导下，教师们改变了固定的早操结构，男孩做操的时候女孩就利用场地和器械进行一些动作的练习和游戏，反之也相同。早操活动的改变满足了儿童的需要，充分调动了他们参与的积极性，提高了他们的兴趣。

教师们通过不断地追问自己"发现儿童日常生活中的运动细节了吗？""其中哪些活动是儿童感兴趣的？""哪些行为是儿童乐于模仿的？"，通过倾听儿童的谈话，捕捉儿童的行为，发掘儿童的喜好，将儿童的兴趣、爱好及游戏中的动作作为重要的元素，吸纳到早操创编中，开始逐步摆脱以教师为中心的编排思路。但这还远远不够，如何体现儿童的主体作用，还需要我们不断地追问思考：早操活动中哪些环节可以由儿童自主完成？哪些环节适宜教师与儿童共构，需要教师提供支持性环境并及时获取儿童的信息，实现儿童主体作用的最大化？

随着研究的深入，教师早操创编的思路也越来越开阔，活动场地的创设和利用也成为我们早操创编的考虑因素。周围的设施、建筑都成为儿童运动的天地，让他们充分活动。如中班的户外场地不够宽敞，以前儿童总是在规范的圆圈上，走、跑时只能你挨我挤地慢跑，根本达不到锻炼的目的。针对这个问题，教师将周围自然环境融入早操创编中。现在，当音乐响起时，儿童就像脱兔一样跑下楼，再从另一边楼梯上来；爬过一条自制的隧道，再攀上滑梯从上面滑下；跨过晃动的浪桥；又从滚筒上穿梭而过；在花台边上进行平衡的练习，最后回到场地。一开始一些儿童不能完成这样的练习，会走不过晃动的浪板，会不小心从上面花台边掉下来……，渐渐地，这些现象消失了，儿童的运动机能、身体协调能力都有了很大的提升。

（二）从早操活动到晨间锻炼

随着对儿童理解的深入，我们对早操活动又有了更多的反思。从早操活动到晨间锻炼的改革，让我们认识到僵硬的训练与我们所说的在生活中习得经验的认识相悖，儿童只有对运动产生强烈的兴趣，在其中感受到自由自在，才可能按照自己的节奏去不断尝试和进行挑战，以实现运动能力的不断提升。诚然，早操活动也有着它独特的功能和价值，通过研讨，我们保留了小、中班常态的早操活动，在大班开始尝试打破早操的固定环节，让儿童在自由自主的环境中运动，不仅让儿童得到应有的肢体练习，而且得到更全面的锻炼和发展，从而将运动的权利还给儿童，让早操成为儿童的主动锻炼而不是被动练习。

自主锻炼的过程分为三个部分，第一部分是热身，用一套热烈的韵律操让儿童全身动起来，进入运动状态。第二部分是自主锻炼，这部分活动需要儿童自己搬动大型器械，布置运动场地，进行有挑战的运动。例如，将轮胎叠高进行攀爬和跳跃的练习；重叠鞍马架，进行跨越或跳马；在单杠上做翻转运动等。第三个部分是放松运动，在优美的旋律的伴奏下，整理器械、放松身体。

晨间自主锻炼活动延长至 1 个小时，挑战性的运动激发了儿童的征服欲，他们相互学习、相互竞争、相互合作。他们有机会探索器械的多种玩法，解决天气和环境等因素带来的问题，迁移生活中获得的各种经验，他们得到锻炼的不仅仅是自己的身体，更是他们在自由的运动中表现出来的计划、合作与创造的能力。

如今，我园大班的早操活动调整为更为自主、开放的晨间锻炼。小班儿童由于年龄小、爱模仿，对感兴趣的事情愿意反复尝试和练习，因此在小班，我们仍然延续原有的早操活动方式。中班，则由班级教师根据儿童的特点灵活决定早操活动的方式。

二、生活环节的变革——用传递代替教授

生活环节蕴含着很多劳动技能、文明礼仪等，看起来都需要教师教授，如何让教师少一些包办多一些支持，我们提出用传递代替教授。我们将生活环节按照教师教授成分的多少，划分出三种传递的方式，包括身体力行的传递、利用环境的传递、体验中的传递三类。

（一）身体力行的传递

儿童具有直观形象和模仿力强的特点，教师的一言一行都对他们产生着直接的影响。因此，教师在与儿童相处的过程中身教重于言传，身体力行用行动解决儿童的问题，从而达到不教而行的目的。身体力行传递的追求是浸润，让儿童浸润在爱的环境里，浸润在礼貌的环境里，浸润在有序的环境里……

比如，在晨间接待时，教师主动热情地与儿童、家长打招呼，问早问好；在打扰儿童时，轻声对儿童说"对不起，打扰一下"；在需要儿童帮助时，对儿童说"你可以帮我一下吗？"等。让儿童在这种平等、和谐的传递中自然而然地习得各种礼貌用语。

又如，很多儿童都不喜欢吃青菜，为了改变这种挑食的状况，教师和儿童一起种植青菜，从播种到日常护理浇水、松土、除草等，青菜成熟了，又与儿童共同收获并把青菜拿到小厨房，和儿童一起择菜、洗菜、切菜，一起制作青菜汤，一起感受烹制青菜的全过程。菜汤好了，和儿童一起品尝，感受青菜的美味，儿童个个吃得津津有味。

再如，对待班里患有自闭症的儿童，教师不是排斥和远离，而是关爱有加，带动班里其他儿童正确看待他的行为，关心和自己不太一样的同伴。

教师持续这样身体力行地传递，不露痕迹，让儿童在潜移默化中获得能力与感悟，建构起良好的习惯和礼仪，建构起儿童对这个世界的爱，这才是对儿童进行的最好的教育。

（二）利用环境的传递

环境对于儿童发展有着重要意义，以往我们对于环境的理解比较片面，总是从美化、告知和教育的目的出发进行环境的布置。以儿童生活中使用最频繁的盥洗室为例，通常就是洗手、如厕示意图及节约用水等环保提示等。事实上，环境更是为方便儿童的生活而存在的，尤其对于正在培养良好生活习惯的儿童来说，环境的创设首先要与"理解儿童特点、服务儿童需求"建立直接关系。

我们发现，小班孩子在洗手时总是争着、抢着使用最外面的"第一个"洗手池，尽管还有其他四个洗手池，但他们宁愿排队等，也不愿意到旁边人少甚至没有人使用的池子去洗手（他们认为"那是后面的"），问其原因，都是"我想要在这儿！""我喜欢第一个！"……

我们分析这是因为在儿童的生活经验中，"第一"就是最好的，是受人追捧和向往的。当他们可以自主选择的时候，这第一个自然成为他们争抢的对象。我们理解、尊重儿童的想法和心理需求，但洗手作为每天都会多次进行的活动，同时也往往以集体洗手为主（尤其是户外活动后和进餐前），也应有它该有的秩序和规则，班级的活动常规需要我们在与儿童的共同生活中去建立、完善，使之成为儿童认同并乐意接受，愿意主动遵守、维持的。于是，我们通过环境创设来解决这一问题：在每个洗手池的背景墙上贴上可爱的动物头像或水果图案，给每一个洗手池赋予了意义，让儿童有了喜欢的理由和自主选择的机会，如"我喜欢小兔，我在它这儿洗""我的西瓜洗手池最漂亮""我喜欢在城堡里洗手"……同理，我们在每个小马桶、小便池的背景墙上贴上生动形象、大气漂亮的花草或瓜果等图案，让儿童可以自主选择"我喜欢在哪一格解便，我想为哪朵花草或什么瓜果施肥，让它们快快长高长大！"如此一来，洗手池因为有了这样那样的造型或命名，也就具有了生活化的情境，盥洗间也变得生动、有意思了。儿童自然就不再固执地争抢"第一个"洗手池或小马桶了。

小班的盥洗室文化就这样应运而生了！充满童话色彩的环境让儿童更愿意主动、认真地洗手，因为如此快乐有趣；也更乐意主动如厕，在解便时认真遵守规则，因为"在班级的厕所里有花草瓜果的陪伴，它们需要大家帮忙施肥，这真是一举两得"。

（三）儿童之间的传递

同伴群体对每个儿童来说具有独特而重要的作用，是教师和家长等成人不可替代的教育资源。儿童的经验、能力、性格、爱好、想法等都各不相同，他们在与同伴交往的过程中，或合作、分享，或产生矛盾与争论，他们在这种真实自然的交往情境中互相观察、学习、模仿，获得各种社会交往规则与技能，发展适宜的情感、态度和多种解决问题的能力，满足被同伴承认和接纳的心理需要，形成一种安全和睦、非防范性的同伴关系。

每年迎新季，我们都会开展"大带小"活动，让大班的哥哥姐姐去陪伴小班的弟弟妹妹，帮助他们缓解入园焦虑；在中大班，我们通过大区域自由游戏的方式，让不同班级和年龄段的儿童在共同游戏的过程中发展交往能力和解决问题的能力。在大孩子的影响和带动下，小孩子可以更多更快地增长见识，锻炼能力，获得情感上的满足，得到更好的发展；大孩子则可以在带领和指导弟弟妹妹的过程中，体验自己的能力和力量。例如，在快要毕业的一次游戏活动中，大班在厨房玩耍的萱萱对中班的妹妹说："以后你也要像我这样教弟弟妹妹，把他们教会。"大孩子在向小孩子传递经验的过程中，不仅学会了正确地评价和控制自己，也变得更关心爱护他人，更有责任感，也更主动、积极、开朗、自信。

教与学是教育工作中的永恒话题，教与不教考验着教师的教育智慧，体现着教师的儿童观、活动观、教育观、评价观。一般来说，用主动代替被动，用退位代替教授，才能让我们看到儿童，看到儿童真实的状态。若要更为细腻地把握平衡的尺度，则需要教师能够很好把握儿童的状态。好的状态不是完全的放松，也不一定完全是快乐的，它是专注中略带一丝丝紧张的感受。持续的研究，让我们能够不断深入地发现儿童、理解儿童，也让我们学会用活动呵护儿童、支持儿童、发展儿童。

第四节　认识与创新——一个儿童本位的活动样本

　　回顾二十年的持续研究，我们清晰地看到研究的两条脉络，一条脉络指向儿童，一条脉络指向活动（如图 6-2 所示）。二十年四个课题，每个课题聚焦 1—2 个儿童的突出特点，展开深入的研究。同时，在实践中运用对儿童的理解，在活动中寻找应对的策略和方法，逐渐熟练地加以运用，让活动逐渐靠近儿童生命本真的成长。

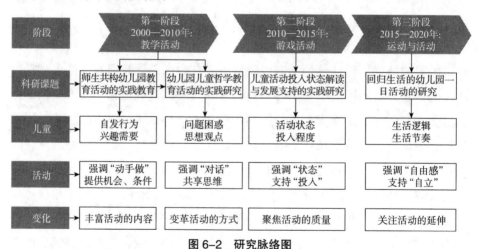

图 6-2　研究脉络图

　　从研究儿童的自发的行为到儿童的问题的困惑再到活动的状态，最后到理解儿童的生活逻辑，对应活动的变化与调整，从对教学活动的研究拓展到对游戏、运动、生活的研究，实现了幼儿园教育活动从局部到整体的改革，推进了幼儿园教育活动质量的提升。

一、形成了丰富的认识

（一）从重视形式到重视价值

在研究过程中，我们不断地自我追问：儿童的哲学、儿童的活动对儿童成长的意义是什么？不断去诠释和丰富活动的内涵，将活动的价值取向定位在：为儿童的一生奠定基础，为儿童的缤纷人生积聚可持续发展的内动力，引导他们学会学习、学会关心、学会生存。价值取向的转变不断优化着我们的教育行为。

案例 被取消的跳绳比赛

这一天放学的时候，翔翔的妈妈找到我说："后天是不是要进行跳绳比赛，翔翔让我给他请个假，他不想参加，他说他跳得少，老接不起，会被笑话的。其实这孩子学跳绳，很认真，比起原来还是好多了。"

妈妈的话引起了我的反思：跳绳比赛，比谁跳得多，比谁跳得快？对孩子有什么价值？这样的比赛只能让少数、拔尖的孩子体会到成功和喜悦，而对大多数孩子来说他们感受到的可能是失败或者伤心。设计跳绳比赛的初心是让孩子体会并认识到：面对困难不应放弃，要坚持面对。好的活动应该指向孩子受益终生的品质，而不是一个量上的结果。

于是我取消了跳绳比赛，把它变成了一次分享活动，请孩子们分享一下学习跳绳的过程中的经验方法，说一说自己遇到了什么困难，是怎么克服的。其中翔翔谈道："我发现我每次不着急，就能连续跳三个，一着急就只能跳一个。"活动中还交流了不少经验，不仅有跳绳方法的小窍门，还有管理情绪的经验、坚持练习的经验等。每一个孩子的经验都得到了我的肯定，每一个孩子在其中都获得了满足。

活动对于儿童发展的价值促使我们不断反思自己的教育教学，也促使我们辩证地思考活动应该是目标导向还是儿童发展导向的问题，更多地从儿童发展的角度去思考活动，在一定程度上，扭转了教师刻板的活动观。

案例 一个刚刚升入中班活动

教师发现孩子喜欢玩沙，于是设计了一个想办法为瓶子堵漏的玩沙活动。在活动中，我们发现大部分孩子的兴趣在玩沙上，而不是在堵漏上。

在评价过程中，一部分教师认为活动没有达成目标，孩子们没有投入到堵漏这个活动中。那么这个活动是否成功呢？我们将孩子的行为表现进行了仔细的分析，抛开目标不谈，高投入的孩子很多，有教师描述道："他将瓶子放进沙子里，用手把沙堆起来，把瓶子埋好。然后就往瓶子里装沙，他看着沙子慢慢地流到瓶子里，很高兴，一直把瓶子装满。而后，他把瓶子提起来，沙子漏了，于是他又像刚才那样把瓶子埋起来……"很多教师都描述了孩子投入玩沙时的情形。同时他们还谈到，教师设计的教具（在瓶底挖了一个洞）对孩子是有挑战的，让孩子感受到沙子的流动性，并在自己的行为或语言中流露出对沙子这一特性的关注和好奇，"为什么我明明装满了，又都漏光了呢？"

这让我们思考本次活动儿童的发展需求是什么？他们在这样玩的过程中可以获得什么？通过细致的分析，我们认为儿童现阶段的发展需求在玩上，而这种玩，可以帮助他们了解沙的性质是流动的，是可以堆砌成型的，这就是本次活动儿童"学"的目标。从这个角度来说，这个活动为儿童的体验创设了很好的情景，满足了儿童的需求，是有价值的。由此可见，目标不应是活动中唯一的关注点，教师应更关注活动中的儿童，关注活动中儿童的兴趣，关注活动中儿童的发展。

（二）从追随儿童到师生共构

在研究中，我们尝试解读儿童，在一个个鲜活的案例中，我们看到了一个个栩栩如生的儿童，并逐渐了解儿童，相信儿童具有发展的可能性。在一段时间里，大家沉浸在发现儿童、欣赏儿童的喜悦里。这时，我们认为，教育的最高境界就是追随儿童，活动的目的就是让儿童体验到快乐。这时，我们的教师在喜悦的同时又隐隐不安，在活动中害怕指导，不敢指导了，大家陷入"指导就是突出了教师，没有体现儿童"的巨大矛盾中，甚至当儿童出现问题询问教师的时候，想说又不敢说，最后只好用一句"你自己去想办法"

搪塞过去。

随着研究的深入，大家对"一味追随"提出了质疑，"是不是儿童的兴趣都要追随？""一味地追随有意义吗？""这样做教师的价值和作用体现在哪里？"大家认为一味地追随并不是共构，虽然它突出了儿童，但却将儿童神圣化了，没有体现教师的价值判断、教师的作用、教育的价值。这样的活动师生关系是不平衡的、不平等的，其生成的活动对儿童的成长发展收效甚微，难以实现一个幼儿园作为一个教育机构应有的教育价值。只有通过生成与预设，师生间有效的交流、分享与合作，基于教与学的活动评价与改进等一系列师生共构的过程，才能实现儿童真正意义上的发展。而最好的状态是"幼儿园本该是这样的，教师千方百计地非常努力地工作，但幼儿全然感觉不到自己在被诱导着、被指导着，其生活完全是他们自己的生活，如流水般一天天地度过"。

（三）从关注群体到关注个体

儿童的哲学其本质是关注儿童的主体性、儿童的需要和儿童的发展。儿童的活动只有走向个体，促进个体的发展才能真正实现儿童的发展。随着研究的深入，我们的视线也逐渐微观起来，我们尝试了解共性下儿童的不同表现，他们各自的水平如何，以及他们表达兴趣和愿望的方式分别是什么，力图理解和读懂每个儿童的哲学，敏感地发现与接受儿童发出的信息，针对儿童的需要与特点，改变教学策略，因材施教，提高个别化、个性化教育的程度，设计出与儿童个体学习特点相适应的活动，使每个儿童能通过最合适的入口、最适宜的经验来学习，获得最大化、最优化的发展。同时，我们还尝试以每个儿童的发展为主线，将儿童在活动中的个性化表现制作成儿童成长档案。个性化档案中收集的资料为教师和家长提供了有效信息，由此可以根据每个儿童的需要、兴趣、能力来设计、实施活动，努力使每个儿童都获得成功与满足。

二、视角与方式的创新

儿童的哲学是理解儿童的一种新视角。二十年的持续研究，我们已远远不再满足于仅仅是看到儿童，看到儿童的行为。儿童有自己的哲学，这是对儿童更深层次的理解，它是教师对儿童所有行为筛选后留下的对儿童发展具有特殊价值的那一部分儿童的行为和语言。儿童的哲学是儿童的问题、思考的代名词，是儿童面对这个新奇世界开始无穷无尽探索的一种方式，儿童对周围世界的自我探索、认识和解释，是儿童的天性也是儿童适应环境的渴望和手段。儿童的哲学让我们认识到，儿童是有能力的学习者，我们平常强调的那些知识、技能远非儿童发展的全部目标，儿童有能力通过主体活动去触摸世界的整体图像，体验万物间的相互联系、运动、变化与发展，建立起他们对世界的认识和自己的意义。

儿童的活动是儿童主体活动的一种新方式，它注重与儿童的天性保持一致；注重儿童的世界、儿童的生活。以儿童的哲学构建的儿童的活动模式，在更为宏观的层面上建立活动发生和发展的规律，让教师直面生活中、活动中不确定因素引发的不确定事件，让教师通过专业观察去生成活动，追随儿童的发展。

儿童的哲学激发出儿童自己的活动，并成为活动生成用之不竭的活水之源，伴随着活动发生、发展，让活动成为真正意义上以儿童为主体的活动。儿童在自主、宽松、愉悦的环境中按自己的方式学习，在发问、操作、探究中充分表现自我、释放天性中的潜能，从而带来儿童活动投入状态、教师活动指导策略，以及幼儿园活动基于生命本真力量的变化与觉醒。

三、幼儿园整体改革的新样本

以儿童为本是《纲要》与《3—6岁儿童学习和发展指南》《幼儿园教师专业标准》的核心价值取向。《中共中央 国务院关于学前教育深化改革规范发展的若干意见》的颁布，标志着学前教育由普惠进入优质发展的转型。以儿童的哲学建构儿童的活动关注儿童多元的表现和丰富的精神世界，它是真正意义上的儿童本位的活动，它超越了既定的教学内容的束缚，让儿童在活动过程中诠释经验、发现意义、建构主体，让学习和游戏成为师生共同的生活。在价值取向上树立了科学的儿童观、活动观和评价观，呵护了儿童的天性，为理解、支持儿童提供了一个鲜活的样本，在实施途径上构建了一套可供模仿和操作的体系，为创建儿童为本的幼儿园教育提供了一个新的样本。

2021 年正值四川省优秀教学成果奖评选，我们成立了成果总结小组，开启了对成都市第五幼儿园二十多年实践研究的成果总结。小组负责人为成都市第五幼儿园闵艳莉，成员由四川师范大学鄢超云、张子照，成都市教育科学研究院陈军，成都市第五幼儿园郑丽梅、刘玉、彭奕、周倩组成。在成果总结的过程中，我们萌生了撰写本书的想法，期望将这二十多年来的研究历程、观点、经验和做法以更为详实的方式表达出来。

值得一提的是本书副书名的确立，这需要再次提及儿童哲学和儿童的哲学，一字之差，却有着极大的不同。儿童哲学是我们借鉴过的理论和方法，但它并不能囊括我们的全部思想和做法，在一段时间中，我们曾用幼儿园儿童哲学与之进行区别。但儿童哲学又对我们影响至深，这种影响甚至融入血液，很难用其他的词语代替。陈军老师提出 儿童的哲学，让小组成员顿觉柳暗花明。儿童的哲学极大地说明了儿童是有能力的学习者，是我们构建活动的底层逻辑，它告诉我们儿童有能力与教师一起共构活动；儿童的哲学隐含着儿童与生俱来的好奇、探究与创造，这些不仅是儿童学习的潜能和内在动力，又是一个人重要的学习品质，更是未来人才的必备素养，这就决定了我们构建的活动特质是以呵护儿童、促进儿童自我建构为出发点的；儿童的哲学与儿童的思考紧密相连，可以说当儿童的哲学发生时，儿童的主动学习、深度学习就已然开始发生。鄢超云老师进一步提出"以儿童的哲学构建儿童的活动"，让书名更加鲜明和圆满。儿童的哲学以及以儿童的哲学构建儿童的活动旗帜鲜明地亮出了我园以儿童为中心的基本立场及对高质量的活动的追求，也因此成为本书的书名。

本书最终由闵艳莉、鄢超云、陈军、张子照共同拟定框架，确定了撰写人员。第一章第一节和第二节由鄢超云、魏婷执笔；第三节由闵艳莉、张子照执笔；第二章由刘玉执笔；第三章由彭奕执笔；第四章第一节由刘丝雨执笔，第二节由彭奕执笔，第三节由刘玉执笔，第四节由郑丽梅执笔；第五章由郑丽梅执笔；第六章由李倩、刘丝雨执笔；第七章由闵艳莉执笔。撰写过程由闵艳莉、鄢超云、张子照指导。统稿工作由闵艳莉负责完成。

书中的全部案例均来自成都市第五幼儿园的教育实践，提供这些案例的教师有：郑丽梅、刘玉、彭奕、李韵茜、刘丝雨、许涛、马灿、吴德红、王飏、周倩、李倩、张笑、刘思园、黄晓琳、袁媛、余亚兰、代娇、朱方栩、徐茜。感谢二十多年来参与改革的每一位教师，因为你们的智慧与付出，才有了今天的成果。

特别感谢成都市第五幼儿园原园长周燕，她领衔主持了前十四年的研究，引领成都五幼走上了课程改革之路，她提出的"真实是研究的生命"成为我园课题研究的基本理念，直到今天一直引领着我们。

二十多年一路走来，感谢与我们并肩同行的伙伴，她们是成都市青羊区教育局李常迅，成都市市级机关第一幼儿园漆静、车飞，四川省直属机关西马棚幼儿园汪萍、黄润芳、陈红，四川省直属机关玉泉幼儿园朱莉、黎纯，成都市教育科学研究院刘敏。

感谢在课程改革和成果评价中给予过我们鼓励、专业指导的李季湄、冯晓霞、虞永平、侯莉敏老师。感谢四川省教育科学研究院周林、成都市教育科学研究院刘致健老师对我园改革的支持和肯定。感谢成都市青羊区教育局以及成都市青羊区教育科学研究院历任领导对我园的关心、厚爱与支持。你们的鼓励是我们信心的源泉，是我们前行的动力。

感谢教育科学出版社白爱宝、赵建明老师以及徐杰编辑对本书的认可与出版指导。

我们深知研究没有终点，实践没有完美，本书不足之处，敬请同仁批评指正。如同儿童哲学视界——思辨、争鸣是我们继续科研创新、专业成长的动力和资源。

成都市第五幼儿园　闵艳莉
2022 年 5 月

Matthews G B，1982.Conceiving childhood：child animism[J].Wiley（1）：29–37.

Sommer D, Samuelsson I P, Hundeide K，2009.Child perspectives and children's perspectives in theory and practice (Vol. 2) [M]. Berlin：Springer Science & Business Media.

爱莉诺·达克沃斯，2005. 精彩观念的诞生——达克沃斯教学论文集 [M]. 张华等，译 . 北京：高等教育出版社 .

艾莉森·高普尼克，2014. 宝宝也是哲学家：学习与思考的惊奇发现 [M]. 杨彦捷，译 . 杭州：浙江人民出版社 .

B.A. 苏霍姆林斯基，1984. 给教师的建议 [M]. 杜殿坤，编译 . 北京：教育科学出版社 .

白倩，于伟，2017. 马修斯儿童哲学的要旨与用境：对儿童哲学"工具主义"的反思 [J]. 全球教育展望（12）：5–13.

仓桥物三 . 幼儿园真谛，2014[M]. 李季湄，译 . 上海：华东师范大学出版社 .

陈鹤琴，1949. 活教育理论和实践 [M]. 上海：华华书店 .

丹尼尔·沙因费尔德，凯伦·黑格，桑德拉·沙因费尔德，2014. 我们都是探索者 [M]. 屠筱青，戴俊毅，译 . 南京：南京师范大学出版社 .

冯晓霞，1997. 以活动理论为基础建构幼儿园课程 [J]. 学前教育研究（4）：22–26.

高振宇，2010. 儿童哲学的再概念化——对李普曼与马修斯"对话"的再思考 [J]. 学前教育研究（6）：8–11.

黄瑾，2007. 幼儿园教育活动设计与指导 [M]. 上海：华东师范大学出版社 .

侯海凤.儿童的时间观念与儿童教育时间的"取法自然"[J].学前教育研究，2009（8）：32-36.

加雷斯·B.马修斯，1998.童年哲学[M]王灵康，译.台北：毛毛虫儿童哲学基金会.

加雷斯·B.马修斯，2015.童年哲学[M].刘晓东，译.北京：生活·读书·新知三联书店.

加雷斯·B.马修斯，1998.哲学与小孩[M].杨茂秀，译.台北：毛毛虫儿童哲学基金会.

卡尔·雅思贝尔斯，1981.智慧之路[M].柯锦华，范进，译.北京：中国国际广播出版社.

卡罗琳·爱德华兹，莱拉·甘迪尼，乔治·福曼，2000.儿童的一百种语言：瑞吉欧·艾米莉亚教育取向——进一步的回响[M].罗雅芬等，译.台北：心理出版社.

李季湄，冯晓霞，2013.《3—6岁儿童学习与发展指南》解读[M].北京：人民教育出版社.

刘敏，李沿知，2014.园本研修与幼儿园教师专业成长[M].成都：四川教育出版社.

刘晓东，2008.儿童哲学：外延和内涵[J].浙江师范大学学报(社会科学版)（3）：48-51.

刘晓东，2020.儿童是什么——儿童"所是"之多维描述[J].湖南师范大学教育科学学报（4）：26-40.

罗珉，2001.组织理论的新发展——一种群生态学理论的贡献[J].国外经济与管理（10）：34-37.

M.李普曼，1997.聪聪的发现[M].廖伯琴，编译.太原：山西教育出版社.

M.李普曼，1997.教室里的哲学[M].张艾琳，张爱维，编译.太原：山西教育出版社.

马拉古奇，2017.不，一百种在那里[J].幼儿100：教师版：4.

苗雪红，2015.西方新童年社会学研究综述[J].贵州师范大学学报·社会科学版（4）：129-136.

彭俊英，2009.幼儿园"教育活动"概念溯源 [J].学前教育研究（10）：8-11.

皮埃尔·布迪厄，华康德，1998.实践与反思——反思社会学导论 [M].李猛，李康，译.北京：中央编译出版社.

钱雨，2009.儿童哲学的意义——马修斯与李普曼的儿童哲学观辨析 [J].学前教育研究（9）：52-56.

史爱华，2005.儿童的声音与儿童的哲学 [J].学前教育研究（7-8）：26-28.

孙孔懿.教育时间学 [M].南京：江苏教育出版社，1998.

王春燕，2007.幼儿园课程概论 [M].北京：高等教育出版社.

王倩，2010.儿童哲学的教育思考 [J].读写算（教育教学研究）（7）：74，82.

小原国芳，1993.小原国芳教育论著选 (下卷)[M].由其民，刘剑乔，吴光威，译.北京：人民教育出版社.

熊秉真，2008.童年忆往：中国孩子的历史 [M].桂林：广西师范大学出版社.

鄢超云，2008.朴素物理理论与儿童科学教育 [M].南京：江苏教育出版社.

杨润娟，2013.浅谈儿童哲学——打开儿童哲学精神世界的金钥匙 [J].科教文汇（3）：69-71.

虞永平，2010.生活、生命与幼儿园课程 [J].教育导刊（5）：33-36.

虞永平，2021.幼儿园教育环境创设与利用的问题和思路 [J].早期教育·教育教学（3）：4-7.

袁爱玲，何秀英，2007.幼儿园教育活动指导策略 [M].北京：北京师范大学出版社.

袁爱玲，2007.幼儿园教育活动生态现状剖析 [J].学前教育研究（2）：18-22.

詹栋梁，2005.儿童哲学 [M].广州：广东教育出版社.

张琳，2005.幼儿园教育活动设计与实践 [M].北京：高等教育出版社.

张明红，2002.幼儿园课程生活化 [J].幼儿教育（10）：8-9.

郑三元，2004.论幼儿园课程的本质 [J].徐特立研究——湖南儿童工程职业学院学报（3-4）：47-51.

中华人民共和国教育部，2001.幼儿园教育指导纲要（试行）[M].北京：北京师范大学出版社.

朱家雄，2008.幼儿园教育活动设计与实施 [M].北京：高等教育出版社.